本书得到中央党校创新工程项目"深化农村改革与土地整治问题研究"和中央党校校级科研课题"中国城市布局研究"（DXQN-M201503）资助

城镇化的
双重失衡与双重转型

邹一南　著

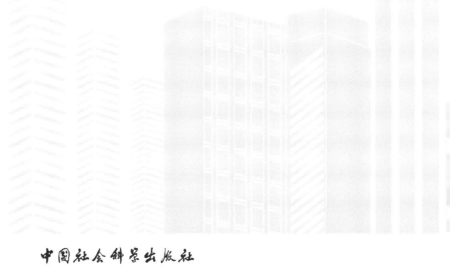

中国社会科学出版社

图书在版编目（CIP）数据

城镇化的双重失衡与双重转型/邹一南著．—北京：中国社会科学出版社，2017.10

ISBN 978 - 7 - 5203 - 1252 - 3

Ⅰ.①城… Ⅱ.①邹… Ⅲ.①城市化—研究—中国 Ⅳ.①F299.21

中国版本图书馆 CIP 数据核字（2017）第 261073 号

出 版 人	赵剑英
责任编辑	卢小生
责任校对	周晓东
责任印制	王 超

出 版	中国社会科学出版社
社 址	北京鼓楼西大街甲 158 号
邮 编	100720
网 址	http://www.csspw.cn
发 行 部	010 - 84083685
门 市 部	010 - 84029450
经 销	新华书店及其他书店

印 刷	北京明恒达印务有限公司
装 订	廊坊市广阳区广增装订厂
版 次	2017 年 10 月第 1 版
印 次	2017 年 10 月第 1 次印刷

开 本	710×1000 1/16
印 张	16
插 页	2
字 数	221 千字
定 价	68.00 元

凡购买中国社会科学出版社图书，如有质量问题请与本社营销中心联系调换
电话：010 - 84083683

序

改革开放以来，中国的城镇化取得了令人瞩目的巨大成就。城镇化率由 1978 年的 17.9% 提升到 2016 年的 57.4%，超过了世界平均水平。城市数量、城市规模、城市经济总量也有了较快的发展，开启了乡村中国向城市中国的转变。城镇化的快速推进，使大量农村剩余劳动力从边际产出较低的传统部门转移到边际产出较高的现代部门，极大地促进了资源的优化配置，成为中国经济持续高速增长的重要原因之一。

虽然城镇化的成绩是巨大的，但也带来了不少问题。改革开放以来，我国城镇化率每年提高一个百分点以上，用不到四十年的时间完成了发达国家一百多年完成的任务，如此快的速度，难免会使城镇化质量得不到保障，使经济社会发展产生诸多不协调、不均衡问题。我们注意到，在行政力量的推动下，土地城镇化的速度远远快于人口城镇化的速度，城镇化粗放发展，造成大量的资源浪费，造成基础设施、公共服务、生态环境等方面的诸多欠账；我们注意到，在缺乏科学规划布局的情况下，城市体系无序发展，造成大城市规模过大，"城市病"积重难返，小城市规模过小，达不到规模集聚经济的最低门槛，而恰恰是最有活力和经济效率的一百万左右人口规模的城市数量非常少，使城市体系的总体效率不高；我们注意到，一些地方脱离产业的发展而追求城镇化的速度，导致了产城分离，城市居民的就业、收入和生活缺乏保证，开发区的各类资源浪费，就业吸纳不足，出现了大面积的"鬼城"；我们还注意到，一些地方发展了城市，却忽略了农村的发展，为了追求城镇化速度的提升而把资金和优惠政策布局在城市，使城、乡两个轮子一个轮子走得很快、一个轮子走得很慢，发展得极不协调。

因此，要实现城镇化的健康发展，关键就是要促进城镇化的水平、速度和质量的协调，就是要促进物与人、城与乡、大城市与小城镇、产业园区与城市社区等各方面的协调，这就需要我们通过户籍、土地、财税等一系列重点领域的改革，来实现城镇化的转型发展。进一步地，如果能够把城镇化快速发展过程中的一系列不协调、不均衡纳入同一个总体的分析框架中，并基于这个框架来探讨城镇化转型发展的路径，将是对中国城镇化问题研究的重要理论贡献。邹一南的《城镇化的双重失衡与双重转型》就是试图构建这样一个分析框架，来解释中国城镇化进程中的不协调、不平衡，并探讨如何实现城镇化转型的问题。

本书是邹一南近年来研究成果的一个整合，他将中国城镇化进程中的不协调、不平衡总结为城镇化的双重失衡，即城市之间发展水平的失衡和城市内部福利分配的失衡，并提出了城镇化双重转型的逻辑与路径。这一研究的创新之处有三：其一，在城镇化双重失衡的基础上，进一步将城市福利区分为户籍福利和非户籍福利，指出由于城市之间发展水平的失衡，使大城市的非户籍福利高于中小城市的总福利，这是导致人口向大城市过度集中进而城市内部福利分配失衡的最重要原因，通过对城市福利水平的评价指标测算，验证了上述观点。其二，该研究表明，由于城市之间的失衡是城市内部失衡的原因，因此单纯从城市内部着手的福利均等化改革——如居住证制度——难以奏效，因此推进城镇化转型也应从城市之间的失衡着手，先缩小大城市和小城市之间的发展水平失衡，才能有效地解决城市内部福利分配的问题。其三，基于最优城市规模理论对特大城市户籍管制的效果进行了实证分析，指出特大城市加强户籍管制的实质是降低地方政府的排他性公共品支出成本，这使得边际规模收益与边际拥挤成本相等时所决定的城市最优规模理论值增大，因此户籍管制不仅没有减少反而促进了外来人口向特大城市集中，使特大城市形成了户籍管制的自增强机制。

中国的城镇化是影响中国乃至世界经济发展的一个重要事件，对中国城镇化失衡问题的研究是一个十分具有挑战性的课题。对城镇化失衡及其转型的探讨，也就是对中国经济发展的失衡与转型的探讨。迄今为止，这一问题尚未得到很好的解释。作为一位年轻学者，邹一南的研究或许还有待进一步深入，但他对这一问题的尝试性解释和探讨，是对中国城镇化这一极具挑战性课题研究视角的开拓，对理解中国城镇化的失衡，推动城镇化乃至整个中国经济的转型发展有着重要的理论和政策价值。

邹一南自从在中国人民大学攻读博士期间就开始致力于城镇化问题的研究，多年来始终坚持这一研究方向。近几年，我和一南围绕城镇化这一共同的研究兴趣开展了许多合作，也形成了一些共同的研究成果。在一起进行学术研究和探讨的过程中，我深切地感受到他对城镇化问题研究的热情与执着，他敏锐的问题意识和独特的学术观点给我留下了深刻的印象，也给我自己的研究带来了有益的启发。我相信，在未来的日子里，这位年轻的学者必将继续沿着城镇化研究这条大道继续前行，取得更多更高质量的研究成果。我衷心地希望他以此书的出版为起点，更加深入地钻研理论，更加精准地把握实际，以"经世济民"的情怀为己任，以"功成不必在我"的理想境界为推动力，为中国特色的新型城镇化道路这一重大理论和现实问题的研究贡献自己的一分力量。

在本书即将出版之际，我首先要向一南表示祝贺，也很愿意向读者推荐此书，并欢迎广大读者对本书提出中肯的意见和建议；同时也非常期待一南继续努力，在不久的将来看到他在城镇化研究领域新的力作。

黄 锟

国家行政学院教授、新型城镇化研究中心副主任

2017 年 8 月 3 日于国家行政学院港澳中心

内容简介

　　本书从城市之间和城市内部的双重视角研究中国城镇化的失衡问题。研究发现，城市之间发展水平的失衡，使城市体系中少数大城市的非户籍福利水平高于广大中小城市的户籍和非户籍福利水平之和，这造成了流动人口向少数大城市过度集中，并导致了在财政分权体制下大城市内部福利分配的失衡，使城镇化表现出低效、排斥、不可持续的特征。实证分析表明，局限于中小城市的放开落户和大城市通过严控户籍疏解人口的政策组合，在实践中难以有效地推动城镇化转型。倾向于大城市的资源配置和大城市内部公共服务的排他性分配不仅不会减少其外来人口规模，反而加剧了流动人口的低质量集中并形成了特大城市户籍管制的自增强机制。本书认为，流动人口结构的转变和保留效用的提高，以及发展方式由投资驱动向消费驱动的转变为城镇化转型提供了历史契机。在政策层面，要构建均衡型城镇化模式和均等化公共服务，一方面需要加快推动大城市实质性的户籍改革，使之退出户籍管制的自增强机制；另一方面要引导投资向中小城市布局，实现人口有序转移，最终实现高效、包容、可持续的新型城镇化。

目　录

第一章　导论

越是深入研究中国的城镇化问题，越是陷入对纷繁的理论及其与经济现实诸多矛盾的困惑中。为了解惑，清空头脑中的各种理论转而观察古今中外的城乡发展实际，发现了困惑的原因。原来，对作为现代化后来者的中国进行城镇化进程的研究，研究者大都陷入了与城镇化先行国家进行简单对比分析的思想陷阱中。有成功与失败的经验教训作为榜样原是件好事，但如果运用不好，也可能会使后发优势变成后发劣势。简单的对比分析最大的风险在于，一方面误将貌似普适规律而实际上却是发展陷阱的现象当作中国城镇化的必由之路，另一方面又将貌似中国的特殊性而实际上只不过是被遥远的时空距离模糊了面庞的一般规律当作中国城镇化道路上必须立刻搬走的"绊脚石"。基于简单的对比分析进行中国城镇化问题的研究，所得出的政策建议往往造成的经济结果可能比原来还差，而要想取得有价值的研究结论并成功指导实践，必须真正掌握世界城镇化的一般规律和中国城镇化的特殊规律。纵观世界各国的城镇化发展历程，一条最为基本而普遍的规律是城镇人口占总人口的比例即城镇化率的提高。因此，我们对中国城镇化的研究就以城镇化率为起点。

第一节　研究背景：论中国的城镇化率

自改革开放以来，中国的城镇人口占比几乎每年都在以超过1个百分点的速度迅速提升。根据国家统计局最新公布的数据，2016

年中国的城镇常住人口达到 7.9 亿，城镇化率已达到 57.4%。按照这个趋势，到 2020 年中国的城镇化率将达到 60%，并将于 2030 年达到 70%，从而基本完成城镇化进程。

　　按照世界城镇化的一般规律，一国城镇化水平的提高一般会经历三个阶段，即城镇化率低于 30% 的初期阶段、30%—70% 的中期阶段和 70% 以上的后期阶段。其中，初期和后期的城镇化率提升速度都较为平缓，中期则较为迅速，因此城镇化率轨迹类似于一条被稍微拉平了的"S"形曲线。联合国在 1974 年出版的《城乡人口预测方法》报告，从理论和实证两个方面详细地论证了城镇化水平随时间增长的"S"形变化规律。按照这一规律，中国当前的城镇化正处在速度提升较快的中期阶段。顺应这一规律，城镇化率的快速提升成为各级政府施政的一项重要政绩，较高的城镇化率也成为衡量一个地区经济社会发展水平的重要指标。

　　但是，城镇化率的核算需要界定城乡划分的标准，而世界各国对城市和乡村的划分标准并不一致，联合国《城乡人口预测方法》报告对此也没有严格的界定。从世界各国的实践来看，对城乡划分的标准包括居民点人口数量、人口密度以及非农就业比例等标准。例如，日本规定人口密度在 4000 人/平方千米以上、人口总量在 5000 人以上的地区是城市区域；印度规定所有 5000 人以上、人口密度不低于 390 人/平方千米、成年男子人口至少 75% 从事非农业活动并具有明显城镇特征的地方为城市；荷兰人口在 2000 人以上的居民点，或人口不到 2000 人但男子从业人口中从事农业不超过 20% 的地区定义为城市；英国 3000 人以上的居民点即为城市地区；加拿大将 1000 人以上、人口密度不低于 400 人/平方千米的地区定义为城市区域；法国则以居住地的连续性界定城市单元，一个城市单元包括一个或多个建成地区相连的自治市（建筑间距不超过 200 米）和至少 2000 个居民，其中一半以上的人口必须住在建成区内；美国的情况稍微复杂一些：在 1950 年之前，美国国家统计局把人口在 2500 人以上的行政建制的居民点定义为城市，不考核人口密度。

1950 年之后，美国在计算人口密度的基础上，把 5 万人以上的城市，以及城市之外有 2500 名居民以上的地方，称作城市化地区。2000 年之后，又把面积不超过 2 平方英里、人口密度不低于 1000 人/平方英里（386 人/平方千米）的各"统计街区"统计为城市核心，距城市核心不超过 2.5 英里、满足人口密度要求的"飞地"，以及人口密度不低于 500 人/平方英里的相邻非居住城市用地，也统计为城市化地区，其中城市总人口超过 5 万人的地区被称为城市化地区，2500—5 万人的地区被称为城镇组团（王修达、王鹏翔，2012）。

中国对城乡划分标准有过多次调整，当前实行的标准是国务院批复的国家统计局 2008 年制定的《统计上划分城乡的规定》。按照此规定，以行政区划为基础，以民政部门确认的居民委员会和村民委员会辖区为划分对象，以实际建设为划分依据，将全国划分为城镇和乡村。根据规定，城镇包括城区和镇区。城区是指在市辖区和不设区的市，区、市政府驻地的实际建设连接到的居民委员会和其他区域。镇区是指在城区以外的县人民政府驻地和其他镇，政府驻地的实际建设连接到的居民委员会和其他区域。实际建设是指已建成或在建的公共设施、居住设施和其他设施。与政府驻地的实际建设不连接，且常住人口在 3000 人以上的独立的工矿区、开发区、科研单位、大专院校等特殊区域及农场、林场的场部驻地视为镇区。

应该说，中国当前的城乡划分标准并没有依据人口数量、人口密度或非农就业比例等指标，而是采用"行政地域 + 实体地域"的城乡划分标准。[①] 也正因如此，中国的城镇化率与世界其他国家的城镇化率指标缺乏可比性基础。事实上，如果按照世界通行的城乡划分标准，中国的城镇化率是被大大低估的。首先，在中国农村地区，行政村人口数量超过千人、乡镇人口数量超过数万是较为常见的，在人多地少的基本国情下，农村地区的人口密度也较高。如果

---

① 在 1999 年之前曾使用过 1500 人/平方千米的人口密度标准。

以居民点人口数量和人口密度指标作为城乡划分的标准，中国很多农村地区均已达到了世界其他国家城市地区的水平。其次，从就业的角度看，目前全国从事第一产业就业的劳动力仅有2.19亿人，其中还包含接近400万人在东北三省、新疆、海南等地的国营农场中的城市户籍就业人口，真正留在农村务农的农民实际只有不到全国人口的20%，并且其中还有很多是工业兼农业劳动者。因此，如果以非农就业比例作为城乡划分依据，中国当前事实上的城镇化率应该大大超过57.4%的水平。

进一步地，在"行政地域＋实体地域"的城乡划分标准下，中国城镇化率的提升也并非农村人口向城镇转移推动的，而主要是通过城镇面积扩大和"村改居"实现的。根据农民工监测调查报告，2015年和2016年我国外出农民工人数比上一年分别仅增加了63万人和50万人，相对于这两年2200万人和2182万人的新增城镇人口，数量微乎其微。从新增城镇人口来源结构上看，除了每年约400万人的城镇自然增长人口和约450万普通高校农村籍新生之外，推动城镇化率提升的主要力量是因城镇面积扩大和"村改居"形成的农村人口向城镇人口的转变。

由此可见，虽然从数据上中国的城镇化率及其提升速度均符合世界城镇化率"S"形曲线的描述，这一数据的背后则是另一套不同的逻辑。城镇化率"S"形曲线是由于工业化的快速推进而产生的对农村劳动力的拉力；中国近年来城镇化率的快速提升则是地方政府主导的城市建成区扩大以及"村改居"。因此，按照所谓的城镇化一般规律来认识我国的城镇化阶段，推动我国的城镇化进程，指导我国的城镇化相关战略政策制定，显然是不可取的。以不断推动城镇地域面积扩大和"村改居"为主的方式实现的城镇化，使城镇化率指标部分失去了意义。因为本来是一个由市场经济发展过程中自发产生现象变成了以政府行政力量而主导实现的政绩工程，城镇化率成为一个可以被行政力量轻易控制的指标。

城镇人口的增加和城镇化率的提升，是城镇化的数量方面，而衡量城镇化水平高低更重要的方面是城镇化的质量。伴随着农村人口在空间上向城镇集聚，生产方式和生活方式将逐渐现代化：随着产业结构的升级，劳动者的就业结构也相应地向高端演进，劳动生产率持续提高，收入水平和消费水平也将不断升级；随着居住环境的改善，人们生活居住的住房和社区将能够为其提供更好的人力资本和社会资本积累的机会，从而提高生活品质，实现财富增值；随着城市建设水平的提升，市民将享受更便捷的道路、交通、通信等基础设施，更加高品质多元化的文化生活；随着社会身份和社会角色的变化，每一个人都能享受到更为均等化的基础教育、医疗卫生、社会保障等公共服务，并且在行为方式、思想观念、道德意识、社会交往、生活习惯、综合素质等方面，都发生由传统向现代的转变。也就是说，城镇化不仅是城镇常住人口比例的提高，更重要的是人们的生活方式的现代化。

然而，通过数量上57.4%的城镇化率，我们可以隐约地看到中国城镇化质量的欠缺。有人把这种质量的欠缺称为"半城镇化"，它主要表现为现代化水平的不均衡，而这种不均衡又集中表现在不同规模城市之间和一些特大城市内部，我们称为城镇化的双重失衡。

其一，不同规模城市之间发展水平的失衡。改革开放之前，我国不同地区、不同城市之间的经济发展差距很小，城市人口的分布相对比较均衡，而在改革开放之后，城市之间的差距开始拉大。导致城市之间发展差距拉大的因素有很多方面：首先，国家的战略重点由内地向沿海倾斜，东部地区的大城市获得了更多的国家投资，并且一些被设为特区的城市也通过享受着各类优惠政策得到更多私人投资的青睐；其次，一些行政级别较高的大城市利用自身在城市行政管理序列中的特殊地位，实现了更大范围内的资源再分配和更多来自于上级政府的补贴，使得优质的社会资源在这些大城市集中，使城市获得发展的优势；再次，随着对外开放程度的提高，外国直接投资（FDI）迅速增长，大城市尤其是高行政级别政府所在地的大城市因其对接外资时的交易成本更低，加之享受优惠政策，吸引了更多的外资，率先走上了外向型发展道路。

随着改革开放的推进，一些经济发展较快的大城市，因其提供给劳动者的收入水平更高，吸引了更多的农业转移劳动力流入，城市的外来人口数量开始迅速上升。随着城市人口规模的增大，在规模报酬递增机制的作用下，这些大城市与其他城市之间的发展差距也在进一步拉大。同时，这种发展的差距不仅体现在收入水平上，还体现在城市的各类公共品上，例如更发达的基础设施、更良好的社会秩序、更便捷的信息传播、更多元的文化氛围、更公平的竞争环境、更丰富的消费选择、更多的就业机会等非排他性公共品，以及更坚实的基础教育、更低的高考录取分数、更先进的医疗卫生服务、更可靠的就业服务、更高水平的社会保障等排他性公共品。决定城市之间发展水平差距的关键因素是城市规模，人口 500 万以上的特大城市与其他大城市、中等城市、小城市和小城镇之间，在各类排他性和非排他性公共品（收入可看成非排他性公共品）上都有着明显的差距。表 1-1 显示了不同规模的城市之间公共品和非公共品供给水平的差距。可以看出，特大城市和中小城市之间的差距已经十分明显，而在中国城镇人口中还有近四成生活在小城镇中。无论是与中国的特大城市相比还是与发达国家的小城镇相比，中国的小城镇在现代化水平上都有着巨大的差距。由于这种差距的存在，城镇化在对人们生活方式现代化的改变上是十分不均衡的。

其二，城市内部福利分配的失衡。我国的户籍制度产生于 1958 年，其最初的作用是通过限制农村劳动力进入城市，以保证城市粮食的低价供应，实现重工业优先发展的战略。改革开放后，随着发展战略向劳动密集型产品的出口导向转变，城乡之间分割封闭的大门逐渐打开，越来越多的农业转移劳动力开始进入城市。相应地，户籍制度的职能也开始从限制农村人口进入城市转变为城市内部福利分配的歧视（叶建亮，2006）。拥有城市本地户籍的居民在享有教育、就业、医疗、社会保障、住房保障等一系列排他性公共服务

表 1-1   不同规模城市之间发展水平的失衡

		人口500万以上的特大城市	人口300万—500万的大城市	人口300万以下的地级市	县级市
排他性公共品	人均教育经费(元)	3043	2180	1374	—
	每百名中小学生教师数(名)	6.7	6.2	6.5	6.9
	城均"211"工程高校数量(所)	4.6	1.2	0.05	0
	每万人医院床位数(张)	78.7	70.7	67.8	40.2
	每万人医生数(名)	42.1	36.2	31.3	18.0
	城均"三甲"医院数量(家)	16.2	14.5	1.6	0.1
	城镇职工养老保险参保率(%)	51.9	43.6	28.8	—
	城镇基本医疗保险参保率(%)	74.9	64.0	49.9	—
	失业保险参保率(%)	70.3	26.8	13.6	
非排他性公共品	人均国内生产总值(元)	97578	90984	58685	24339
	城镇职工年平均工资(元)	76556	60561	50976	39337
	人均固定资产投资(元)	43680	65004	45819	34980
	港澳台和外商投资占比(%)	45.3	32.1	18.5	20.6
	人均道路面积(平方米)	18.4	15.3	12.6	13.1
	人均城市建设维护支出(元)	2301	2678	1407	
	每万人公园绿地面积(公顷)	10.3	8.8	8.9	—
	每万人拥有影剧院数(个)	0.054	0.055	0.044	0.037
	每百人公共图书馆藏书(册)	257.9	156.4	74.5	45.0
	居民人均生活用水量(吨)	45.5	36.6	26.2	—
	居民人均生活用电量(千瓦时)	803.1	762.4	551.8	484.0
	每万人拥有出租车数(辆)	18.6	21.5	16.7	6.0
	每万人拥有公共汽车(辆)	17.7	14.5	7.1	5.9

资料来源:2015年《中国城市统计年鉴》、中国经济与社会发展统计数据库、教育部网站、卫计委网站。

上占据优势,而没有本地户籍的城市外来人口则受到这些排他性福利分配的歧视。表 1-2 显示了不同户籍身份的城市居民在享受排他性公共品供给上的差距。由于不同规模的城市排他性公共品供给水平不同，其户籍福利的含金量也有所不同，对于中小城市和小城镇来说，户籍的福利含金量较小，随着近年来户籍制度改革的持续推进，绝大多数中小城市和小城镇的户籍限制已经完全放开，基于户籍身份的福利分配歧视已经基本不存在。而对于外来人口较多的特大城市和部分大城市，由于其城市的福利含金量较大，为了避免财政分权体制下城市公共支出的溢出效应，特大城市和部分大城市政府普遍倾向于严控城市户籍人口的规模，造成了这些城市中本地户籍居民和外来人口两类群体的分割，福利分配的歧视在这些城市中表现得比较明显。当前，我国的常住人口城镇化率为57.4%，而户籍人口城镇化率仅为41.2%，两者相差的16.2个百分点，正好对应的就是2亿多的进城农民工。此外，我国还有约7000万离开户籍所在地在其他城市工作的城市居民。这些非户籍居民大部分集中于特大城市和部分大城市，由于户籍福利的缺失，他们很难真正融入城市，无法充分享受城市现代化的生活方式。他们向城市的转移往往是非永久性的，随着年龄的增大，户籍福利的缺失将使其越发难以在城市立足，不得不返回原籍地。这种"候鸟式"的非永久性迁移动摇了城镇化水平提高的基础。非户籍居民以及城市福利分配歧视的存在，从另一个角度体现出了城镇化在对人们生活方式现代化的改变上是十分不均衡的。

由此可见，伴随着中国城镇化率的提高，城市之间和城市内部的不均衡问题日益突出。城镇化的双重失衡对城镇化质量的影响是十分重大的，并直接动摇了城镇化的数量根基。从这个角度来看，我们可以对中国57.4%的城镇化水平有一个重新的认识，并且能够做出一个重要的论断，即仅仅在城镇化率数量上的提升，不足以让中国通过城镇化实现人们生活方式的现代化。真正现代化生活方式的实现，一定是城镇化质量的提高。而城镇化质量的提高，最重要的表现就是不同规模城市之间发展水平的均衡和城市内部不同户籍身份居民福利的均等。破解中国城镇化的双重失衡是未来推进城镇化的核心任务。

表 1-2 城市本地居民和外来人口享受排他性公共品供给的差距

	公共服务项目	本地居民	外来人口
教育	义务教育	享受	部分享受、覆盖率低
	高考	享受	不享受
就业服务	公共就业服务	享受	部分享受
	职业技能培训补贴	享受	不享受
	创业培训补贴	享受	不享受
医疗卫生	基本公共卫生	享受	部分享受
	重大公共卫生	享受	不享受
	城镇职工医疗保险	享受	部分享受
	城乡居民医疗保险	享受	不享受
社会保障	城乡低保	享受	不享受
	城镇职工养老保险	享受	部分享受
	城乡居民养老保险	享受	不享受
	灵活就业人员社会保险	享受	不享受
	工伤保险	享受	部分享受
	失业保险	享受	不享受
住房保障	经适房、廉租房	享受	不享受
	公租房	享受	少量享受

资料来源：转引自李铁《城镇化是一次全面深刻的社会变革》，中国发展出版社 2013 年版。

还需要特别说明的是，城镇化的双重失衡之间并非是并列的关系，两者在逻辑上存在着先后顺序。不同规模城市之间发展水平的失衡，决定了城市尤其是特大城市内部福利分配的失衡。把握住这一点，对认清中国城镇化进程中一系列矛盾问题以及提出有效解决这些问题的方案，实现城镇化的顺利转型有着重要的意义。

第二节 本书要解决的几个问题

一 中国的城市是集聚不足还是集聚过度？

城镇化之所以是现代经济发展的必然趋势，最关键的原因就是经济活动主体对规模经济效益的追逐。城市有着高密度的经济活动，使企业得以充分利用由邻近其他相同或相似产品生产者（地方化经济）和邻近各类产品和服务的生产商（城镇化经济）所产生的规模经济效应。经济活动在地理上的集中有助于企业共享投入供应商，匹配就业技能，相互学习。按照城市经济理论，规模越大的城市，规模经济效益越充分。伴随着改革开放，中国大城市地区的经济活动集中化程度越来越高。2016 年，中国最大的 10 座城市占城市 GDP 的比重超过 20%，出口则在城市地区总出口中超过一半，城市的经济集聚现象十分明显。

对于中国城市的集聚程度是不足还是过度，在理论界有着很大的争论。在支持集聚不足的学者中，陆铭等（2011）认为，由于中国长期以来实行鼓励小城市（镇）发展而控制大城市人口规模的政策，导致中国大城市数量偏少、规模偏小，小城市（镇）过度发展，用基尼系数衡量的城市规模差异过小，以位序—规模法则衡量的首位城市规模相对世界其他发达国家过小，中国的大城市如北京、上海的人口应进一步提高，达到和拥有 3600 万人口的东京都市圈相当的水平。王小鲁（2010）提出了类似的观点，认为中国 100 万人口以上的大城市不是太多而是太少，未来应该增加百座人口百万以上级别的大城市，使 100 万人口以上规模的大城市人口占总人口比重达到 30% 左右。Au 和 Henderson（2006）也指出，中国的迁移限制政策使中国城市人口规模普遍偏小，严重影响了集聚经济效益和劳动生产率的提高。

同样，有一批学者认为，中国城市的集聚已经过度了。范红忠等（2010）认为，在行政力量主导资源配置、地方政府"GDP"锦标赛体制以及农民工和大学生对高房价不敏感的现实条件下，中国的生产和人口向大城市过度集中，这种日韩或拉美式的大城市化道路弊端诸多，中国应该走大中小城市均衡协调发展的道路。王桂新（2011）认为，交通拥堵、环境污染等大城市病在中国城镇化进程中已经愈演愈烈，治理大城市病、控制大城市人口规模应成为大城市政府管理者排上议事日程的重要问题。费孝通（1984）早在改革开放之初就指出，中国应控制大城市规模，大力发展小城镇。政策界似乎也更偏向于认可城市人口过度集聚的观点，近年来旨在控制大城市尤其是人口 500 万以上的特大城市人口规模的政策措施不断出台，致力于疏解特大城市人口，实现大中小城市协调发展。

对现实问题的分析，不能脱离理论而仅凭生活直感就简单做出判定，也不能拘泥于理论而忽略理论成立的前提条件。对于中国城市是否过度集聚的问题，集聚不足论者大多基于城市经济学理论，认为在规模报酬递增条件下，城市规模的增长是规模经济效应自发作用的结果，人为的干预必然造成低效率。但是，中国的城镇化进程有太多与城市经济理论前提假定的不符之处，户籍制度、土地制度、行政管理体制等中国特有的制度安排将对在规模经济作用下城市最优规模的形成产生关键性影响，同时庞大的人口基数也使得产生于中小规模经济体的位序—规模法则和城市基尼系数指标部分失去意义。对于集聚过度论者，不论是学者还是官员，往往身处大城市，是大城市病、城市拥挤效应的切身感受者，而对中小城市因集聚不足而产生的效率损失缺乏直观感受，对因大城市过度集聚而对中小城市集聚人口产生的影响缺乏理性认知。因此，对这一问题的判断不能简单做出定论。

判定中国城市规模体系的合理性，即城市集聚是否过度，对于阐明中国城镇化的双重失衡十分重要。本书将在充分考虑中国一系列特殊的制度安排条件下，基于城市经济学理论，全面考察不同规模城市的集聚特征，得出中国城市体系总体上集聚程度的结论，进而分析其对中国城市之间发展水平失衡以及对特大城市内部福利分配失衡的影响。

二 特大城市的户籍改革为什么难以突破?

改革开放以来,户籍制度及其所实际发挥的作用已发生了巨大变化。户籍制度直接限制人口迁移的功能已不复存在,其功能已主要集中于城市本地各项与户籍挂钩的福利的歧视性分配,城市外来人口难以享受与本地居民均等化的公共服务。近年来,随着改革力度的加大,绝大多数中小城市和小城镇的户籍已经完全放开,户籍制度改革最后的堡垒主要集中在特大城市和部分人口较多的大城市,并且在少数城市户籍管制还呈现更加严格的趋势。

对于户籍制度为什么在这些城市难以取得实质性突破的原因,最为普遍的观点是将其归因于城市的多项福利与户籍挂钩,而由于特大城市户籍的福利含金量较高,放开落户将产生城市公共支出较大的溢出效应,致使外来人口蜂拥而入并给当地造成较大的财政压力(王美艳、蔡昉,2008)。但是,这种观点只是对现象的重复表述,对于为什么福利权益会与户籍挂钩并没有说清。

对此,有研究指出,当前流动人口在城市享受平等的公共服务方面的障碍主要是福利制度的地区分割而不是城乡分割。城乡分割主要影响的是福利统筹区域内(一般是县域,至多市域)的流动人口,而地区分割则影响的是跨区域(特别是跨省)流动的人口。而造成福利制度地区分割的主要原因在于中国福利筹资的高度分权化。中国福利支出责任主要由省级及以下的地方政府承担,尤其是市级政府支出占大头。以户籍福利的主体内容教育和医疗为例,在总支出中,地方财政支出的比例长期在80%以上,中央和地方之间稳定的分担机制并未形成。社会保障、住房保障的支出分担机制也与之类似(国务院发展研究中心课题组,2014)。但是,这种解释只是说清了福利与户籍挂钩的原因,而并没有解释为什么这种因财政分权导致的福利分配地区分割仅在特大城市和少数大城市存在,而同样在分权体制下的中小城市却可以放开落户。

　　实际上，这个答案已经比较明显，主要是因为不在城市福利统筹范围内的大量外来人口集中于少数特大城市。因此，回答户籍改革为何难以实质性推进的关键就是解释在福利筹资高度分权化的财政体制下，城市福利与城市户籍挂钩的条件下，转移人口为什么会集中向少数特大城市集中。人口向大城市集中是城镇化进程中的一条普遍规律，但前提是这种集中应发生在纯粹市场机制的作用力量下，并且是迁移人口的理性行为。在中国特大城市户籍管制极为严格，使外来人口几乎不可能获得户籍的条件下，外来人口仍然"非理性"地向特大城市流动，似乎宁愿在大城市做非户籍居民也不愿在中小城市做户籍居民。这种现象的背后一定不仅是单纯市场机制的作用，而是市场机制掺杂行政体制而共同作用的结果。对这一现象的解释要诉诸对城镇化进程中城市之间发展水平的失衡和城市内部福利分配失衡的分析，这也将是本书重点要解决的问题。

三　户籍制度阻碍外来人口的迁移和定居吗？

　　长期以来，户籍制度被认为是造成城乡二元分割、阻碍农业转移人口在城市定居的一项关键因素（李强，2003；章元和王昊，2011；Bosker 等，2012）。普遍的观点是，虽然户籍制度直接限制人口流动的功能已经不复存在了，但它通过对城市福利的歧视性分配，仍然间接地限制人口的迁移和定居（章莉等，2008；Whalley和 Zhang，2007）。然而，对我国人口迁移的实际情况进行观察后发现，越是户籍管制严格的大城市，近年来常住人口增长越快，特大城市似乎存在"落户越来越严、人口越控越多"的现象；反之，户籍管制已经完全放开的中小城市和小城镇，常住人口增长却比较缓慢甚至在下降，其城市户籍无人问津。一些研究表明，无法获得特大城市的户籍并非外来人口定居的主要障碍，特大城市更多的发展机会和更高水平的公共品供给是外来人口选择长期居住的主要动因（Zhu 和 Chen，2010；夏怡然和陆铭，2015）。

　　当前，我国正在进行着新一轮的户籍制度改革。在国家层面，户籍改革的总体思路是根据城市规模的不同采取差别化的落户政策，对于外来人口较多的大城市和特大城市，落户的规模和节奏要严格控制，以求减轻这些城市的人口压力。[①] 在地方层面，一些大城市的政府在制定户籍管制措施时，通常采取积分落户制的方式，通过设置较高的落户门槛，将少量高技能劳动力留在城市，而将大量低技能劳动力排斥在户籍人口范围之外，希望能够一方面控制人口总量规模，另一方面优化人口结构。如果户籍确实能够限制外来人口在城市定居，户籍管制政策不失为一种大城市疏解人口的有效手段。但是，如果城市的户籍管制不仅没有阻碍外来人口迁入定居，反而促进了这一进程，那么大城市通过限制落户来控制人口规模的政策就是无效的，同时也无法达到优化人口结构的目的，甚至根据城市规模实施差别化落户的户籍制度改革的政策效果也无法实现。因此，搞清户籍管制对外来人口在城市定居的实际影响，对于未来我国户口迁移政策的调整和实施有着重要的理论和实践意义。

对于这一问题的回答，本书将基于最优城市规模理论，探讨在城镇化双重失衡背景下，户籍管制政策对城市不同排他性公共品供给的影响以及随之产生的对城市最优人口规模的影响，探讨特大城市户籍管制自增强机制的形成原因和形成过程，进而回答户籍制度对外来人口迁入城市的实际影响。

四　流动人口为什么不愿意转为城市户籍？

曾几何时，一个非农业户对农民来说价值千金，它意味着农民可以享受包括粮食计划供应、就业分配、公共服务和社会保障等一系列权益。但是，随着改革的推进，众多福利与城市户籍脱钩，城市户籍对流动人口的吸引力已经急剧下降。调查发现，绝大多数农民工不愿意转变为城市户口。那么，究竟是什么原因导致城市户籍对流动人口的吸引力有了如此大的变化呢。

普遍的观点认为，长期以来，造成流动人口中的农民工不愿意转为城市户籍的一个重要原因是他们不愿意放弃农村户籍所对应的

---

① 参见《国务院关于进一步推进户籍制度改革的意见》（国发〔2014〕25 号）。

农村各项权利，包括集体土地承包权、宅基地使用权和集体收益分配权，也包括农村对计划生育政策较宽松的管控。随着农产品价格上涨、农业政策由征税向补贴的转变、土地转入非农用地增值的预期等因素持续地提高农村户籍的含金量，使得农民不愿意放弃农村户籍而转入城市户籍。然而，随着近年来中央鼓励农民工进城落户的政策接连出台，进城落户农民农村土地承包权、宅基地使用权、集体收益分配权的自愿保有和退出补偿机制已逐渐建立，对《土地承包法》第二十六条中"土地承包方全家迁入设区的市，转为非农业户口的，应当将承包的耕地和草地交回发包方"的修订工作已经展开。农民工即使是举家迁入城市，也能够按照自己的意愿保留"三权"。可以说，影响农民工转为城市户籍的有关原农村户籍权利问题的障碍已经基本解决，"离土又离乡"的后顾之忧已经基本不复存在。因此，农村户籍福利的羁绊应该不是流动人口不愿转户籍的主要原因。

进一步分析流动人口的落户意愿会发现，不愿意转为城市户籍只是一个笼统的说法，城市户籍本身有很大的结构性差异。流动人口不愿意转户籍的城市主要是户籍含金量较小的中小城市和小城镇，而对于户籍含金量高的特大城市，流动人口普遍有转户籍的意愿。然而，如前所述，在公共服务均等化的障碍主要是地区分割而非城乡分割的条件下，户籍含金量大的特大城市往往会严控户籍，防止公共支出的溢出。由于特大城市与中小城市的发展差距很大，其非排他性公共品供给水平也相差很大。在特大城市依赖户籍的排他性公共服务无法得到但不依赖户籍的排他性公共服务却可以得到的情况下，如果特大城市非排他性公共服务的水平超过中小城市排他性和非排他性公共服务的总水平，则流动人口仍然会愿意以非户籍居民身份迁入特大城市，久而久之，形成了非户籍迁移的心理预期，形成了非永久性迁移的行为习惯和生活模式。对于绝大多数流动人口来说，即使中小城市完全放开落户，也不愿意迁入；即使到特大城市几乎无法获得户籍，也愿意迁入，这种迁移的心理和行为特征给人们留下了流动人口不愿意转户籍的印象。

对流动人口不愿意转为城市户籍的这种解释，是本书提出的核心命题之一，而论证这一命题正确性的关键，在于证明特大城市非排他性福利水平超过中小城市排他性和非排他性福利水平之和。同样，本书将试图在城镇化双重失衡的框架下实证验证这一论断。

五 如何实现城镇化的转型

推进城镇化转型是当前和未来一段时间中国改革和发展的重要任务，我们的目标是走出一条高效、包容、可持续的新型城镇化。高效的城镇化，是指依托市场的决定性作用，发挥政府的调控作用，促进生产要素在城乡之间、城市之间和城市内部优化配置，增强城市的创新能力，最大限度地实现城镇化的集聚效应，防止城市病所带来的效率损耗，持续提高劳动生产率。包容的城镇化，是指充分调动政府、企业和社会各方面的积极性，让生活在不同城市的人们和城市内部不同阶层的人们都能均等地分享城市的各项公共服务，公平分享城镇化的物质文明和精神文明成果，促进社会各阶层和谐相处，把城市打造成为共享人生出彩机会的宽阔舞台。可持续的城镇化，是指基于合理的城镇化战略，引导农业转移人口向城市有序迁移，保持城镇化水平稳步、健康、持续地提高，避免特大城市转移人口过多而导致的城镇化不稳固和中小城市吸引力不足而影响城镇化潜力。

显然，中国当前的城镇化与高效、包容、可持续的要求还有很大差距。首先，城市规模体系不合理影响了城市规模经济效益的发挥：特大城市人口过多使得城市的拥挤成本过大，部分抵消了规模经济效益；中小城市人口不足使得城市的规模经济效益尚未得到充分发挥，城镇化在整体上的效率不高。其次，由于特大城市人口过多，公共服务难以覆盖全体市民，流动人口被排斥在特大城市与户籍相关的公共服务范围之外，使其难以实现市民化，城镇化的包容性不强。最后，过分依靠特大城市吸纳农业转移劳动力，使得转移人口在城市定居的成本过高，人口转移方式呈现单身化、男性化、非永久化，城镇化水平持续提升的能力受到削弱。

　　城镇化的低效、排斥、不可持续，与我国城镇化所面临的城市之间发展水平的失衡和城市内部福利分配的失衡直接相关。因而推进高效、包容、可持续性的新型城镇化建设就需要从双重失衡的治理入手，实现城镇化转型发展。那么，如何推动城镇化模式转型以实现城市之间发展水平的均衡？如何推动户籍制度实质性改革以实现城市内部公共服务的均等化？城镇化双重失衡之间的逻辑关系和双重转型之间的逻辑顺序如何？这些问题则是本书要着力研究解决并借以提出政策建议的关键点。

第三节　研究思路、结构安排与主要发现

　　本书将从城市之间和城市内部的双重视角研究中国城镇化的失衡问题，以求将上述几个问题纳入分析框架中。具体的研究思路如下：首先综述城镇化模式与城市内部新二元结构的相关理论和国际经验，为城镇化双重失衡的研究框架建立理论基础并提供经验借鉴。随后对中国城镇化的双重失衡进行定量化描述，并对城镇化双重失衡对人口迁移流向的影响进行分析。紧接着我们分别对城市之间发展水平失衡和城市内部福利分配的失衡进行研究，讨论了两者之间的逻辑关系以及双重失衡的城镇化对中国城镇化质量的影响。进一步地，我们将对城市户籍管制影响外来人口迁移定居的实际效果进行实证分析，并验证特大城市户籍管制的自增强机制的存在性，再通过比较静态分析探讨如何通过城镇化投资政策取向的调整引导流动人口有序转移，实现均衡型的城镇化模式。最后，依然将从城市之间和城市内部的双重视角探讨城镇化转型发展的对策建议。

　　本书的研究发现，中国城市之间发展水平的失衡，使得城市体系中少数特大城市的非户籍福利水平高于广大中小城市的户籍和非

户籍福利水平之和，这造成了流动人口向少数大城市过度集中，并导致了在财政分权体制下特大城市内部福利分配的失衡，使得城镇化表现出低效、排斥、不可持续的特征。实证分析表明，局限于中小城市的放开落户和特大城市通过严控户籍疏解人口的政策组合，在实践中难以有效地推动城镇化转型。倾向于大城市的资源配置和特大城市公共服务的排他性分配不仅不会减少其外来人口规模，反而加剧了流动人口的低质量集中并形成了特大城市户籍管制的自增强机制。本书认为，流动人口结构的转变和保留效用的提高，以及发展方式由投资驱动向消费驱动的转变为城镇化转型提供了历史契机。在政策层面，要构建均衡型城镇化模式和均等化公共服务，一方面需要加快推动特大城市实质性的户籍改革，使之退出户籍管制的自增强机制；另一方面要引导投资向中小城市布局，实现人口有序转移，最终实现高效、包容、可持续的新型城镇化。本书以下各章节的主要内容和具体研究发现是：

第二章综述本书所采用的理论框架以及相关问题的国际经验。本章首先梳理了有关集中型和分散型城镇化道路之争的文献。在此基础上，对集中型城镇化道路的支持者所持有的几个核心观点进行评述，指出其理论分析的不足之处，进而阐释本书对城镇化模式问题的基本观点和论证的主要思路。其次，我们回顾了中国户籍制度改革的基本历程，找出其共性特征；分析当前理论界对如何推进户籍制度改革这个问题的几个主要观点并加以评论；对户籍制度改革尤其是大城市户籍改革的成本误区加以阐释，借以提出本书对相关问题的核心观点。最后，我们整理了世界一些典型国家的城镇化模式，并分析了这些国家的城镇化模式对大城市内部所形成的二元结构特征及城镇化质量所产生的影响。

第三章探讨城镇化的双重失衡及其对人口迁移模式的影响。本章首先基于熵值法建立以城市福利衡量的城市发展水平评价指标体系，并计算出全国339个地级以上城市的户籍福利和非户籍福利值，以量化分析不同城市之间发展水平的失衡。其次，我们对户籍制度目前仍然在城市发挥作用的领域进行梳理分析，论证城市内部二元结构即城市内部不同群体福利分配失衡的存在性。再次，基于建立起的城镇化双重失衡框架，分析流动人口迁移模式的选择特征，指出由于特大城市和部分大城市中的非户籍福利水平要高于中小城市的户籍福利和非户籍福利水平之和，使得以追求福利最大化为目标的流动人口宁愿到特大城市和部分大城市作非户籍居民，也不愿意到中小城市做户籍居民，这使少数大城市的人口过度膨胀并形成集中化城镇化模式。最后，基于全国人口普查数据对迁移人口的流向特征进行了分析，总结出集中型城镇化模式下的人口迁移的具体特征。同时，我们分析了近年来中国城镇化进程中新增城镇人口的来源结构，发现新增城镇人口中劳动力数量较少，劳动力群体中又以单身、男性、青壮年为主，并指出新增城镇人口的这种结构是与集中型城镇化高度相关的。本章指出，这种仅靠外出农民工向特大城市转移的模式不足以支持城镇化进程的可持续发展，唯有既提高特大城市的包容性，又提高中小城市的规模效益，才能使举家迁移成为可能，从而充分挖掘城镇化的潜力，并且提高城镇化的质量。而实现这一目标，就必须改变集中型城镇化模式，转而走分散化城镇化的道路。

第四章探讨城镇化的双重失衡条件下的户籍制度改革问题。本章提出，户籍制度存在两大特殊职能，即人口迁移限制和福利分配歧视。自1958年设立以来，户籍制度的两大特殊职能存在此消彼长的关系。在改革开放之前，户籍制度两大职能的组合是严格的人口迁移限制和城市福利分配的非歧视；在改革开放之后至今，是自由的人口迁移和城市福利分配的歧视；未来改革的方向是自由的人口迁移与城市福利分配的非歧视，而当前正处在二、三两个阶段的过渡阶段，表现为人口自由迁移与少数的大城市福利分配歧视并存。我们进一步分析了在多年改革之后的当前，户籍制度所呈现出来的一些新特征，包括城乡户籍含金量差距缩小、本地和外来户籍福利差距凸显、不同城市的户籍含金量差距扩大、不同城市的落户门槛走向分化、市场化程度高的福利逐渐与户籍剥离。基于城镇化双重失衡的分析框架，我们指出，单纯剥离户籍福利含义的改革政策难以奏效，只有先缩小城市之间发展水平的失衡才能进一步改革户籍制度来缩小城市内部福利分配的失衡。最后，我们尝试针对四类城市的不同特征，制定实施农业转移人口差别化落户的可行方案。

第五章实证分析户籍管制政策对控制外来人口迁移和定居的实际影响。通常认为，城市户籍管制会使外来人口无法平等享受公共服务而难以定居，但本章的分析表明，户籍管制政策在减少城市排他性公共品供给的同时，会相对提高非排他性公共品的供给水平，这更有助于吸引外来人口尤其是低技能人口长期定居。本章基于2014年全国流动人口动态监测数据和2015年《中国城市统计年鉴》，对全国地级以上城市外来人口的定居行为和定居意愿进行实证分析发现，在控制住个体因素和城市因素后，城市户籍管制程度越高，外来人口的定居时间就越长，打算未来在该城市长期居住的概率也越高。农村籍和未受过高等教育的外来人口在城市户籍管制加强时，定居时间的增长和打算长期居住概率的提高比城市户籍和受过高等教育的外来人口更显著。基于实证分析的结论，本章指出，部分大城市通过加强户籍管制来控制人口规模和提高高技能劳动者比例的政策是无效的，进一步放开落户反而是疏解人口的有效途径。

第六章论证了特大城市户籍管制的自增强机制的存在性。人口500万以上的特大城市为了缓解其综合承载压力，倾向于通过严格的户籍管制政策控制人口规模，但在现实中，特大城市却存在"落户越来越严、人口越控越多"的现象。本章基于最优城市规模理论，提出了特大城市户籍管制的自增强机制，并分析了这一机制的形成过程。研究发现，严格的户籍管制政策在降低特大城市排他性公共品拥挤成本的同时，并未改变城市人口增长带来的规模收益，这使得城市边际规模收益和边际拥挤成本相等时的最优规模理论值增大，城市人口倾向于进一步增多，最终导致户籍管制更加严格。

利用地级以上市的数据对户籍管制的自增强机制进行实证分析发现：加强户籍管制不利于中小城市收入提高，有利于大城市和特大城市收入提高，人口规模越大的城市越具有加强户籍管制的倾向；户籍管制程度的提高使城市人均收入与人口规模之间倒"U"形曲线的顶点位置右移，因而提升了特大城市的最优人口规模水平，进一步促进了人口的流入。大多数特大城市在严格的户籍管制下，其实际人口规模仍未达到最优人口规模理论值，依然存在人口进一步增多的倾向。户籍管制的自增强机制的政策含义是：当前，中国的特大城市已经陷入了户籍管制增强与城市人口增多的恶性循环之中，其通过严格的户籍管制控制城市人口规模的政策是无效的，进一步放开落户限制反而是特大城市疏解人口的有效途径；同时，应通过提高中小城市非排他性公共品供给水平引导新增非户籍人口有序转移，最终使特大城市退出户籍管制的自增强机制。

第七章分析如何通过城镇化投资政策转变，实现均衡型城镇化进而实现农民工的市民化。我们将拥有城市住房作为农民工市民化实现的标志，通过建立农民工的生命周期模型，对不同的城镇化投资政策进行比较静态分析，发现向大城市倾斜的投资政策，将使原本具备在小城市市民化能力的农民工转而向大城市非市民化迁移；向小城市倾斜的投资政策，将使向大城市非市民化迁移的农民工转而向小城市寻求市民化，并使仍在大城市就业的农民工实现市民化的可能性增大，总体上实现市民化的农民工比例提高。因此，在未来的城镇化进程中，应制定向小城市倾斜的投资政策，引导产业项目和基础设施建设在住房支付能力强的小城市布局，提高其就业吸纳能力，改变我国城市就业吸纳能力和住房支付能力的错配，实现更多的农民工市民化。

第八章探讨如何通过城镇化的双重转型破解城镇化的双重失衡。基于本书前面的分析，本章明确指出，要实现高效、包容、可持续性的新型城镇化，必须在两个方面实现城镇化的转型发展：其一，通过加大对中小城市和小城镇的投资和公共服务倾斜力度，缩小其与特大城市之间的发展差距，提高对转移人口的吸引力，实现均衡型城镇化发展模式。其二，通过实质性推进特大城市的户籍制度改革，实现存量转移人口就地落户，使城市的拥挤成本恢复到与其规模经济相适应的程度，退出户籍管制的自增强机制。当前，农民工保留效用的提高、农业转移人口结构的转变以及经济发展方式由投资驱动向消费驱动的转变为实现城镇化转型提供了历史性契机，而以消化存量、引导增量的政策调整也是必要举措。

第二章 城镇化的均衡与失衡：
基于文献的评论

城镇化是人口由农村向城市集中的过程，根据人口集聚的不同程度，可以将城镇化模式分为集中型和分散型。学术界的主流观点认为，由于中国政府实行了严格控制大城市人口规模而着重发展中小城市的政策取向，导致中国的城市规模普遍偏小，集中化程度不足，以基尼系数、齐普夫指数等经济指标衡量的城市差距过小，大城市数量过少，集聚经济效益发挥不足。而通过促进人口向大城市集中，进一步转移欠发达地区的人口，在边际递减规律的作用下，区域之间可以均衡发展。但是，基于中国特殊的人口总量和分布特征，部分经济指标衡量的集聚程度具有指导意义吗？在转轨阶段，在户籍制度等计划经济残余依然顽固的情况下，大城市化能够实现"在集聚中走向平衡"吗？对于当前的新一轮户籍制度改革，在不考虑城市之间发展失衡的前提下，改革能取得实质性进展吗？城市之间发展水平的失衡与城市内部福利分配失衡之间的关系如何？两种转型的次序如何？这些都是推进新型城镇化要解决的关键问题。围绕着城镇化的均衡与失衡问题，世界各国的城镇化发展历程为我们提供了可资借鉴的经验，本章将对这些经验和教训进行梳理，与前面的分析一道，为本书的研究提供理论基础和经验参照。

第一节 集中型城镇化还是分散型城镇化

长期以来，学术界存在中国城镇化模式之争，即应该走集中型的大城市化道路还是分散型的中小城市和小城镇化道路。其中，集中型的大城市化道路是学术界的主流观点。学者普遍认为，中国的城镇化应走大城市扩容为主的道路，因为城市特别是大城市，会产生明显的集聚效应，从而带来更高的规模收益、更多的就业机会、更强的科技进步动力和更大的经济扩散效应（王小鲁，2010；Au和Henderson，2006；陆铭和向宽虎，2014）。这种观点指出，在计划经济年代，出于平衡地区经济发展和国家安全的考虑，中国向内地转移了大量经济资源，包括动用行政力量来进行人口向欠发达地区的转移。为了推行重工业优先发展战略，政府通过户籍制度来限制劳动力在城乡之间和地区之间的流动。在持续的行政干预下，城市体系出现了扭曲：城镇化进程滞后于工业化进程，城市化水平明显低于人均收入与中国大致相等的国家，在城镇化水平受到制约的同时，城市规模也受到限制，与世界其他国家相比，中国城市规模偏小，城市规模差异偏小，城市的集聚程度偏低；在追求区域间的平衡发展的目标下，行政干预要素地区间配置的方式在长期无助于地区差距的缩小；要实现城乡之间、区域之间的平衡发展，必须通过引导欠发达地区的人口向大城市集中，一方面可以拉低大城市的工资水平，另一方面可以提高欠发达地区的人均资源拥有量使其收入提升，从而缩小城乡区域差距，即"在集聚中走向平衡"（陆铭，2013）。

然而，在中国经济体制转轨背景下，城镇化进程中的一些特殊的制度安排将可能使得纯理论分析的结论出现偏差，进而形成对中国当前城镇化模式和未来发展战略的认识误区。综合来看，主张集中型城镇化的观点包括以下三个认识误区。

一 误区一：中国的城市规模过小、规模差异不足、集聚经济效益没有发挥

一个国家的城市体系中包含着数量众多、等级规模各异的城市，如何描述城市规模分布的特征是国外学者长期关注的问题。奥尔巴克（Auerbach，1913）发现，城市规模分布可用帕累托分布函数来拟合。即 $R = AS^{-a}$，或 $\log R = \log A - a \log S$。式中，S 为某一特定的城市人口规模，R 为城市人口规模大于和等于 S 的城市个数，A 和 a 是常数，其中，a 被称作城市规模分布的帕累托指数，其大小可以用来衡量城市规模分布的均衡程度。a 越大，城市规模分布越均衡。齐普夫（Zipf，1949）的研究进一步指出，城市规模分布的帕累托指数为 1。这样，上式变为 $R = A/S$。这意味着人口规模排名第二的城市其人口规模是最大城市人口规模的一半，人口规模排名第三的城市其人口规模是最大城市人口规模的 1/3，依此类推。这便是"齐普夫法则"，也称作位序—规模法则。

张涛等（2007）考察了我国的城市规模分布，其结果基本符合齐普夫分布，但是，和美国以及其他发达国家的城市规模相比，中国较大的城市之间规模差距不足，帕累托指数 a 较大。陆铭（2013）运用城市规模的基尼系数对中外城市规模差距进行国际比较发现，2010 年中国城市规模系数为 0.43，远低于世界上许多较大国家的水平，包括巴西（0.65）、日本（0.65）、印度尼西亚（0.61）、英国（0.60）、墨西哥（0.60）、尼日利亚（0.60）、法国（0.59）、印度（0.58）、美国（0.54）和西班牙（0.52）。尽管近年来中国城市人口规模差距处在扩大的趋势中，但离世界水平还很远。并且，以人口规模度量的基尼系数指标要远小于以城市 GDP 总量度量的基尼系数值，表明中国城市之间的经济集聚程度要远大于人口集聚程度。总之，中国城市的集聚程度是偏低的，规模差距不足也是十分明显的。

但是，基于帕累托指数、基尼系数等指标的衡量标准来对中国城市规模差距进行的判断存在着偏差。

由定义可知，无论帕累托指数还是基尼系数都是相对数，如果国家之间的城市人口数量和总人口数量相当，其指数具有一定的可比性，而如果不同国家的城市人口和总人口相差在一个数量级上，则这些指数将失去参考价值。例如，对于人口规模在 1 亿左右的国家，在首位城市人口达到千万规模以上的情况下，前几大城市基本上就能容纳全国一半以上的城市人口，集中程度自然会很高。而对于中国来说，人口总规模达到近14亿，城市人口数量近8亿，首位城市如北京、上海的常住人口规模已经超过2000万，与世界上一些最大城市人口规模相当，人口规模接近单个城市所能容纳的人口规模上限，集聚程度已经很高。然而，相对于全国城市人口数量来说，中国首位城市人口的占比依然很小，单靠少数几个大城市不足以完成容纳一定量城市人口的任务，因此还需要有很多人口超过千万、接近单个城市人口规模上限的城市存在。这样一来，必然会使得按照帕累托指数、基尼系数等相对指数衡量的人口集中度较低，无法表现中国大城市的集聚程度已经很高的事实。

我们将中国前4大和前10大城市的人口总数量及其占城市人口和总人口比例进行对比（见表2-1）。可以发现，中国前4大和前10大城市的人口规模总量均远远超过其他国家，而在城市人口和总人口中的占比却远低于其他国家。这显示出，中国首位城市的人口集聚程度已经很高，但从相对量上看，首位度不高，城市体系的集中程度较低。因此，基于相对指标而判断中国的城市规模过小、规模差异不足、集聚经济效益没有发挥，进而城镇化的集中程度不够的观点是一个理论上的误区。

表 2-1　　　　　　　各国首位城市规模和集中程度比较

	前4大城市人口数量（千万）	前4大城市人口数量占所统计城市人口比重（%）	前4大城市人口数量占全国总人口比重（%）	前10大城市人口数量（千万）	前10大城市人口数量占所统计城市人口比重（%）	前10大城市人口数量占全国总人口比重（%）
美国	4756	18.4	15.9	8044	31.1	26.8
日本	1713	22.6	13.5	2573	34.0	20.3
德国	761	29.4	9.5	1118	43.9	14.0
中国	6874	15.4	4.9	11357	25.4	8.2

资料来源：相关国家官方统计网站。

二　误区二：最优城市规模是由市场力量决定的，不应控制大城市的人口增长

城市经济学理论认为，随着人口在城市集聚，会产生两种相反的作用力：一是由规模经济效益带来的向心力，二是由拥挤成本带来的离心力，城市的最优规模是由这两种力量的相互作用所形成的。

规模经济效益的产生与先天地理条件无关。在规模报酬递增且存在运输成本的条件下，即使在一个初始区位条件完全相同的区域内，在经济的自我演进过程中仍会产生集聚（Krugman，1991）。新经济地理学认为，只要人口和经济活动在城市集聚，就存在三个方面的规模效应。一是共享，即生产者可以从更大范围获得广泛的投入品供给，对于投入品的分享也使得供应商能够根据客户的需求提供高度专业化的产品与服务；二是匹配，即生产要素能够在更大范围内实现匹配，增加雇主和劳动者相互的选择范围；三是学习，即空间集聚可以加速知识的传播，方便职工和企业家之间，以及不同产业之间相互学习（Gill and Kharas，2007）。具有高密度经济活动的城市，可以使企业得以充分利用由临近其他相同或相似产品生产者（地方化经济）和临近各类产品和服务的生产商（城镇化经济）所产生的规模经济效益（见表2－2）。

拥挤成本也是随着城市规模的增大而产生的。布莱克和亨德森（Black and Henderson，1999）的内生城市增长模型指出，随着城市规模的增大，大量资源将会从生产和技术研发领域转向改善城市交通和拥挤环境，以维持居民的生活质量。城市规模越大，克服拥挤成本所付出的代价就越高，投资效率就越低，从而促使城市经济活动产生离心力。亨德森（2003）进一步认为，大城市往往是进行一国科技创新的实验中心，从事新技术和新产品的研发设计如果大城市规模过小，则缺乏科学实验的环境，影响全国的技术进步；但如果大城市过大，人们不得不在通勤交通上和其他浪费性活动上花费过多的时间，这必然阻碍创新和技术进步。劳动力人均上下班通勤

表 2-2　　　　　　　　十二类规模经济效益

规模效益类型			举例
内部		1. 金钱性	在购买中间投入时享受大批量折扣
	技术性	2. 静态技术	由于运营工程的成本固定，平均成本下降
		3. 动态技术	随着时间推移，学会更有效地运营工厂
外部	地方化	4. "购物"	购买者愿意到销售者多的地方采购
		5. "亚当·斯密" 专业化	外包使上游投入供应商和下游供应企业均能从专业化带来的生产率收益中获益
		6. "马歇尔" 劳动力汇集	具备特定产业技能的工人会被吸引到集中度更高的地区
		7. MAR 边学边做	重复和延续性的生产活动会降低成本，且会在同一地点的企业之间产生溢出效应
	城镇化	8. "简·雅各布斯" 创新	不同事物本地化程度越高，观察和适用他人创见的机会就更多
		9. "马歇尔" 劳动力汇集	某一产业的工人可将创新带到其他产业内的企业，与第六点相似，但收益来自同一地点产业的多样化
		10. "亚当·斯密" 劳动分工	与第五点类似，主要区别在于，劳动分工因同一地点存在多个不同购进产业而变得可能
		11. "罗默" 内生增长	市场越大，利润就越高；某地对企业的吸引力越大，其提供的就业就越多；劳动力汇集越多，市场就越大；等等
		12. "纯" 集聚	将基础设施的固定成本分摊到更多的纳税人头上

资料来源：《2009 年世界发展报告》，世界银行，2009 年。

时间过长，这不仅减少了实际有效工作时间，而且由于早出晚归，承受上下班路上的奔波，压缩休息娱乐时间，劳动者需要在工作时间恢复体力和精力，必然会降低工作效率。陈利锋等（2012）也指出，一国生产和人口过度集中，必然造成该国平均房价上升，人均住房面积下降。尤其是技术创新的发源地——大城市的居民，面临更高的房价、更狭小的住房、更拥挤的居住环境、更少的野外娱乐休闲时间、更紧张的生活节奏和更大的生活压力，例如为了按时偿还房贷，按揭购房者甚至不敢更换工作单位，以减少可能无法还贷的风险，这必然减少人们的冒险行为和抗风险能力。而创新性活动是高风险活动，过度集中通过更高的生活压力降低了人们的抗风险能力和减少了冒险行为，可能会降低人们的创新性活动。为了脱离高房价和拥挤的生活环境，生产和人口倾向于远离城市。

　　规模收益和拥挤成本是伴随着城市规模的增大而变化的，两者的相互作用共同决定了一个城市的实际规模，进而决定了一个经济体的城市规模体系，而最优城市规模则形成于两种作用力的相互作用。对于最优城市规模的具体定义，不同的学者有着不同的认识。阿诺特（Arnott，1979）认为，最优城市规模应是指实现总社会福利或人均社会福利最大化的人口规模。格普塔和赫顿（Gupta and Hutton，1968）认为，最优城市规模是使公共服务的平均成本最小的人口规模。埃文斯（Evans，1972）则认为，最优城市规模是使生产成本最小的城市规模。对于决定最优城市规模的因素，迪克西特（Dixit，1973）认为，最优城市规模由交通的拥挤程度和生产上的规模经济决定。阿诺特（1979）以此为基础，提出了最优城市规模的一个必要条件，即在一个城市的最优规模上，边际地租等于对萨缪尔森公共物品（Samuelson Public goods）的支出。米利斯（1967）得出了如下研究结果：他假定城市贸易品的生产发生在中央商务区。除贸易品外，住房在这个城市中建造，工人从周围的居住地来 CBD 上班。随着城市规模的扩大和城市区域在空间上扩展，工人必要通勤的平均距离以及拥挤程度都在增加。也就是说，平均的每人通勤成本随城市规模的扩大而上升。因而，如果不断增加的人均资源成本恰好抵消掉贸易品生产中的规模经济导致的资源节约，这时的城市规模就是最优的。此外，亨德森（1974）区分了均衡城市规模（equilibrium city sizes）和最优城市规模（optimum city sizes）两个概念，最优城市规模是指能够使城市经济参与者潜在福利最大化的城市规模，均衡城市规模则由追求各自福利最大化的劳动者或资本所有者的投资和选址决策决定。阿朗索（Alonso，1974）从成本和收益的角度分析了最优城市规模，他假设城市成本和收益的变化是城市规模的函数，当边际成本等于边际收益时，城市规模为理论上的最优规模。考虑到现实中个人是依据平均成本和平均收益进行迁移决策的，且边际成本和边际收益难以衡量，则当平均成本等于平均收益时，城市规模达到实际的最优规模。

尽管不同学者对最优城市规模下的定义不同，提出的影响因素也有异，但一个共同的逻辑内核是清晰的，即最优城市规模是有利于城市规模扩大的因素和限制城市规模扩大的因素相互作用达到平衡的结果。如果以规模收益作为有利于城市规模扩大的因素，以拥挤成本作为限制城市规模扩大的因素，则城市的最优规模可以看成是规模收益与拥挤成本的差值达到最大时的城市规模。这一点通过图 2 - 1 可以更清晰地看出来。

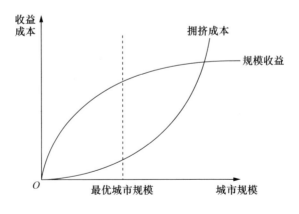

图 2 - 1　最优城市规模

由于规模收益以递减的趋势上升，拥挤成本以递增的趋势上升，因此当城市的边际规模收益和边际拥挤成本相等时，也就是规模净收益最大时，达到城市的最优规模。根据规模收益和拥挤成本的变化规律，城市的净规模收益与人口规模之间应存在倒"U"形曲线关系，即随着城市规模的上升，净收益先上升，达到峰值后又会下降（Black and Henderson，1999；Fujita et al.，1999）。

根据上述理论分析，很多学者试图用实证的方法定量测算城市的最优规模。采用的方法主要是二次线性回归，以城市人口规模作为解释变量，以其他能够代表城市净收益的指标作为被解释变量，以二次函数的回归估计值计算极值点。具体的函数形式如下：

$$\log(Y) = \beta_0 + \beta_1 X + \beta_2 X^2 + u \tag{2-1}$$

式中，X 为城市人口，Y 为一系列能够代表城市净收益的指标，例如，人均可支配收入、人均消费支出、总劳动生产率、第二产业劳动生产率、第三产业劳动生产率、人均地方财政预算内支出等；β_0、β_1、β_2 为估计系数；u 为随机干扰项。由回归估计值可得城市的最优规模值为：

$$X^* = \frac{-\beta_1}{2\beta_2} \tag{2-2}$$

不同的被解释变量从不同的角度得到城市最优规模值，而最常见的做法是以人均收入或人均产出作为衡量城市规模净收益的指标。王小鲁和夏小林（1999）计量了1989—1996年中国666个城市的相对规模收益（即城市规模收益占GDP比重）和相对外部成本函数，城市外部总成本函数由两个相对外部成本函数（由政府负担的城市外部成本占GDP的比重和由居民负担的城市相对外部成本）组成。用城市规模总收益减去外部总成本城市，即得到城市规模净收益。得出的结论是，大致在10万—1000万人规模区间都有正的净规模收益。在100万—400万人时城市的净规模收益最大，在最高点（200万人）相当于城市GDP的19%，此后逐步下降，直到超过1000万时才变为负值，即规模收益被外部成本抵消，再继续扩大规模就形成负效益。因此，100 万—400 万人范围的城市为最优规模城市。

上述对规模经济效益和拥挤成本产生的来源以及两者边际相等点所对应的城市规模净收益最大的理论分析和实证研究，就是最优城市规模理论的主要内容。根据这一理论，在市场机制的作用下，城市的最优规模点即边际规模收益与边际拥挤成本相等的点将自发达到，此时城市的规模净收益最大化。如果任何扰动使城市实际规模偏离了最优规模，将会产生向最优规模水平返回的力量。因此，城市人口的增长一定意味着其规模净收益最大化的点还未达到，政府旨在控制部分大城市人口规模的政策会带来效率的损失。从另一个角度讲，以户籍制度为核心的阻碍人口流动的制度安排，是导致中国城市规模过小，集聚经济效益发挥不足的重要原因。必须通过户籍制度改革，破除人口流动的障碍，使人口能够充分自由流动，促进城市获得更大的规模净收益（陆铭等，2014）。

但是，认为最优城市规模可以在市场机制下自发达到，政府不应控制大城市人口而应通过改革户籍制度使人口能够自由流动进而使城市的集中程度提高的观点是值得商榷的。

首先，户籍制度限制人口乡—城转移的功能早已消失，通过户籍改革促进人口流动的机制实际上并不存在。众所周知，改革开放后，城乡分割的大门逐渐打开。从最初农民自理口粮进城，到后来就业市场化改革后兴起的民工潮，人口在城乡之间的自由流动基本上已经充分实现了。户籍制度唯一发挥的作用仅限于对城市中的部分公共服务进行歧视性的分配，即农民工进城后无法和市民享受同等的福利待遇。在农民工的保留效用很低的情况下，即使没有城市户籍所对应的各项福利，也不会放弃到城市打工的机会。因此，放开户籍管制实际上并不会对农村劳动力向城市转移起到明显的促进作用。换句话说，即使存在城市人口规模小于最高水平，也不应归因于户籍制度的作用。

其次，体制转轨阶段的中国经济中存在众多非市场因素，而非市场因素可能会使部分大城市的实际规模大于理论上的最优规模。一方面，城市的行政等级体制会给级别较高的大城市带来额外的规模经济收益。如前所述，纯粹市场机制所带来的规模经济效益包括匹配、共享、学习等，而在行政等级体制下，高行政级别的城市具有更强的资源再分配能力，可以将优质的社会资源向自身集中，从而形成了超出市场机制下规模经济效益对转移人口的吸引。一些转移人口可能并非出于经济收益的考虑，而仅仅是为了追逐行政级别较高的大城市通过再分配得到的优质社会资源，比如因高校集中而形成的低高考录取分数线、三甲医院和中央企业集中而形成的正市场溢出效应等。这些非市场因素所带来的额外的规模经济效益具有提高城市最优人口规模，从而增大城市规模潜力的作用。有研究表明，城市行政等级越高越吸引外来常住人口的进入、人口规模扩张的速度也就越快；由于大量优质的社会资源配置在行政级别较高的大城市，在这种失衡的资源配置模式下，大城市人口规模必将不断突破限制超额增长（年猛和王垚，2016）。另一方面，城市各种显性和隐性的补贴政策会削弱大城市的拥挤效应。如前所述，随着城市规模的增大，交通拥堵、房价高企、环境污染、社会治安等问题会愈加严重，拥挤成本的提高使城市的离心力加速上升，形成城市人口增多的限制力量。然而，现实中存在很多显性和隐性的补贴，对大城市尤其是行政级别较高的大城市拥挤成本的提高起到抑制作用。例如，公交地铁票价的最高限价、福利分房、限价住房、远低于市场价格但以安全隐患为代价的城中村和地下室、水电气等公共资源在全国范围内的低价调配，等等。这些非市场因素所带来的对拥挤效应的削弱同样具有提高城市最优人口规模，从而增大城市规模潜力的作用。上述这两方面的非市场因素，在当今中国的大城市中是普遍存在的，在这些因素的作用下，大城市的实际规模很有可能会大于由纯粹市场机制作用下形成的理论上的最优人口规模。

最后，对于特大城市和部分大城市，可能会形成一个户籍管制

与城市人口规模增大的循环累积因果机制。瑞典经济学家缪尔达尔
（Myrdal，1944）的循环累积因果原理认为，社会经济的各种因素是
互相联系、互相影响、互为因果的，最初某一社会经济因素的变动
会引起具有强化作用的另一社会经济因素的变动，而这一级的变动
会使社会经济过程依最初变动方向做进一步的发展。所以说，社会
经济诸因素之间的关系不是均衡或趋于均衡，而是以循环的方式运
动；不是简单的流转，而是具有累积效果的运动。在缪尔达尔之
后，美国学者布雷恩·阿瑟（1995）在一篇论文《经济学中的自增
强机制》中又提出了一个与循环累积因果原理类似的"自增强理
论"。该理论指出，在边际报酬递增假设下，经济系统中能够产生
一种局部正反馈的自增强机制。经济系统可能存在两个以上截然不
同的均衡解，如果一项技术先天地好于另一项，但由于坏运气而未
被采用，那么最后的结果也许就不是最大可能收益，而系统一旦达
到某个均衡解，便难以退出，惯性的力量将使这个选择不断自我强
化（布莱恩·阿瑟，1995）。按照这一理论，经济系统有可能由于
自身前期历史的影响而选择一个不一定是最有效率的均衡，这个均
衡一旦被选择，以后就会被不断地重复选择，从而把系统锁定于这
个劣等均衡，并产生自我循环强化。与循环累积因果原理相似，自
增强机制同样认为经济中存在一些局部正反馈的机制，使经济系统
无法达到纯粹市场机制作用下的最优均衡状态。事实上，户籍制度
可能就在发挥着与特大城市人口规模增大共同构成循环累积因果机
制的作用。有研究表明，由于户籍制度可以通过控制排他性公共服
务的供给人群范围，进而减少地方政府的财政开支，这无形之中降
低了公共服务的拥挤成本，使城市的最优规模增大，外来人口增
多，并倒逼地方政府加强户籍管制，进而形成了特大城市户籍管制
的自增强机制（邹一南，2017）。这从另外一个角度说明了户籍制
度不仅没有通过限制人口流动阻碍城市规模的提升，反而通过户籍
管制的自增强机制促进了特大城市人口规模的持续增大。

三　误区三：人口向大城市集中可以通过抑高提低的方式缩小区域差距，即"在集聚中走向平衡"

根据边际收益递减理论，劳动力要素向大城市集聚将会拉低其边际产出，从而抑制工资上升；劳动力流出的地区会提高发生劳动边际产出增加，从而收入水平上升。因此，区域经济差距将伴随劳动力要素的流动而下降。

不少研究支持上述理论。尚柯等（2006）认为，劳动力合理流动有利于充分发挥城市经济发展的规模效应，同时也有利于提高相对落后地区和农村地区的人均资源占有量，这对缩小地区和城乡间收入差距也有积极作用。根据世界银行的研究，在美国、智力和巴基斯坦，地区间的收入收敛都是由于更充分的要素流动性，而不是地区的特殊政策。陈钊和陆铭（2009）指出，如果集聚效应与拥挤效应是相伴随的，那么，在经济集聚地区和相对落后地区之间，生活质量的差异将远远小于经济发展的差异，在人口可自由流动的条件下，不同偏好的人可以选择适宜自己居住的地区。通俗来说，要高收入的，就需要牺牲点其他方面的生活质量；要生活质量的，就需要牺牲点收入。陆铭和陈钊（2008）的研究发现，旨在促进落后地区经济增长的中央转移支付并没有带来落后地区经济效率的提高，并且获得更多财政转移支付的省份经济增长速度越慢，即使考虑双向因果关系的影响，结果依然存在。至少在短期内，中央财政转移支付仅仅起到了收入再分配的作用，在长期，中央财政转移支付的份额和经济增长之间存在负相关关系。这至少说明，没有证据表明中央财政转移支付能够起到平衡发展的作用。蔡昉（2007）的研究发现，农民工进城打工的收入绝大部分被用于"反哺"农村家庭，农民工工资总额约占全国 GDP 的 7%，其中大部分以各种形式返回农村和中西部地区。陆铭和陈钊（2004）的研究也发现，农村劳动力返乡后，会带来在城市先进部门所积累的资金、技术、管理等，这些农村稀缺的资源能够有力地促进农村的发展，在一定程度上可以缩小城乡差距。

但是，认为人口向城市尤其是大城市集聚一定可以缩小城乡区域差距的观点，忽略了一些重要的经济事实，得出的结论并不符合实际。

一方面，在城镇化进程中，能够流动的人口往往是人力资本禀赋较高的青壮年劳动力，而留在农村和外出务工若干年后返回农村的是，人力资本禀赋较低的中老年劳动力。长此以往，将会形成人口红利向城市尤其是大城市集中，人口负债向农村和中小城市集中的现象，造成城乡和区域差距的扩大。邢春冰（2010）的研究表明，农村居民不是同质的，他们自我选择迁移与否，迁移行为存在着基于人力资本禀赋的自选择。随着受过更多教育的农村居民离开，农村地区面临着人才流失的问题。那些人力资本水平较低以及那些更需要帮助的人留在了农村。那些成功地改变了户籍身份的永久移民与没能改变户籍身份的临时移民之间有着显著的差异。利用2002年的CHIP数据发现，永久移民的"正选择"效应非常明显，它使得农村地区教育水平较高、处于收入分布较高位置的样本减少。这导致农村的收入水平和农村内部的不平等程度降低，阻碍了城乡差距的降低。

进一步地，根据对2006年中国综合社会调查（CGSS2006）农村卷的测算结果的估计，Zhao（2002）、白南生和何宇鹏（2002）以及盛来运等（2009）的研究（见表2-3），可以看出：如果把农村劳动力分为从未外出的农村劳动力、仍在外务工的农民工和已返乡农民工的话，三者的平均年龄有明显差异。从未外出的农村劳动力年龄最大，明显大于仍在外务工的农民工和已返乡农民工，已返乡农民工年龄要小于从未外出的农村劳动力，包括已返乡农民工在内的所有农民工普遍是农村劳动力中的年轻群体。可见，农业转移人口的年轻化、在年龄结构上的自选择现象非常明显。因此，如果考虑到劳动力的异质性，迁移到城市的是生产率较高的年轻人，留在农村的是生产率较低的中老年人，则农村人口向城市尤其是大城市的集聚，将不会使城乡区域差距缩小，反而很有可能扩大差距。

表 2 - 3　　　　　　　　各类农村劳动力的年龄结构

	已返乡农民工	仍在外务工的农民工	从未外出的农村劳动力
CGSS（2006）	35.4	30.4	43.1
Zhao（2002）	35.6	27.9	42.0
白南生、何宇鹏（2002）	37.5	27.6	38.8
盛来运等（2009）	31.9	29.5	43.7

资料来源：中国社会综合调查（CGSS2006），转引自相关文献。

另一方面，转移到城市的农村劳动力并未真正融入城市，在收入水平、福利待遇、公共服务等方面与城市原住居民存在较大差距，在城市内部形成了基于不同户籍身份的新城乡二元结构。随着人口的城镇化，原先城乡之间的收入差距也随之转移到城市内部。尤其是在户籍制度实施较为严格的大城市和特大城市，这种基于户籍身份的收入歧视显得牢不可破。万广华（2013）的研究发现，近年来我国城乡之间的收入差距在缩小，而城市内部的收入差距在扩大，并正在成为造成新的城乡区域差距的主要原因之一。范红忠等（2013）的研究发现，城市规模的提高，借助推高房价，对城市居民的收入差距有重要的推高效应。越大的城市，居民收入差距越大，因此在我国进行新型城镇化建设中，限制北京、上海等巨型城市过度扩张，发展中小城市，是降低我国城市居民收入差距的有效途径。

对于城市内部收入差距问题，皮奥里（Piore，1970）提出的二元劳动力市场理论给予了有力的解释。二元劳动力市场理论指出，劳动力市场不是统一的，而是被分割为一级劳动力市场和二级劳动力市场两部分。前者的工资较高，工作条件较好，就业比较稳定，管理比较规范，劳动者有较多的晋升机会；后者的工资较低，工作条件较差，就业不稳定，管理不规范，劳动者缺乏晋升的机会。一级劳动力市场和二级劳动力市场的工资决定机制是不同的，前者是由组织内的层级决定的，而后者是由劳动力市场供求决定的。决定个人在劳动力市场上所处位置的，有人力资本因素、制度性因素和社会性因素，但二元劳动力市场理论认为，最主要的是制度性和社会性因素。在城镇化进程中，中国的农民工始终处在城镇劳动力市场中的二级部分，与在一级部分就业的城镇职工相比，在工资收入上存在较大差异。这种差异中一部分是由农民工和城镇职工在人力资本禀赋方面的差异造成的，但相当大一部分还是由歧视因素造成的，奈特等（Knight et al.，1999）对城市劳动力市场上人力资本禀赋差异和歧视性因素对农民工与城镇职工两群体工资差异的贡献进行过测算。从表2－4可以看出，作为就业质量的最重要衡量指标工资水平，其城乡差异来源中，农民工和城镇职工的人力资本禀赋差异只能解释一部分，还有相当一部分是由歧视性因素造成的。

表2－4　　　　　农民工和城镇职工工资差异原因分解

研究者	测算方法	人力资本禀赋差异（%）	歧视性因素（%）
奈特等（1999）	布朗模型	56	44
Meng 和 Zhang（2001）	布朗模型	51	49
王美艳（2005）	布朗模型	57	43
姚先国、赖普清（2004）	奥克萨卡—布林德模型	70	30
邓曲恒（2007）	奥克萨卡—布林德模型	40	60
谢嗣胜、姚先国（2006）	科顿模型、匡泰尔模型	45	55

资料来源：根据相关文献整理。

其中，歧视性因素造成的工资差异最大的占到全部差异的60%，最小的也占30%。[①] 可见，由于以户籍为主的歧视性因素的存在，农

---

① 常用的两类群体在工资收入差异来源的分解方法，包括奥克萨卡—布林德（Oax-aca‐Blinder）模型、科顿（Cotton）模型、匡泰尔（Quantile）模型以及布朗（Brown）模型。这些模型的基本思想是将两类群体的工资差异分解为可以解释的部分（特征差异）和不可解释的部分（系数差异），前者在总差异中所占比重即为人力资本差异的贡献，而后者则归结于歧视性因素。具体推导过程见相关文献。

民工在城镇劳动力市场中处于二级地位，与城市居民存在显著的收入差距，城市内部的二元结构明显。人口向城市尤其是大城市集聚不仅没有缩小城乡差距，反而使差距在城市内部以更近距离直观的方式显现出来，埋下了社会冲突的隐患。

第二节 户籍制度改革路径的讨论

一 户籍制度：是改革问题还是发展问题

党的十八大之后，户籍制度改革的进程陡然加快。先是在党的十八届三中全会上，中央提出要"推进农业转移人口市民化，稳步推进城镇基本公共服务常住人口全覆盖"；随后在2014年出台了《国务院关于进一步推进户籍制度改革的意见》，明确提出进一步调整户口迁移政策，全面放开建制镇和小城市落户限制，有序放开中等城市落户限制，合理确定大城市落户条件，严格控制特大城市人口规模，同时还提出，要通过实施居住证制度创新人口管理模式。这份文件是近年来国家推进户籍制度改革的纲领性文件，随后几年中央和国家出台的《国家新型城镇化规划（2016—2020）》《居住证暂行条例》《"十三五"规划纲要》《国务院关于深入推进新型城镇化建设的若干意见》和《国务院办公厅关于印发推动1亿非户籍人口在城市落户方案的通知》等政策文件，都围绕着2014年的《意见》展开，并在推进速度、实施力度上有所加强，大体上延续了按照城市规模实施差别化落户政策的精神。

从各地的实践情况看，不同城市围绕自身实际制定差异化的落户政策。中小城市和小城镇基本上完全放开了落户门槛，一些大城市也出台了积分落户制度，并陆续实施了居住证制度。但是，从中央和地方改革政策出台后这几年的实施情况看，实际落户进程不及预期，户籍改革似乎对地方政府和流动人口的吸引力都不大。中小城市和小城镇虽然放开了落户，但申请落户的外来人口很少；少数

大城市尤其是人口 500 万以上的特大城市，其户籍管制程度不仅并
未实质性放松，甚至还有所加强（邹一南，2017）。例如，北京市
在 2015—2017 年连续加大了应届毕业生落户指标的限制，从指标总
量到申请年龄都做了更加严格的规定，被认为是收紧户籍的标志。
一些特大城市推行的户籍改革仅局限于本地户籍人口范围，未涉及
外来人口，取消本地区城乡户籍差别的政策甚至还在某种程度上加
深了本地和外来户籍之间的壁垒（宋锦和李实，2013）。

事实上，从 2001 年公安部出台《关于推进小城镇户籍管理制
度改革的意见》之后，农业转移人口在小城镇落户障碍已经完全消
除，随后一些外来人口不多的中小城市也基本放开了落户限制。因
此，到本轮改革实施之前，户籍制度改革的任务基本上已经局限于
少数外来人口较多的大城市和特大城市。因此，如果本轮户籍改革
仅限于中小城市和小城镇放开落户限制，而大城市尤其是特大城市
继续收紧户籍的话，那么改革将失去其实际意义。

回溯改革开放以来我国户籍制度演变的历程可以发现，较之
1978 年以前，现在的户籍制度已经发生了巨大的变化。应该说，户
籍制度改革是在潜移默化地推进，改革实际上是与户籍相挂钩的各
种福利在市场化进程中不断与户籍脱钩的过程。

在计划经济体制时代，为了确保重工业优先发展战略能够实施
以及城市粮食的低价供应，需要在农村实行粮食的统购统销，而这
又需要限制农村人口进入城市，因而户籍制度应运而生。到 20 世纪
80 年代，随着农村改革取得成功，粮食产量有了显著提高，粮食供
给因素已经不再构成政府决定迁移数量的主要制约（蔡昉，2001），
户籍制度通过限制人口进城以保证粮食生产和供应的功能不再重
要。因此，农民开始被允许自理口粮进城，并产生了早期的自理口
粮户。① 越来越多的农民以这种方式实现了农转非，城乡隔离的大

---

① 自理口粮户是特殊的历史背景下形成的一种不享受国家供应粮，由自己解决口粮
的一种特殊户型，根据国务院的规定，"自理口粮户"统计为非农业人口。

门也从此被打开。更为重要的是，随着粮食供应的市场化，拥有城市户籍逐渐不能享受吃国家商品粮的福利，粮食供应权利开始与城市户籍脱钩。

进入 20 世纪 90 年代之后，中国对内对外开放的程度迅速提高，沿海发达地区大规模地承接海外的劳动密集型产业转移，同时也兴起了一股创业热潮。为数众多的三资企业、个体和私营企业如雨后春笋般发展起来，产生了对农村劳动力的巨大需求，进而在国有和集体经济体制之外形成了新的劳动力市场。这一体制外的劳动力市场就业灵活，对职工并没有户籍身份的限制，因而发展很快，迅速取代体制内劳动力市场成为中国城市劳动力市场中占据数量优势的部分。更为重要的是，体制外劳动力市场的兴起，反过来促进城市就业的市场化，拥有城市户籍并不意味着一定能够找到工作，就业和社会保障的权利开始与城市户籍脱钩（陶然等，2011；张昭时，2009）。

进入 21 世纪，尤其是党的十六届四中全会召开之后，中央做出了两个趋向的重大判断。[①] 在国家层面开始了对农业、农民、农村领域大规模的投入。农业税费取消、新农村建设取得重大进展、惠农补贴和扶贫开发力度加大、针对农民的公共服务开始普及，农村经济社会发展和居民福利水平大为提高。这使得中小城市和小城镇的户籍福利的吸引力相对下降，即使完全放开落户也不会产生农民蜂拥而入的现象。因此，越来越多的中小城市和小城镇开始出台城乡户籍一元化改革的政策措施，并且将落户政策覆盖到本地区以外的流动人口范围。从某种意义上讲，中小城市的福利也已经与城市户籍脱钩了。

---

① 在 2004 年 9 月召开的十六届四中全会上，胡锦涛同志明确提出"两个趋向"的重要论断，即在工业化初始阶段，农业支持工业、为工业提供积累带有普遍性的趋向；在工业化达到相当程度后，工业反哺农业、城市支持农村，实现工业与农业、城市与农村协调发展，也是带有普遍性的趋向。我国现在总体上已到了"以工促农、以城带乡"的发展阶段。

　　由此可见，1978 年之后户籍制度改革的历程实际上就是各项福利与户籍相脱钩的过程。而脱钩之所以能够实现，则在于由体制外的发展而带来的非城市户籍人口福利水平的上升，达到了与体制内户籍人口福利相当的程度，从而原先通过户籍制度来控制体制内福利溢出的必要性不复存在，户籍制度在国家政策文件上的新突破也就随之产生。因此，户籍制度改革与其说是一个改革过程，还不如说是一个发展的过程。改革的成就并非体制内福利的取消，而是体制外通过发展而使福利水平提升，并逐渐使户籍控制不再必要。

　　鉴于未来户籍改革的重点是部分大城市和特大城市，按照以往户籍制度改革的逻辑，改革要想取得实质性进展，不应单纯地从大城市和特大城市的户籍本身入手，而是应该通过加快中小城市和小城镇发展，使这部分"户籍福利堡垒"体制外的福利水平大幅上升，以至于体制内外的福利差距缩小到通过户籍控制大城市福利溢出效应不再有必要，大城市户籍改革也就自然实现。也就是说，应先通过发展缩小城市之间发展水平的失衡，然后才能实现对城市内部福利分配失衡的改革。按照这个逻辑，我们可以总结出改革开放以来户籍制度改革，也就是福利与户籍脱钩的历程和未来发展方向的基本特征（见表 2 – 5）。

表 2 – 5　　　　　　　　　福利与户籍脱钩的过程

时间	发展过程中的重大标志性事件	户籍改革的进展
20 世纪 80 年代	粮食产量上升，统购统销制度取消	农民自理口粮进城，粮食供应与户籍脱钩
20 世纪 90 年代	体制外劳动力市场产生，就业市场化	企业招收非户籍员工，就业与户籍脱钩
2000—2010 年	新农村建设重大进展，农村福利提升	中小城市和小城镇落户门槛取消
未来	中小城市大发展，与大城市福利差距缩小	大城市和特大城市户籍改革突破

二 学术界对户籍制度改革的探讨

户籍制度改革是推进新型城镇化建设的核心任务，也是学术界研究和讨论的焦点问题。围绕户籍制度改革的目标和方式方法，学者们的观点也不尽相同。

（一）取消论

取消户籍制度是最能反映大多数民众心声的。虽然在当前户籍制度已经不具备限制农村人口迁入城市的功能了，但没有城市户口的农民工，在城市的社会福利待遇和公共服务享有方面仍与本地市民存在差异，在就业岗位、工资和社会保障等方面，也都与城市本地居民存在很大差距（Solinger，1999；Wang and Zuo，1999；王美艳，2005）。中国的社会分层具有城乡户口差别和城市户口等级差别并存的特点，户口转变和迁移的开放性程度与个人社会流动机会获得有正相关关系。市场转型虽然带来了较多流动机会，但户口等级差别以及户口对体制内流动所起的结构性影响依然存在，户籍制度的强黏附性不断地生成新的社会差别。因此，改革的基本方向是推行户口一元化（陆益龙，2008）。

（二）剥离论

一些学者认为，户籍制度功能的异化是户籍制度弊病的根源，改革户籍制度就是要使户籍制度的功能得以"回归"。造成现行户籍制度的种种弊端的根源是户籍制度被不合理地附加上了利益分配功能，因此户籍制度改革的关键，应该是重新恢复户籍制度的基本功能，把挂靠在户口之上的教育、医疗、住房、社会保障等诸多公共服务和福利待遇内容与户口相"剥离"，降低户籍的福利"含金量"（王太元、宋雪莲，2009；王美艳、蔡昉，2008）。而要解决我国户籍制度改革过程中所面临的阻力，必须从公共产品提供的角度入手，只有解决了附着在户籍制度之上的公共产品提供和社会福利享受的均等化问题，才能够满足现阶段非既得利益群体的公共产品消费需求，促进社会福利的最大化，保证改革的顺利进行（赵航飞，2009）。中国的城镇化道路，应该是一条使农民工"常住化城镇化"的道路,而不是"户籍化城镇化"道路。改变所谓"伪城镇化"现状的政策,不在于将农民工的户籍落在当地城市,而在于以农民工的居住地和就业地配置社会保障与公共服务政策,要在不对进城农民工的承包地权属变更的前提下,以社会保障和公共服务促进中国的城镇化(张翼,2011)。

(三)置换论

一些学者还提出,用农村土地换城市户籍的政策措施。陶然等(2011)认为,户籍制度与农地制度存在密切关系,如果说城市户籍为城市居民提供了一系列社会福利待遇,那么农村土地也在某种意义上为农民提供了生产和生活保障。户籍改革本质上是一个与城市化机制相伴的公共服务问题,涉及劳动力、土地、财税管理体制的相互联系。以集体建设用地入市为核心的土地改革和配套财税体制改革,有助于推动户籍改革。陆铭(2010)认为,要从根本上解决城镇化发展中的诸多问题,必须实施土地和户籍制度的联动改革,并配套实施一系列综合配套改革,其核心是使新增的以及宅基地所对应的建设用地指标成为可以入市交易的资产,让跨省进城务工的农村人口将其拥有的建设用地指标带到其就业所在地,并换取当地城镇户籍、社会保障、公共服务等,这样既解决了农村转移劳动力获得城市户籍及其产生的社会成本问题,同时也解决了大城市建设用地指标不足问题。

(四)内生论

一些学者提出了户籍制度改革和农民工城市融入的内生机制。刘晓峰等(2010)认为,在经济发展和城市化进程的早期,对于农民工的歧视性政策可能有利于城市居民,但是当城市化进程达到一定阶段、城市内农民工规模达到一定水平时,对于农民工的公共服务歧视也会加剧城市内部不同户籍身份的劳动力之间的社会冲突,而这将造成社会资源的非生产性损耗,并有损于城市户籍人口的利益。这时,公共服务均等化的社会融合政策就会内生地产生,并相应地减少不同户籍身份居民间的福利差距和社会冲突,促进城市部门的资本积累和经济增长。陈钊（2011）指出，在城乡分割的户籍制度下，日益扩大的城乡差距会对城市自身的和谐发展产生不利影响，那么终有一天，与由此引发的城市居民的福利损失相比，取消户籍分割让农民工平等分享城市社会福利对城市居民的福利摊薄更小，户籍制度的内生变迁就这样自然发生了。

上述研究隐含的一个共同前提，即农民工都愿意放弃农村户籍选择城市户籍。而这一前提的推论是，我国农民工无法实现市民化就是由户籍制度所造成的，一旦户籍制度取消，农民工自然就会实现市民化（朱宇，2004）。但是，近年来，有些学者质疑放开城市户口管制后到底有多少农民工会选择落户城市。张翼（2011）的研究表明，绝大多数农民工不愿意转变为非农户口；如果要求其交回承包地，则只有10%左右愿意转为非农户口。因此，一些学者指出，户籍制度并非导致城市内部二元结构的最关键因素，除户籍制度之外，还有其他更重要的影响农民工市民化实现的因素。李斌（2008）指出，学者在论及农民工永久性迁移决策时有意无意地将住房产权排除在外，然而住房已经在社会分层体系中变成一个非常重要的因素，是农民工永久决策的基本条件之一。城市住房对农民工所具有的排斥作用正在日益凸显，对此，每个城市都应该建设不同种类和层级的住房，降低城市之间的住房价值结构化趋势，适当强化城市内部的住房结构化水平。郑思齐等（2011）认为，住房是农民工融入城市社会的重要指示物，改善农民工居住环境的政策能够减少潜在的社会冲突所导致的社会资源非生产性损耗，使经济增长具有可持续性。章铮（2009）从农民工的生命周期净收益的视角测算了农民工实现永久性迁移所需要的成本，发现住房成本过高是导致农民工无法市民化的关键因素。应通过公开宣布一系列保障农民工社会福利权益的承诺，使农民工能够在城市稳定工作足够长的时间，直至足以支付住房成本。

应该说，学者们的观点都从某些方面揭示了户籍改革的关键性内容，也对户籍制度改革政策的制定提供了一定的参考意义。但是，基于前一节的分析，户籍制度的问题首先是一个发展问题，其次才是改革问题。上述对户籍改革方式的探讨，基本上是从"户籍福利堡垒"的体制内着手，而不是首先想到提高体制外的福利水平，更确切地说，是在没有先降低城市之间发展水平失衡的情况下，单纯地试图解决城市内部福利分配失衡的举措，而这往往是难以取得实际效果的。

具体来看，取消论和剥离论的改革思路实际上都是旨在将福利与户籍脱钩，然而，在城市之间福利差距巨大的情况下，大城市即使实现内部福利的均等化，也是难以持久的。因为潜在外来人口将迅速向大城市转移，以求获取大城市更高的福利待遇。面对大量的外来人口，大城市政府不得不通过重新制定新的福利二元化措施，以避免本地福利外溢。置换论同样难以奏效。允许农民工将家乡所在村的宅基地复垦，并将指标带进务工所在城市以换取户籍福利，这样的做法实际上是把城市户籍商品化，而决定商品交易是否实现的则是农民工自己。但是，由于城市的很多公共资源和公共服务等福利待遇是依托土地的，在城市之间发展差距很大的情况下，允许农民工自主决定用土地置换户籍很可能会导致全国的农民工都向少数大城市要求土地置换户籍，进而导致部分城市的人口和土地规划超标。同时，对于没有土地的外来城市移民，落户将成为不可能的事。内生论认为，户籍改革的动因是为了避免社会资源的非生产性损耗，这种情形也许对中小城市和小城镇有一定的解释力。对于户籍福利含金量很高的大城市，一方面，取消户籍后对原住居民的福利摊薄效应是很大的；另一方面，大城市更高的非户籍福利水平也对潜在的社会冲突存在抑制。大城市的户籍制度变迁难以内生地发生。对于认为住房是农民工市民化最关键因素的观点，仍然缺乏对城市之间差异性的考虑。农民工住房问题的核心是农民工住房支付能力和城市的就业吸纳能力的错配：大城市吸纳农民工就业能力强，但住房价格是农民工高不可攀的；而中小城市的住房在农民工支付能力之内，但却缺乏就业吸纳能力。因此，如果以拥有住房作为农民工市民化标志的话，引导农民工向中小城市和小城镇转移就是必由之路，而这正需要通过大力推动中小城市和小城镇的发展，缩小其与大城市之间的福利差距来实现。

三　户籍改革应走出"落户成本"误区

户籍改革进展缓慢的一个重要原因，是作为政策执行者的地方政府缺乏推进户籍改革的动力，而动力缺乏的原因则在于地方政府在农业转移人口落户问题上存在误区，普遍认为以农业转移人口为主的非户籍人口是城市的负担，推动落户将产生很大的"落户成本"，使城市财政不堪重负（甘行琼和刘大帅，2015；童光辉和赵海利，2014）。因此，完全放开落户门槛只在中小城市实现，非户籍人口较多的大城市依然严控落户指标，或采用积分落户制的方式接纳少数能为城市做出较大贡献的高素质非户籍人口落户（彭希哲，2014）。对于作为非户籍人口主体的农业转移人口，往往要求他们用农村土地来换取城市户籍，以弥补落户产生的财政支出（陶然和徐志刚，2005；陆铭，2010），造成农业转移人口的落户意愿不强。对于户籍改革实践中的"落户成本"误区，亟待从理论上加以阐释和澄清，落户成本到底是否构成非户籍人口落户的主要障碍，是值得仔细反思的。

（一）"落户"不仅是成本，更是收益

"落户成本"误区的根源，在于我国曾长期实行的低成本工业化和城镇化发展战略。在改革开放前的工业化原始积累时期，户籍制度严格地限制农民脱离农业生产进入城市，使农产品统购统销制度和城市粮食低价供应政策得以维持，确保了城市职工的低工资，进而使工业化原始积累获得足够低的劳动力成本。改革开放之后，户籍制度不再限制农民进城，其作用逐渐转变为限制转移到城市的农民工平等地享受市民化的工资福利待遇（叶建亮，2006），这使沿海劳动密集型工业获得了低劳动力成本的比较优势，形成了出口导向型工业化发展模式。在户籍管制下，与户籍挂钩的教育、医疗、社保等公共服务仅覆盖城市户籍人口，公共财政支出的减少也

使地方政府积累了快速推进城镇化的建设资金。可见，户籍制度一直以来都是低成本工业化和城镇化的重要制度保障，很多人进而认为，放开落户将动摇我国低劳动力成本的优势，加重地方财政负担，影响经济发展的潜力。依靠户籍制度获得低劳动力成本的比较优势，是与投资和要素驱动的经济发展方式相联系的。随着经济发展方式转变为消费和创新驱动，仍将农业转移人口的落户仅仅看作是一种成本，显然不合时宜。对城市来说，"落户"不仅是成本，更是收益。

首先，落户将极大激发消费需求。当前，我国经济中最大的内需就是2.7亿农民工及其随迁家属。由于没有城市户籍，无法享受市民化的教育、医疗、住房和社会保障等福利待遇，不仅产生了对未来生活的不确定性预期，也使他们降低了对城市的认同感和归属感，将自己看成是城市的过客。在这种心态下，农民工普遍倾向于最大限度地压低消费，提高储蓄水平。通过放开落户实现农民工市民化，将从根本上改变农民工的这种心态，使之形成对未来城市生活的稳定预期，进而降低储蓄，增加消费，促进经济增长速度的提升和发展方式的转变。有研究表明，放松户籍限制，可以使农业转移人口的消费水平提高20.8%（陈斌开等，2010），每年市民化1000万农民工，将使我国经济增长平均加快一个百分点左右（国务院发展研究中心课题组，2010）。

其次，落户将提高城市的集聚经济效益。如前所述，人口的集聚将使生产发挥出规模经济效应，降低平均的生产成本；在更大的市场范围内，各种生产要素可以更好地匹配；人口的集聚也可以加速知识的传播，方便职工和企业家之间，以及不同产业之间相互学习，使得创新更容易发生。通过放开落户，尤其是放开大城市的落户门槛，将通过降低农业转移人口的定居成本，使得更多的人口和生产活动在城市集中，有助于通过共享、匹配、学习形成集聚经济效益，营造创新产生的环境，促进经济发展由要素驱动向创新驱动转变。

可见，放开农业转移人口在城市落户，绝不仅仅只是给城市带来成本的增加，在经济发展方式由投资和要素驱动向消费和创新驱动转变的条件下，落户将通过刺激消费需求和形成经济集聚，推动城市发展，创造经济效益。

（二）"落户成本"误区的几个政策表现及其后果

"落户成本"误区的第一个表现是，认为放开落户主要应在中小城市和小城镇实行，对于非户籍人口较多的大城市和特大城市，应严控户籍门槛，避免大量落户给城市造成过大的财政负担（刘大帅和宋羽，2014；王清，2015）。这是户籍改革中最为似是而非的一个政策观点。一方面，没有大城市和特大城市的参与，户籍改革将难以取得实质性突破。中小城市的非户籍人口数量很少，其城市户籍的福利含金量较低，放开落户的意义不大；而大城市和特大城市是非户籍人口的主要集中地，例如，2015年北京市常住人口约为2050万人，其中非户籍人口约800万，占39%；深圳市常住人口为1070万，非户籍人口740万，占70%左右。大城市和特大城市是体现农业转移人口福利缺失主要区域，是破解户籍分割，实现城市内部公共服务均等化的重点对象，不能以落户成本高为理由滞缓改革进程。当前，部分特大城市对户籍的严格控制政策，在降低城市排他性公共品支出的同时，客观上也提高了非排他性公共品的供给水平，使其与中小城市和小城镇在就业机会和收入水平上的差距进一步拉大。在这种情况下，农业转移人口倾向于进一步向少数特大城市集中，这些城市也不得不进一步强化户籍管制，形成户籍管制与人口增多的恶性循环。另一方面，非户籍人口落户对大城市财政的负担实际上并不大，放开落户不会产生想象中的不良后果。目前，中国几乎所有的消费品都已实现了市场化，户籍制度控制消费品需求量的职能早已不复存在。而随着就业的市场化，原本与户口挂钩的就业机会和社会保险也已逐渐脱钩，与城市户籍相关的福利实际上只剩下教育、医疗、住房保障等少数公共服务（陶然等，2011）。对于经济实力雄厚，对公共资源的再分配能力很强的大城市来说，完全具备为农业转移人口提供与户籍人口均等化享受基本公共服务的能力。因此，认为户籍改革应主要在中小城市进行，大城市和特大城市应严控户籍的观点将贻误改革的时机，影响农业转移人口市民化、提高户籍人口城镇化率目标的实现。

"落户成本"误区的第二个表现是，在户籍改革进程中推广积分落户制。积分落户制是一种落户准入方法，通过设置一定的考核项目，按照一定的标准对外来人口进行积分，达到一定分值的可以落户。这一制度安排是"落户成本"误区的又一个典型表现。从目前部分大城市出台的积分落户制度实施方案来看，积分分值的设置明显偏向于高学历、年纪轻、有技能、有住房、有投资的高人力资本禀赋人群，而普通农业转移人口与获得落户所需分值往往相差甚远（彭希哲，2014）。从政策取向上看，积分落户制实际上认为，既然要吸纳非户籍人口落户并产生落户成本，那就不如接纳能为城市做出更大贡献的高素质劳动者落户，使得城市的净收益最大化。这种制度安排最大的问题在于未能搞清楚户籍的本质。户籍是一个国家之内不同地区居民的身份标识，绝不同于主权国家的国籍、绿卡等制度。落户政策不应走根据一个人的人力资本量来决定其能否享受城市排他性福利的道路。只要是本国的公民，不管是哪个阶层，不论有多高的学历，都应该平等地享受所在地区的公共服务。积分落户制的高人力资本偏向，往往使得能够在城市落户的都是年轻有为的高素质群体，而年老体衰、文化素质较低的人最终不得不离开城市返回农村。长此以往，城市留下了"人口红利"送走了"人口负债"，使得城市越发繁华而农村日益凋敝，城乡发展差距被进一步拉大。

"落户成本"误区的第三个表现是，将落户与农民的土地权利挂钩。一些地方实施以土地换户籍的政策，要求在城市落户的农民必须退出农村的承包地，并用宅基地复垦后的建设用地指标来换取城市户籍福利（许经勇，2013；陆铭和陈钊，2009）。这种政策背后的逻辑依然是把落户当作一种财政负担，想通过将户籍与土地进行交换的方式来弥补落户成本。要求转户农民退出土地的做法所面临的最大问题是，它阻断了进城农民工返乡的退路。"手中有地，进退有据"是中国在历次经济波动中能够安然渡过危机的重要经验，一旦进城农民工失去了在城市的非农工作，仅靠社会保险和最低生活保障，是无法支持在城市稳定生活的。两亿多进城农民工潜在的失业风险所形成的不稳定因素产生了巨大的社会成本，相比之下，城市所获得的建设用地指标这一经济利益显然是得不偿失的。落户与土地挂钩还有另一种表现形式，2016 年 9 月出台了《国务院办公厅关于印发推动一亿非户籍人口在城市落户方案》，允许建立城镇建设用地增加规模与农业转移人口落户数量挂钩机制。在城市建成区空间随人口增多而需要扩大的背景下，这种"人地挂钩"的政策不失为促进城市良性发展的政策。但是，如果不进一步细分农业转移人口类型，一概实施落户与新增建设用地规模挂钩政策，很可能会使政策效果偏离预期。在新增建设用地规模与农业转移人口挂钩的制度安排下，地方政府具有强烈的动机将城市近郊和城中村里的农村户籍居民转为城市户籍，以此来兑现新增建设用地指标。由于城郊和城中村的农村户籍居民原本就是本地户籍人口，其由农业户口转为城市户口并不会给城市财政带来实质性负担，并且因在地理位置上与城市接近，这两类农业转移人口实际上已经在很大程度上享受到了市民化的待遇，甚至在城市发展过程中通过征地拆迁获得了超市民化的福利待遇，他们并不属于城市的落户重点群体。因此，在地方政府这种策略性行为下，"人地挂钩"的政策的惠及面有限，在当前建设用地增减挂钩政策依然无法跨行政区实施的情况下，广大从偏远农村转移而来的农民工仍然难以借此获得城市户籍，从而无法享受市民化待遇。

（三）走出"落户成本"误区，深化户籍制度改革

习近平总书记指出，户籍人口城镇化率直接反映了城镇化的健康程度，实现到 2020 年一亿进城常住的农业转移人口在城镇落户意义重大，既有利于稳定经济增长，也有利于促进社会公平正义与和

谐稳定，是全面建成小康社会惠及更多人口的内在要求。习近平总书记的要求为新时期的户籍制度改革指明了方向，各地在政策落实上必须站在全面建成小康社会全局的高度，客观全面地看待落户对一个地区经济社会带来的影响，切实走出"落户成本"误区，确保户籍制度改革目标的实现。

第一，要走出放开落户只应在中小城市和小城镇实行的误区，加快农业转移人口较多的大城市和特大城市放开落户步伐。根据前面的分析，大城市和特大城市具备对放开落户后公共服务支出上升的支付能力，而教育、医疗、住房、社会保障等公共服务实现普惠后，拥挤效应的上升也会降低潜在迁入者的预期收益，因此大城市不必担心放开落户后城市人口迅速增多的情况发生。对于确实在短期内无法全面放开落户的少数特大城市，应推进人口管理模式的创新，遵循"低门槛、阶梯式"的改革路径，加快完善居住证制度。一方面，要进一步降低居住证的申领条件，简化申领手续，细化相关规定，丰富福利内涵，使那些短期内还不具备落户条件的农业转移人口在最大限度上享受均等化的基本公共服务。另一方面，要以居住证持证年限、社保缴费年限、依法纳税年限、遵守计划生育政策情况等条件量化构建居住证与落户的衔接条件，为居住证持有者提供落户的渠道。

第二，要走出在户籍改革进程中推广积分落户制的误区，将积分落户制度的适用范围严格限于极少数特大城市，并对少数城市仍在实行的积分落户制度进行改革。应降低学历、职称、投资等与人力资本水平相关指标的积分权重，而以连续合法稳定居住和就业以及参加城镇社保一定年限等反映进城定居时间的指标作为积分的主要依据，积分设置上向农村学生升学和参军进入城镇的人口、在城镇就业居住5年以上和举家迁徙的农业转移人口以及新生代农民工倾斜，让广大农业转移人口真正获得落户城市的希望。促进有能力在城镇稳定就业和生活的农业转移人口举家进城落户。

第三，要走出将落户与农民土地权利挂钩的误区，彻底杜绝

"土地换户籍"的做法，明确"人地挂钩"的实施范围。各地在推进农业转移人口在城市落户时，不得强行要求进城农民转让其在农村的土地承包权、宅基地使用权、集体收益分配权，或将其作为进城落户条件，避免以社会成本为代价来换取地区利益。同时应建立健全农村产权流转市场体系，探索形成农户对"三权"的自愿有偿退出机制，支持和引导进城落户农民依法自愿有偿转让上述权益。此外，为了保障农业转移人口在城镇落户的合理用地需求，各地在根据《国务院办公厅关于印发推动一亿非户籍人口在城市落户方案》实行"人地挂钩"政策时，应明确城镇建设用地增加规模要与辖区范围之外的农业转移人口落户数量挂钩。只有这样，才能保证地方政府有推动从偏远农村转移而来的农民工落户城市的激励，使真正的离乡进城的农业转移人口在务工所在城市安居乐业的需求得到满足。

第三节 国际经验分析

在主要欧美发达国家的城镇化进程中，城镇化发展模式发生由集中向分散的转变，并带动城市内部二元结构和各种矛盾的缓解和消除，从而实现城镇化质量提升的情况是普遍现象。进一步深入发现，发达国家城镇化在城镇化进程中，城镇化模式普遍发生由集中向分散的转变是有着深刻的内在规律的：当城镇化在工业化的带动下进入到快速提升的时期，特别是完成工业资本原始积累之后，工厂规模逐渐扩大，集中生产的要求越来越高，传统的乡村小工业开始衰落，工业集中化的趋势日益显著，人口开始向最大的几个城市集中。随着经济结构的演进，服务业逐渐取代工业占主导地位；交通基础设施的改善使得私人汽车逐渐取代公共交通系统成为人们出行的主要方式，通勤距离大大提高。这些变化都使得经济的集中度开始降低，城镇化开始呈现分散化趋势，城镇人口的增加主要由中小城市和小城镇完成。从表 2 - 6 可以看出，英国、法国、德国、美国等主要发达国家在 20 世纪中叶发生了由集中型城镇化向分散型城镇化的转变。

表 2 - 6　　　主要欧美发达国家城镇化进程中人口空间布局变化情况

	工业化中期	工业化后期
英国	19 世纪中叶至 20 世纪初，伦敦、伯明翰、利物浦、曼彻斯特、利兹、谢菲尔德、布拉德福德 7 个最大城市人口增加了 2—3 倍	20 世纪中叶到 21 世纪初，7 个最大城市除伦敦、伯明翰仍略有增长外，其他城市人口均发生下降，7 大城市人口占比从 37.7% 下降到 29.1%
法国	19 世纪初到 1960 年，巴黎人口占全国城镇人口比重从 2.7% 上升到 25.7%；6 个最大城市人口占全国城镇人口比重到 1960 年达 39.6%	1970—2005 年，巴黎人口占全国城镇人口比重从 24.5% 下降到 21.2%；7 个最大城市人口占全国城镇人口比重从 36.7% 下降到 34.9%
德国	1871—1910 年，柏林人口超过 200 万，成为欧洲第三大城市，人口在 10 万以上的城市人口占全国人口比重从 4.8% 上升到 21.3%	从 20 世纪 50 年代到 2005 年，4 个最大城市人口占全国人口比重从 14.5% 下降到 11.9%；1985 年联邦德国，生活在 50 万人口以上的城市人口占全国人口的 16.4%，生活在 10 万人口以下的城市人口占全国人口的 61.4%
美国	1880—1930 年，生活在人口 100 万以上大城市的人口占全国人口比重从 3.4% 上升到 13.3%	1930—1980 年，生活在人口 100 万以上大城市的人口占全国人口比重从 13.3% 下降到 7.7%

资料来源：新玉言：《国外城镇化比较研究与经验启示》，国家行政学院出版社 2013 年版。

伴随着由集中型城镇化向分散型城镇化的转变，主要欧美发达国家城镇化的质量明显提高，主要体现在以下几个方面：

第一，大城市过度膨胀的局面得到改变，"城市病"趋于缓解。在工业化早期，由于奉行自由放任型的城市发展政策，主要发达国家对居民住宅建设和企业选址不予干预，大量的农村劳动力向工厂和矿区集中的大城市集中，造成大城市人口急剧膨胀，住房短缺、就业竞争激烈、公共卫生事件频发、交通拥堵、环境污染、犯罪率居高不下、城市景观丑陋、城市贫富悬殊等"城市病"十分严重。到了20世纪中叶，发达国家的政府为了应对城镇发展不协调所带来的日益严重的"城市病"问题，相继出台了旨在实现分散化城镇化的规划、法案，改变大城市过度膨胀和城市分布不合理状况，将城镇化建设的重心和焦点开始逐渐从大城市转向周边的中小城镇。政府将集中于大城市的政府机构、科研院所、工商企业向外迁移，并以土地、财税、金融等多种优惠政策鼓励大城市周边的中小城市发展，引导人口转移，缓解大城市的压力。通过努力，当前主要发达国家均走出了大城市无序蔓延的困境，城市功能定位明确，伴随着人口压力的减轻，交通拥堵、环境污染、治安混乱等"城市病"问题得到了有效缓解。

第二，小城镇快速发展，城市体系日益均衡。在发达国家城镇化刚起步时，一些中小城市和新兴城市几乎处于无政府状态，缺乏基本的市政设施和社区管理，普通市民生活相当贫困。随着20世纪中叶之后，发达国家政府普遍开始重视小城镇发展，在各种规划和优惠政策的引导下，能够提供充足就业机会且具备完善基础设施和公共服务设施的小城镇大量涌现，分布在大城市周围，并通过快速便捷的交通相互连接起来，有效地缓解了中心城市的压力。这些小城镇规划合理、环境优美、设施完善、经济活跃，各具特色，借助中心城市的辐射作用和扩散效应，快速发展起来，形成一个个围绕着大城市的都市圈和城市连绵带。小城镇以其较低的城镇化门槛，在疏解人口、配置资源、平衡发展等方面均发挥了积极作用，在20

世纪下半叶，成为主要发达国家的城镇化率提高的主要贡献者。

第三，城乡差别逐渐缩小，一体化发展日益形成。一定的城乡差别在工业化和城镇化早期有其有利的一面，可以加速城乡之间要素的合理流动和有效配置，为工业化和城镇化加速发展提供有利支撑。但是，如果任由这种差别毫无节制地发展，不仅会使农业变成城市工业发展的"瓶颈"，也会因为过度的贫富差距影响社会稳定。20世纪50年代以来，在小城镇快速发展的带动下，发达国家的城镇化水平逐渐提高，农村人口比重也开始逐渐降低，这使农村的资源环境压力、就业压力、基础设施和公共服务压力得到缓解。高度的城镇化带动了中产阶级的兴起，贫富差距开始缩小，各种现代化的设施设备在城乡家庭中越来越普遍，城镇化的生活方式和行为习惯得到普及，城市文明基本覆盖城乡，使城乡差距不断得到弥合。

第四，公共服务配置均等，社会福利实现共享。随着人口逐渐向中小城市和小城镇转移，满足人们基本生活的软、硬公共品产品也开始随之转移。私人小轿车的普及带动了高速公路的建设，城际铁路等现代交通网络的全面铺开以及电视、广播、电话、互联网等信息传播系统的广泛应用，使大城市在区位及物质技术方面的优势明显减弱。各级各类学校、医院和大型购物中心追随人口向大城市郊区和小城镇搬迁，更使大多数小城市居民不仅在收入上与大城市居民没有什么区别，而且同样可以享受现代化的公共服务。

第五，民主制度日益健全，公民社会逐渐完善。随着大批社会精英阶层离开中心城市，自身的经济政治诉求与其所生活的小城镇紧密联系。这种诉求的普遍化能够产生对政府资源配置行为的约束力，避免将资源过多地集中在大城市，弱化了空间上的非均衡程度，也在客观上提高了中小城市的政治地位和经济能力。因此，分散化城镇化与民主化进程形成相互促进的局面。在政府主导的小城镇建设规划中，公众也会广泛参与其中，同时还有完善的机制和法律保障，使得公民可以进行程序监督，这些都在无形之中有助于公民意识的培养。

与之相反，一些拉丁美洲和南亚地区的发展中国家，城镇化脱离工业化发展，并在服务业超过工业占主导地位之后，未能及时有效地转变城镇化发展战略，仍然保持集中化城镇化的模式，新增城镇人口主要集中在几个最大的城市中（见表 2 - 7）。这些大城市，或者是作为政治文化中心的首都，或者是作为对外贸易枢纽的经济中心城市，或者是这两者的结合。

表 2 - 7　部分发展中国家城镇化进程中人口空间布局变化情况

巴西	20 世纪 50 年代，服务业增加值比重超过工业，城镇化率从 1950 年的 36.2% 上升到 2010 年的 84.3%。人口过度集中于少数特大城市，并在区域上集中于圣保罗州等东南沿海地区。2010 年，最大城市圣保罗人口已达 1100 万，第二大城市里约热内卢人口超过 630 万，圣保罗州和里约热内卢州面积共占巴西国土面积的 0.34%，集中了巴西近 30% 的人口 46.5% 的 GDP
阿根廷	20 世纪 60 年代，服务业增加值比重超过工业，城镇化率从 1960 年的 73.6% 上升到 2010 年的 91.0%。首都布宜诺斯艾利斯大都会共 1280 万人口，占全国人口的 1/3
墨西哥	服务业一直占据国民经济主导地位。城镇化率从 1940 年的 35.1% 上升到 2010 年的 77.8%。在迁入移民的作用下，首都墨西哥城市人口从 1940 年的 176 万猛增到 2010 年的 2200 万，占全国人口的近 20%
印度	工业增加值比重始终在低位徘徊。城镇化水平较低，1950 年刚独立时城镇化率为 17.0%，到 2010 年仅增加到 30.7%。城市人口高度集中，大城市和特大城市畸形发展，中等城市发展缓慢，小城市明显衰退，城市体系呈现倒金字塔形

资料来源：新玉言：《国外城镇化比较研究与经验启示》，国家行政学院出版社 2013 年版。

城镇人口过度集中地分布，导致这些发展中国家的特大城市畸形地发展起来，整个国家的城镇体系极不均衡。一些国家的最大城市人口占其城市总人口的比重高达 20%—60%。这种集中型城镇化带来的是城镇化在数量上的提高，而在城镇化质量上却存在很大的问题。

第一，城市就业非正规化，贫困问题严重。由于这些发展中国家的城市经济发展不充分，工业化水平低，正式就业机会非常有限，因而大量城市人口只能在非正规部门就业，主要从事于一些技术含量低、劳动条件差、收入水平低、社会保障弱的传统服务业。而能够提供这些非正规就业岗位的，往往是服务需求较大的大城市，因而在大城市中，存在大量没有稳定就业的贫困人口。

第二，基础设施投入不足，城市建设滞后。受到政府财政收入限制，这些发展中国家的城市基础设施投入严重不足，远不能满足庞大的城市人口的需要，城市缺水、缺电、缺乏能源供应问题十分普遍。同时，城市道路拥挤不堪，卫生设施严重匮乏。在大城市，由于过多人口对有限的基础设施的过度使用，也使得这些城市中的基础设施损耗过大，破败不堪。

第三，住房严重短缺，"贫民窟"泛滥。由于难以为所有城市人口提供足够的正规住房，在这些发展中国家中的大城市，"贫民窟"呈现逐渐蔓延的趋势，并成为这些发展中国家城镇化进程中的顽疾。"贫民窟"的蔓延，不仅对城市生态环境造成极大破坏，带来了环境污染等问题，而且对城市的社会环境构成了威胁，犯罪率高、教育不足、法治缺失等特点使贫民窟既不利于城市人口的生存和发展，也不利于城市经济社会的发展。

第四，大城市和其他城市的发展差距日益拉大。在工业化初期，这些发展中国家政府往往希望将一些基础条件较好的大城市培育成带动和辐射其他地区和城市的"增长极"，但这些增长极的极化效应吸引了劳动力、资本、技术等生产要素的集中，但扩散效应却没有得到很好的发挥，结果是少数大城市得到快速发展，而其他地区则陷入停滞。与经济发展战略相一致，发展中国家的政府存在严重的大城市偏向。政府投资的基础设施建设和住房、教育、就业、医疗等社会事业主要集中于大城市中。虽然许多的城市移民并不能充分享受这些基础设施和社会事业带来的便利和福利，但在大城市中生存的机会和发展期望要远高于小城市。在没有人口迁移限制的条件下，又会带来更多的人口涌入这些城市，从而促使政府更加重视这些大城市的发展，进一步拉开大城市和小城市的差距。

第五，城乡非对称发展及收入分配差距过大。城乡发展失衡也是集中化城镇化的一个必然结果。这些发展中国家在追求工业化的过程中，主要依赖最大城市作为与发达国家贸易往来的门户，同时往往片面强调工业和城镇的发展，忽视农业和农村的进步，在资本短缺的条件下常常以牺牲农业和农村为代价来支持现代城市工业的发展。20世纪中叶之后，随着发展中国家贸易条件的恶化，城市工业和农村农业都受到影响，城乡发展无法实现良性循环，导致城乡关系进一步恶化，农村更加贫困。同时，由于这些发展中国家普遍未经历彻底的土地改革，土地被集中在少数人手中，大农场对农民的需求日益减少，使得大量破产农民涌入能够提供低端服务性岗位的大城市中，将农村贫困带入城市，加深了贫富差距。

综合上述国家的例子，我们可以看出，在一国城镇化进程中的某个阶段，人口向少数最大城市集中是一个普遍发生的现象，无论是发展中国家还是工业化时期的发达国家，都经历过集中型城镇化的阶段。集聚本身是城市经济学的基本规律，但城市的集聚经济并非是无限的，过度的集聚也会造成城市发展的不经济。然而，当某些非市场因素的出现，延缓了集聚不经济到来的时间，或阻隔了微观主体对集聚不经济的感知，集聚就不会停止。人口向少数大城市集中的过程也将会一直持续，进而产生城市与城市之间越发严重的发展失衡。

从上述国家的城镇化历程可以看出，如果能够及时进行城镇化模式的转型，将这种由过度集中所带来的城市之间的失衡能够及时化解，一个国家就将实现向高质量城镇化的迈进；而如果城市之间的失衡未能化解反而进一步加深，则以"新二元结构"为特征的城市内部的失衡将会极大地影响城镇化进程的顺利推进，由低质量向高质量的城镇化转型也难以实现。换句话说，城市之间的失衡是导致城市内部失衡的外生变量，破解城市内部的"新二元结构"，实现农民工市民化，必须首先从解决由过度集中所带来的城市之间的失衡入手。

第三章　城镇化的双重失衡与人口迁移

2016 年，中国的城镇化率已经达到 57.6%，城镇人口占比连续 30 多年以每年 1% 以上的速度增长。然而，按户籍人口来计算城镇化率，这个数字只有 41.2%。两种统计口径的城镇化率差额，即为两亿多进城农民工及其随迁家属的数量。这些农业转移人口虽然迁移到了城市，但没有享受到均等化的城市福利，是一种不完全的城镇化，或半城镇化（陶然等，2011；蔡昉，2010）。如果把离开户籍所在地的城市居民计算在内的话，城市中的非户籍人口有近三亿。这些生活在城市却未能享受均等化城市福利的人口的存在，是中国城镇化失衡的一个重要表现。

自改革开放以来，中央和地方政府始终在积极推进户籍制度改革。时至今日，户籍制度直接限制人口流动的功能已经不复存在，中小城市和小城镇的城市户籍也已经完全放开，部分大城市和特大城市成为户籍制度最后的堡垒，而与这些城市户籍挂钩的福利内容则是改革最大的障碍（王美艳和蔡昉，2008）。对于推动部分大城市和特大城市户籍改革的方式，主流的观点认为应该通过将城市福利与城市户籍"脱钩"，把挂靠在户口之上的教育、医疗、住房、社会保障等诸多公共服务和福利待遇内容与户口相"剥离"，降低城市户籍的含金量，实现绝大多数福利的非户籍性获取，实现福利供给的"普惠制"（王太元，2005；郭秀云，2010）。

户籍制度改革的主流观点集中于户籍本身所包含的福利待遇，或者说，这是一种单一地消除户籍居民与非户籍居民在分享城市福利上的不均衡的改革方式。毫无疑问，基于户籍身份差别的城市居民社会福利待遇差异是城镇化进程中的一个重要的结构失衡，户籍改革的最终目标就是要消除户籍居民和非户籍居民在享受城市福利上的不均衡。但是，单纯缩小户籍居民与非户籍居民福利待遇差距的户籍改革政策忽略了城镇化进程中的另一个失衡，即不同城市之间发展水平的失衡。不同规模城市经济社会发展水平的失衡，并不只是不同城市的户籍含金量不同那么简单，更为重要的是，随着改革的推进，越来越多的城市福利的获得已经不依赖于户籍身份，这些非户籍福利在城市发展水平失衡扩大的背景下，使生活在不同规模城市的人们所拥有的城市福利差异随之扩大，影响着人口的迁移行为，并反过来决定着仍然依赖户籍身份的福利的均等化，进而对户籍制度改革的效果产生影响。因此，要想为户籍制度改革进展缓慢寻找到一个合理的解释，并提出一个有效的改革方式，就需要从城镇化双重失衡的角度展开分析。

本章通过熵值法建立城市户籍福利和非户籍福利的评价指标体系，定量化地描述城镇化双重失衡条件下不同规模城市之间福利水平的结构性差异。本章将说明：由于大城市即使是非户籍福利水平也要高于中小城市的户籍福利和非户籍福利水平之和，使得流动人口宁愿到大城市作非户籍居民也不愿意在中小城市做户籍居民，因而导致流动人口向大城市进一步集中，并最终形成了过度集中型城镇化模式和大城市内部基于户籍制度的福利分配歧视，城镇化表现为低效、排斥、不可持续的特征。

第一节　城市之间发展水平的失衡：描述性证据

改革开放之前，中国采取的是均衡型城市发展战略，各地区不同城市之间的经济发展差距很小，城市人口的分布相对比较均衡。改革开放之后，伴随着发展战略的转变，部分城市获得了优先发展：东部沿海地区利用区位优势，获得了国家的投资倾斜；一些经济特区利用政策优势，获得了大量的外商投资；还有一些行政级别较高的直辖市、省会和计划单列市，利用自身在资源再分配中的优势地位，获得了更多的社会优质资源。逐渐地，城市之间的差距开始拉大。经济发展较快的城市，吸引了更多的农业转移劳动力流入，城市的外来人口数量开始迅速上升，人口规模开始迅速增大。在规模报酬递增条件下，这些大城市与其他城市之间的发展差距进一步拉大，城市居民之间各个方面福利水平的差距也逐渐形成。

第一章第一节提到了当前中国城市之间发展水平的差距，并用表做了一个简单的描述。由于城市之间发展水平的失衡决定了城市居民之间福利水平的差距，而福利水平的差距又直接影响人口的迁移行为，为了深入研究人口迁移及其对城市规模体系和城市内部结构的影响，我们将编制一套城市福利水平评价指标体系，来对城市之间的福利水平差距进行定量化的测度。

一　城市福利水平评价指标体系的建立

（一）指标选取

1. 一级指标：户籍福利和非户籍福利的划分

根据研究需要，我们将城市福利划分为户籍福利和非户籍福利两大类（见表3-1），以此作为一级指标。其中，户籍福利是指与城市本地户籍身份直接挂钩的城市福利，居民能否享受这种福利取决于是否拥有城市户籍身份，具有较强的排他性；非户籍福利是指与城市本地户籍身份无关的城市福利，居民能否享受这种福利取决于居民是否生活在该城市，无论是户籍居民还是非户籍居民均可以享受该福利，其排他性较弱。划分户籍福利和非户籍福利可以有效体现城市内部的福利分配歧视，在后文我们进一步将其与城市之间福利水平的差异相结合，分析这两个层面上的福利差异对人口迁移的影响。

表 3 - 1   户籍福利和非户籍福利的划分

福利类型	决定因素	性质	福利内容
户籍福利	是否拥有城市户籍	排他性较强	教育、医疗卫生、社会保障等基本公共服务
非户籍福利	是否生活在该城市	排他性较弱	收入、环境、秩序、信息、文化氛围、基础设施等

2. 二级指标和三级指标的选取

在户籍福利和非户籍福利两个一级指标之下，再分别设立教育水平、医疗卫生、社会保障和经济收入、市政设施、文化生活等二级指标，在每个二级指标下再设立若干三级指标，以求全面反映城市福利水平。

教育水平二级指标下分设高考本科录取率、人均教育财政支出、中小学师生比三个三级指标。其中，高考本科录取率代表该城市居民接受优质高等教育的机会；人均教育财政支出代表该市对基础教育的投入程度；中小学师生比代表在义务教育和高中教育阶段公立学校的师资力量，也从一个侧面表现了教育资源的丰裕程度。

医疗卫生二级指标下分设每万人医院床位数、每万人拥有医院医生数两个三级指标。其中，每万人医院床位数代表该市的硬件医疗资源水平；每万人拥有医院医生数则代表了该市软件医疗水平的高低程度。

社会保障二级指标下分设城镇最低生活保障、城镇职工养老保险参保率、城镇居民基本医疗保险参保率三个三级指标。其中，城镇最低生活保障代表作为收入兜底机制的低保标准高低；城镇职工养老保险参保率和城镇居民基本医疗保险参保率则体现了该城市基本社会保险的覆盖面大小，反映了该市提供居民社会保障能力的强弱。

经济收入二级指标下分设人均 GDP、城镇职工平均工资、人均城镇固定资产投资额、人均外商直接投资额和第三产业增加值比重五个三级指标。其中，人均 GDP 体现当地的经济发展总体水平；城镇职工平均工资代表当地的收入水平高低；人均城镇固定资产投资额代表了劳动者获得就业和收入的机会；人均外商直接投资额代表了该城市的开放程度以及获得体制外就业机会的大小；第三产业增加值比重代表着该城市产业结构的演进高度，体现了为劳动者提供高端就业岗位的机会。

市政设施二级指标下分设人均道路面积、人均城市建设维护支出、人均公园绿地面积、人均居民生活用水量、人均居民生活用电量、每万人拥有出租车数、每万人拥有公共汽车数、生活垃圾无害化处理率、人均宽带互联网接入户数。其中，人均道路面积代表该城市的交通基础设施建设水平；人均城市建设维护支出代表该城市的基本建设设施的齐备程度；人均公园绿地面积代表该市的生态建设水平；人均居民生活用水量和用电量代表该城市居民基本日常生活的质量高低；每万人拥有出租车数和公共汽车数代表该城市的市政交通发达程度；生活垃圾无害化处理率代表该城市的环保水平；人均宽带互联网接入户数代表该城市的信息传播便捷程度。

文化生活二级指标下分设每万人影剧院数、每百人公共图书馆藏书量、每万人在校大学生数和人均社会消费品零售额四个三级指标。其中，每万人影剧院数代表该城市文化生活的丰富程度；每百人公共图书馆藏书量代表该市的文化氛围和底蕴深厚程度；每万人在校大学生数代表该市的科学与人文精神浓郁程度；人均消费品零售消费额代表该市人民日常消费水平高低。

（二）赋权方法

城市福利水平评价指标体系所采用的赋权方法是熵值法，该方法是用熵值的思想来确定各子系统及构成要素指标的权重，以期在一定程度上避免主观赋值法缺陷的一种客观赋权方法。对于某项指标，信息熵值越大，指标值的变异程度越大，则该指标在综合评价中所起的作用越大。熵值法的计算步骤为：

（1）标准化：在进行赋权前需要对变量进行无量纲化处理，我们采用最大最小值法，即通过对原始数据的线性变换将原始值最大最小值标准化映射成在区间 [0，1] 上。

正向指标：

$$X_{ij} = \frac{x_{ii} - \min\{x_{ij}\}}{\max\{x_{ij}\} - \min\{x_{ij}\}}, \quad (i = 1, 2, \cdots, m)$$

式中，x_{ij} 表示第 i 年第 j 项指标值，x_{ii} 表示第 i 年第 i 项指标值。

负向指标：

$$X_{ij} = \frac{\max\{x_{ij} - x_{ii}\}}{\max\{x_{ij}\} - \min\{x_{ij}\}}, \quad (i = 1, 2, \cdots, m)$$

（2）将各指标同度量化：在有 m 个年份，n 项指标的情形下，原始指标矩阵为 x_{mn}，计算第 i 年份第 j 项指标值的比重：

$$Y_{ij} = \frac{x_{ij}}{\sum_{i=1}^{m} x_{ij}}$$

（3）计算第 j 项指标熵值：

$$e_j = -k \times \sum_{i=1}^{m} Y_{ij} \times \ln Y_{ij}, \quad \text{其中，} \ k = 1/\ln m$$

（4）计算第 j 项指标的差异系数：

$$d_j = 1 - e_j$$

（5）对差异系数进行归一化，计算第 j 项指标的权重：

$$w_j = \frac{d_j}{\sum_{j=1}^{n} d_j}$$

基于上述指标构建原则所设立的指标体系，以及根据熵值法所得到的各指标权重列在表 3-2 中。

二 城市福利水平评价指数测算结果及分析

依据上述原则和方法，基于 2016 年《中国城市统计年鉴》数据，我们计算出全国 339 个地级以上城市的福利水平。由于指标维度和城市数量过多，我们仅列出除拉萨外的 30 个省会及以上城市的一级指标和二级指标（见表 3-3）。

从表 3-3 可以看出，仅 30 个省会以上的城市的福利水平就有很大差距，例如福利水平最高的北京约为福利水平最低的兰州的 3 倍

表 3 - 2   城市福利水平评价指标体系

一级指标	二级指标	三级指标	熵值法权重
户籍福利	教育水平	高考本科录取率	0.0452
		人均教育财政支出	0.0265
		中小学师生比	0.0044
	医疗卫生	每万人医院床位数	0.0168
		每万人拥有医院医生数	0.0252
	社会保障	城镇最低生活保障	0.0422
		城镇职工养老保险参保率	0.0366
		城镇居民基本医疗保险参保率	0.0364
非户籍福利	经济收入	人均 GDP	0.0291
		城镇职工平均工资	0.0048
		人均城镇固定资产投资额	0.0267
		人均外商直接投资额	0.1373
		第三产业增加值比重	0.0083
	市政设施	人均道路面积	0.0362
		人均城市建设维护支出	0.0917
		人均公园绿地面积	0.0199
		人均居民生活用水量	0.0334
		人均居民生活用电量	0.0155
		每万人拥有出租车数	0.0520
		每万人拥有公共汽车数	0.0525
		生活垃圾无害化处理率	0.0020
		人均宽带互联网接入户数	0.0508
	文化生活	每万人影剧院数	0.0474
		每百人公共图书馆藏书量	0.0741
		每万人在校大学生数	0.0627
		人均社会消费品零售额	0.0222

左右。为了更好地观察城市福利水平变化规律，比较不同城市之间总福利水平、户籍福利和非户籍福利水平的差异，我们将全国地级以上城市的总福利水平和作为一级指标的户籍福利和非户籍福利水

表 3－3　　　　　　　　城市福利水平评价指数测算结果

城市	教育水平	医疗卫生	社会保障	经济收入	市政设施	文化生活	户籍福利	非户籍福利	总福利
北京	6.42	1.72	7.56	4.26	7.64	3.04	15.69	14.94	30.64
天津	4.38	0.94	6.19	4.99	5.24	2.61	11.50	12.84	24.34
石家庄	1.09	0.09	3.01	2.62	4.29	1.60	4.20	8.50	12.70
太原	0.76	1.86	1.52	2.62	4.96	3.09	4.14	10.66	14.80
呼和浩特	0.94	1.76	2.89	1.88	4.03	3.30	5.58	9.22	14.80
沈阳	1.14	1.36	4.70	2.49	5.46	2.56	7.20	10.51	17.71
长春	2.29	1.17	2.78	2.17	4.05	2.42	6.24	8.64	14.88
哈尔滨	1.99	1.20	2.98	3.58	3.57	2.19	6.17	9.34	15.50
上海	4.85	1.14	7.54	4.57	3.63	3.32	13.53	11.52	25.05
南京	2.03	0.95	4.70	3.65	5.45	2.97	7.68	12.07	19.74
杭州	1.90	1.60	6.62	5.40	4.66	3.83	10.11	13.88	23.99
合肥	1.08	1.63	2.98	4.27	9.43	2.85	5.68	16.55	22.23
福州	1.59	1.77	2.76	3.19	7.00	4.14	6.12	14.34	20.46
南昌	1.39	0.96	2.43	4.18	2.92	2.57	4.78	9.68	14.45
济南	1.43	1.96	4.23	2.94	5.32	3.20	7.62	11.46	19.08
郑州	1.09	2.04	1.96	3.68	4.06	3.08	5.09	10.82	15.91
武汉	1.95	1.67	4.76	5.17	5.50	2.83	8.38	13.51	21.88
长沙	1.74	1.92	2.59	5.49	5.62	3.05	6.26	14.17	20.42
广州	1.55	1.40	4.75	3.58	5.98	3.77	7.70	13.33	21.03
南宁	0.85	1.57	1.64	2.17	6.70	2.32	4.06	11.19	15.25
海口	1.66	1.41	2.28	2.19	2.92	1.67	5.35	6.78	12.13
重庆	1.43	0.67	2.87	3.38	3.05	1.20	4.97	7.62	12.60
成都	1.22	1.62	1.58	1.85	5.66	2.23	4.41	9.74	14.15
贵阳	0.85	1.59	1.66	2.50	3.47	2.09	4.11	8.06	12.17
昆明	1.02	2.01	1.57	2.78	5.16	1.98	4.60	9.92	14.51
西安	1.21	1.13	3.42	3.52	6.85	1.85	5.76	12.22	17.97
兰州	0.95	1.51	1.52	1.74	3.41	1.90	3.98	7.05	11.03
西宁	0.43	2.21	2.01	1.93	7.04	1.70	4.65	10.67	15.33
银川	0.79	1.81	2.73	1.72	4.01	2.60	5.33	8.33	13.66
乌鲁木齐	0.99	1.50	1.81	2.16	7.34	2.91	4.30	12.41	16.72

平按照 2015 年市辖区常住人口规模从高到低进行排名。由于篇幅所限，我们仅列出常住人口规模排在前 30 名和后 20 名的城市（见表 3 - 4）。

表 3 - 4　　　　按人口规模大小排列的城市福利水平

城市	人口规模（万人）	户籍福利	非户籍福利	总福利	城市	人口规模（万人）	户籍福利	非户籍福利	总福利
1. 上海	2351	13.53	11.52	25.05	27. 厦门	383	6.90	12.78	19.67
2. 北京	2161	15.69	14.94	30.64	28. 合肥	373	5.68	16.55	22.23
3. 重庆	2121	4.97	7.62	12.60	29. 南宁	363	4.06	11.19	15.25
4. 天津	1532	13.50	14.84	24.34	30. 无锡	362	8.71	11.05	19.75
5. 广州	1329	7.70	13.33	21.03					
6. 深圳	1108	10.77	19.37	30.14	...				
7. 成都	920	4.41	9.74	14.15	320. 吴忠	40	3.21	4.95	8.15
8. 东莞	830	10.12	14.54	24.66	321. 中卫	40	2.76	4.57	7.33
9. 南京	823	7.68	12.07	19.74	322. 呼伦	40	5.50	8.47	13.97
10. 武汉	754	8.38	13.51	21.88	323. 百色	39	3.35	7.45	10.80
11. 西安	746	5.76	12.22	17.97	324. 庆阳	38	2.30	4.43	6.73
12. 佛山	739	6.65	10.15	16.80	325. 三明	38	5.51	9.03	14.54
13. 杭州	717	10.11	13.88	23.99	326. 黄冈	38	4.64	7.04	11.68
14. 沈阳	647	7.20	10.51	17.71	327. 云浮	35	4.63	5.07	9.70
15. 哈尔滨	552	6.17	9.34	15.50	328. 河池	34	3.00	4.33	7.34
16. 苏州	549	8.64	13.15	21.80	329. 崇左	33	2.54	4.26	6.80
17. 郑州	549	5.09	10.82	15.91	330. 临沧	33	2.95	3.87	6.82
18. 汕头	548	3.52	4.96	8.48	331. 吕梁	33	2.53	5.65	8.17
19. 青岛	489	8.05	12.34	20.39	332. 三门峡	32	5.50	10.25	15.76
20. 石家庄	471	4.20	8.50	12.70	333. 普洱	31	3.78	4.01	7.80
21. 济南	456	7.62	11.46	19.08	334. 嘉峪关	24	4.13	6.63	10.77
22. 长春	429	6.24	8.64	14.88	335. 丽江	24	3.88	7.01	10.89
23. 大连	409	9.14	16.86	26.00	336. 金昌	23	3.13	6.85	9.98
24. 昆明	396	4.60	9.92	14.51	337. 鹰潭	22	5.28	8.28	13.56
25. 长沙	393	6.26	14.17	20.42	338. 海东	16	2.74	5.90	8.64
26. 常州	393	7.03	9.94	16.98	339. 黑河	12	5.86	7.17	13.03

从表 3 - 4 可以看出以下三点：

（1）城市规模与城市福利水平呈明显的正相关关系，除个别城市之外，规模越大的城市，其福利水平也越高。由于规模越大的城市往往也是行政级别较高的城市，其经济发达程度也较高。因此，这样的城市有着更高的福利水平是容易理解的。

（2）总福利水平、户籍福利和非户籍福利变化趋势基本相同，均随城市规模的增大而增大。规模越大的城市，往往其教育、医疗卫生、社会保障等与户籍挂钩的排他性福利水平和经济收入、市政设施、文化生活等与户籍无关的非排他性福利的水平也都较高。

（3）不同规模的城市之间，城市福利水平有很大的差距。可以看出，按照城市规模排名靠前的城市，其各类城市福利水平均要明显高于城市规模排名靠后的城市，并且差距很大。表明城市之间发展水平的失衡较为明显。

第二节　城市内部福利分配的失衡：现实的判断

户籍制度经过多年的发展演变，其所控制的城市福利也发生了较大的变化，因此我们有必要再梳理一下当前城市户籍所控制的福利含义，或者说是城市内部的户籍居民与非户籍居民在城市福利分配上的差异。

一　就业

户籍福利在就业上的体现包括四个方面：

第一，户籍居民比非户籍居民具备更多进入工资待遇高、稳定性强、社会保障充分的城市一级劳动力市场就业岗位的机会。城市的一级劳动力市场，尤其是体制内单位的就业岗位对本地户籍劳动者有明显的偏好，户籍居民与非户籍居民在就业竞争上面临着不公平，这主要表现为：限制农民工流动就业的政策和"证卡"制度依然存在，在农民工就业准入上仍存在职业工种限制、总量限制、季节限制、性别限制、比例限制等。如北京市劳动局曾在 20 世纪 90 年代末发布了《本市允许和限制外地人员的行业、工种范围》，规定了外地人可以进入的 12 个行业、198 个工种，基本都是脏、累、险的工作，如民政部门的尸体搬运工、尸体火化工、墓地管理员、运输行业的危险品搬运工等。第六次全国人口普查数据显示，在制造业、批发零售业与餐饮业、建筑业以及社会服务业就业的农民工占其在城市就业总数的 80% 以上。

第二，同工不同酬现象依然突出。受雇农民工被变相拖欠、克扣工资的情况仍然存在，同工不同酬现象仍较为普遍，劳动合同的签订比率和参与社会保险的比例较低，劳动权益遭到漠视。劳动法规定，工资分配应当遵守按劳分配原则，实行同工同酬。然而，在一些单位包括国有企业，农民工在同样岗位上从事同样工作，由于身份不同，其劳动收入与同岗位的城镇职工相差近一倍。部分企业将最低工资标准作为支付标准，按其确定所有农民工的工资，明显压低了农民工应有的工资水平。2016 年农民工监测调查报告显示，日从业时间超过 8 小时的农民工占 64.4%，周从业时间超过 44 小时的农民工占 78.4%，与雇主或单位签订了劳动合同的农民工比重为 35.1%，被拖欠工资的农民工人数为 236.9 万人，被拖欠工资的农民工人均拖欠 11433 元。

第三，户籍居民和非户籍居民享受的就业服务水平不一致。城市公共就业服务的项目和模式主要根据本地城镇居民设计，岗位信息的采集、服务场所的布局和业务流程设计等往往不适合农民工，绝大多数农民工找工作仍然通过亲友介绍的初级形式，城市中专门针对农民工的再就业培训计划普遍还未建立。

第四，户籍福利还体现在城市政府对就业和再就业的承诺上。由于地方政府是由具有本地户口的居民间接地、本地人民代表大会直接地选举产生，自然会代表本地户籍居民的利益。当进城农民工与城市原住居民劳动者，特别是那些非熟练工人之间在二级劳动力市场上存在竞争关系的时候，出于对本地劳动者的就业保护，城市政府以户口身份作为识别手段，对农民工就业采取歧视性的政策，而对城市居民的就业给予优先地位。也就是说，除常规地制定若干针对农民工的就业限制政策之外，每当宏观经济不景气从而城市就业压力增大时，城市政府会采取各种手段限制外来农民工在本地就业，直至采取强制性手段督促他们返乡。当然，农民工的失业与企业出于自身微观经营决策的考虑而裁撤劳动力有关，但没有城市户口的农民工与城市劳动者相比更缺乏就业保护也是一个不争的事实。

二 社会保障

城市户籍的职工在与用人单位签订劳动合同时，一般都会自动参与包括养老、失业、工伤、生育、医疗等保险在内的基本社会保险。从理论上讲，如果用人单位愿意为农民工缴纳社会保险，即使没有本地户口的农民工也可以享受城市社会保障，但是提供较好的社会保障待遇的一级劳动力市场就业岗位具有户籍歧视，农民工是难以进入这样的就业市场的。虽然国家规定了企业应为全体职工缴纳社会保险，但并没有出台强制性的法律规定。由于我国的社会保障制度是依据户口设计的，对于外来农民工的养老、失业、医疗等社会保险，地方政府和企业并没有主动提供的动力。企业在实施过程中就会以户口为依据进行差别对待，绝大多数进入城市的农民工没有享受到企业为其提供的各种保险以及其他福利待遇，农民工所在的单位在签订合同方面很不规范，为了节省成本，大多没有为农民工办理完整的社会保险，因而农民工也就难以获得享受社会保障的福利。

此外，社会保险在申办、中止、接续和转移等操作过程中也有很多地方与户籍挂钩，增大了没有城市户籍的农民工的办理成本。现有制度安排存在的"缴费难""转移难"使农民工的社会保险权益受到损害，在无形中提高了城市户籍的含金量。社保的城乡统筹进展缓慢，以养老为例，虽然国家已提出合并新型农村社会养老保险（新农保）和城镇居民社会养老保险，建立全国统一的城乡居民基本养老保险制度。但是，在"制度模式、筹资方式、待遇支付等方面与合并前保持一致"的政策安排下，具体的实施效果仍有待观察；同时，由于这一改革仅仅是城乡居民养老保险的并轨，而并未触及城镇职工的养老保险制度，因此，农民工的养老保险与城市职工之间仍然存在分割。

三　最低生活保障

自 1997 年《国务院关于在全国建立城市居民最低生活保障制度的通知》（国发〔1997〕29 号）颁布后，我国建立了城市最低生活保障制度。保障标准与覆盖范围主要由地方政府决定，在实际操作方面，城市低保的覆盖对象是本地城市户籍居民，而外来农民工则被排除在外。最低生活保障的缺失，使得在城市工作、生活的农民工缺少经济上的"兜底"机制，而这种机制也是户籍福利的重要表现之一。

四　住房保障

城市的保障性住房体系包括限价房、经济适用房、廉租房、公共租赁住房等。其中，前三种保障性住房的福利只有城市本地户籍居民才能够享受。而对于后者，根据国务院办公厅《关于保障性安居工程建设和管理的指导意见》（国办发〔2011〕45 号）的有关规定，公共租赁住房的供应对象是"城镇中等偏下收入住房困难家庭、新就业无房职工和在城镇稳定就业的外来务工人员"。也就是说，在城镇稳定就业的农民工是被纳入公共租赁住房的保障体系的。但是，在实际操作过程中，政府保障性住房服务的供给仍然倾向于本地户籍居民。国家卫生计生委流动人口监测数据显示，在农业户籍的流动人口中，只有 0.7% 租住在政府提供的保障性住房内，0.2% 已经购买了政策性保障房。国家统计局 2015 年农民工监测调查报告显示，外出农民仍然以依附性居住为主，获得住房补贴的比例很低。作为政府的一项基本的公共服务，保障性住房福利对农民工群体的排斥是城市公共服务的一大缺失，同时，这也是城市户籍福利最具含金量的一个部分。

五 子女公立学校义务教育和升学的机会

虽然各地明文的政策并没有规定户籍居民和非户籍居民在子女入学资格上的差别，但在实际操作过程中，农民工子女在迁入地城市的公立学校平等入学的政策没有较好地执行，总体上看农民工子女就读城市公立学校依然困难重重。在教育资源紧张的情况下，公办学校一般都会优先招收本地城市户籍生源，农民工子女要么只能在私立的农民工子弟学校入学，要么就要交纳高昂的借读费、赞助费，以获得进入公立学校接受教育的机会。

更为重要的是，即使农民工随迁子女能够在城市公立学校入学，但没有城市户口依然使他们无法在就读城市参加高考。当前，我国的高考实行分省命题制度，对于众多跨省进城务工的农民工子女，不同省份的教学内容和命题方式都大相径庭，这会产生很大的适应成本；同时，不同省份的高考录取分数线也有很大差距，一些教育发达地区的大城市，如北京、上海，高考录取比例要大大高于教育水平相对落后地区。在这种情况下，学习成绩相当的两名考生，因为户籍身份不同，所能就读的大学档次就截然不同，户口很大程度上决定了人生的命运，而这种教育资源的歧视性分配也是城市户籍福利含义的重要体现。

六 政治权利

由于没有城市本地户籍，非户籍人口的民主政治权利和人身权利普遍缺乏保障。

第一，非户籍居民很难享受到选举权和被选举权。绝大多数农业转移人口很少参加户口所在地和迁入地的民主选举，参与社会事务管理的渠道不畅通。

第二，难以享有城镇职工同等的民主权利。有相当多的外来人口在企业已成为技术骨干，但职位很难升迁，一些公有制企业、事业单位的农民工不能参加用人单位职工（代表）大会，无法行使民主管理权利。

第三，参加和组织工会的权利不落实，有些地方干部担心农民工建立工会组织会妨碍招商引资；一些企业经营者阻挠和限制农民工参加和组织工会；由于用工主体不明确，用人单位和劳务公司都不愿意组织农民工加入工会（韩靓，2009）。

第四，农民工作为城镇社区居民的民主权利也难以实现，很多农民工虽然已经成为当地常住人口，但不能参加社区民主选举，不能参与社会事务管理。

第五，侵犯农民工人身权利的事件时有发生，有些企业对农民工实行封闭式管理，采取扣留身份证、搜身检查等非法手段限制农民工人身自由，有的甚至随意体罚、打骂农民工。

七 其他公共服务

这些公共服务包括：很多城市依户籍对创业者提供的补贴和优惠政策；户籍居民随迁的家属中的老年人办理老年证所享受的一系列福利；开通宽带电话、计生检查、身份证丢失补办等与户籍相关的手续。如果拥有城市户口将减少很多不必要的手续和成本。

第三节 城镇化的双重失衡对
人口迁移的影响

在对城市之间发展水平的失衡和城市内部福利分配的失衡进行了较为详细的描述之后，我们将这两者结合起来分析其对人口迁移的影响。对于一个典型的流动人口来说，在城镇化的双重失衡条件下，他将会面临两个层面上的福利差异。其一是所在不同城市的福利水平差异，规模较大的城市普遍比规模较小的城市能够提供更高水平的福利；其二是作为非户籍居民与户籍居民在部分城市福利待遇上的差异，户籍居民可以享受全部的城市公共服务，而非户籍居民无法享受与户籍挂钩的排他性公共服务。我们用图 3 - 1 来更为形象地表现这种在城镇化双重失衡条件下流动人口所面临的两个层面的福利差异。

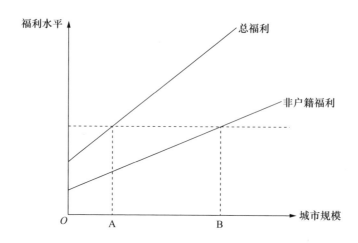

图 3 – 1　城镇化的双重失衡及其对人口迁移的影响示意

首先，两条福利曲线的斜率体现了在城市之间发展水平失衡条件下不同规模城市之间的福利差异。由于规模较大的城市发展水平高于规模较小的城市，大城市居民的福利水平要高于小城市居民的福利水平，这一方面表现为规模较大城市的户籍福利要高于规模较小城市的户籍福利，另一方面还表现为规模较大城市的居民能享受到的不依赖于户籍身份的非户籍福利水平也要高于小城市。因此，无论是户籍居民的福利曲线还是非户籍居民的福利曲线，都呈现向右上方倾斜，福利水平随城市规模增大而上升。

其次，两条福利曲线之间的垂直距离体现出在城市内部福利分配失衡条件下，户籍居民和非户籍居民享受城市福利的差异。由于存在户籍身份的差异，户籍居民不仅可以和非户籍居民一样享受不依赖于户籍身份的非排他性福利，还可以享受由户籍身份带来的排他性城市福利。因此，在任何规模的城市里，户籍居民的福利水平都要高于非户籍居民，总福利水平高于非户籍福利水平。并且由于大城市户籍的福利含金量高于小城市户籍的福利含金量，大城市的总福利和非户籍福利的差距要大于小城市总福利和非户籍福利的差距，这表现为两条福利曲线的垂直距离差距随城市规模的增大而增大，或者总福利曲线的斜率高于非户籍福利曲线的斜率。

问题的关键在于：随着城市经济的发展和集聚效应的发挥，城市里有了越来越多的不依赖于户籍身份的福利。对于直辖市、省会和计划单列市等大城市，其经济和社会发展水平较高，因而不仅能为本地户籍居民提供更好的教育、医疗、住房、社保等户籍福利，也能为外来非户籍居民提供相对较好的基础设施、环境、秩序、非正式就业机会和市场化的公共服务等非户籍福利，并且这种非户籍福利的重要性正在日益凸显。例如，近年来方兴未艾的共享经济，借助大城市的规模效应，能够创造出更大的经济效益和社会福利。当不同规模的城市发展差距拉大到一定程度时，非户籍福利的差距也随之拉大，直到形成大城市中的非户籍福利水平超过中小城市户籍福利和非户籍福利之和的局面。此时，在规模较大的城市中，即使是非户籍居民所享受的福利水平也将高于中小城市户籍居民所享受的总福利水平。因此，即使大城市严格地控制户籍门槛，小城市不断降低落户门槛，流动人口仍然源源不断地向大城市涌入，宁愿成为大城市的非户籍居民也不愿到小城市做户籍居民。

在图 3 - 1 中，如果两条福利曲线的斜率足够大，也就是不同规模城市发展水平的差距足够大，则可能会出现大城市非户籍居民所享受到的城市福利水平高于小城市户籍居民所享受到的福利水平的情形。此时，B 点所对应的大城市的非户籍居民的福利水平将会高于所有城市规模小于 A 点的小城市户籍居民的福利水平。因此，流动人口在进行迁入城市选择时，将会选择 B 点以右所对应的大城市非户籍迁入，而非 A 点以左所对应的小城市户籍迁入。

借助本章第一节中对地级以上城市两类福利水平的测度，我们将这些城市的非户籍福利水平和总福利水平的轨迹画在图 3 - 2 中，并分别作出两者的趋势线。图 3 - 2 的纵轴为城市的福利水平，横轴为将 288 个地级城市常住人口规模名次按由低到高的等距排序。轨迹点拟合出来的两条线性趋势线的位置与图 3 - 1 的两条线性曲线十分吻合。

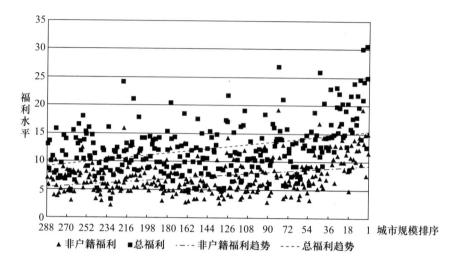

图 3－2　地级以上城市非户籍福利和总福利分布示意

进一步观察发现，总福利和非户籍福利的轨迹点在城市规模由低到高排序中，在位于前 40—50 名的位置有一个明显的提升，类似于一个逆时针旋转 90 度的字母 "L"。从中国城市规模体系看，排名前 40—50 名的城市的人口规模约为 300 万，包括人口 300 万以上的大城市和特大城市。这些城市是吸纳流动人口尤其是跨省流动人口的主力军，也是户籍管制最严格、户籍制度改革压力最大的地区。这些城市的非户籍福利水平普遍要高于很多中小城市的福利总水平（见表 3－5），具有吸纳大量中小城市的流动人口非户籍迁入的潜力。

由表 3－5 可以看出，相当多的人口 500 万以上的特大城市和人口 300 万—500 万的大城市其非户籍福利水平要高于一半以上地级以上城市的总福利。如果考虑还有 1700 多个县城和数万个小城镇，总福利低于特大城市和部分大城市非户籍福利的城市数量还要多很多。如果流动人口的迁移城市选择是以获得福利最大化为目标的话，这些非户籍福利水平高于大多数中小城市总福利的城市将是首选。换句话说，在不考虑迁移成本、地域文化等其他因素的情况下，

表 3-5　　　　　特大城市和部分大城市的福利优势

城市	非户籍福利水平值	总福利低于该城市非户籍福利的地级以上城市占比（％）	城市	非户籍福利水平值	总福利低于该城市非户籍福利的地级以上城市占比（％）	城市	非户籍福利水平值	总福利低于该城市非户籍福利的地级以上城市占比（％）
人口 500 万以上的特大城市								
1. 上海	11.5	48.3	7. 东莞	14.5	76.7	13. 西安	12.2	57.3
2. 北京	14.9	79.2	8. 成都	9.7	32.3	14. 沈阳	10.5	40.3
3. 重庆	7.6	13.9	9. 南京	12.1	55.6	15. 苏州	12.4	59.9
4. 天津	14.8	75.3	10. 佛山	10.1	35.4	16. 哈尔滨	13.2	65.3
5. 广州	13.3	66.7	11. 杭州	13.9	69.1	17. 郑州	10.8	44.4
6. 深圳	19.4	91.3	12. 武汉	13.5	67.4	18. 汕头	8.8	24.2
人口 300 万—500 万的大城市								
19. 青岛	12.3	58.7	27. 长沙	14.2	72.6	35. 唐山	6.3	6.6
20. 石家庄	8.5	22.2	28. 南宁	11.2	46.9	36. 温州	13.1	68.4
21. 济南	11.5	47.9	29. 无锡	11.0	45.8	37. 贵阳	8.1	17.7
22. 长春	8.6	23.3	30. 宁波	13.0	63.5	38. 徐州	8.1	17.7
23. 合肥	16.5	85.4	31. 太原	10.7	42.7	39. 淄博	6.9	9.4
24. 大连	16.9	86.8	32. 南昌	9.7	33.0	40. 中山	9.6	32.2
25. 昆明	9.9	33.7	33. 乌市	12.2	59.0	41. 福州	14.3	75.0
26. 厦门	12.8	53.5	34. 常州	9.9	33.7			

在总福利显著低于大城市非户籍福利的中小城市放开落户门槛，将无法吸引流动人口前来落户，户籍改革成效大打折扣；反之，特大城市和部分大城市即使严控户籍，也仍然会有大量流动人口迁入，借助户籍来控制人口规模的政策目标也难以实现。

在城市之间发展水平失衡的条件下，非户籍福利水平较高的特大城市和规模较大的大城市已经成为非户籍人口主要的集中地。例如，北京市市辖区 2054 万常住人口中，有 792 万外来非户籍人口；上海 2350 万市辖区常住人口中，有 980 万外来非户籍人口；深圳市 1070 万常住人口中，有 738 万外来非户籍人口。在这些外来非户籍人口中，绝大多数是农民工。由于没有城市户籍，其融入城市实现永久性迁移的身份障碍无法消除。然而大城市所能提供的非户籍福利使他们的这种不转移户籍身份的，同时也是非永久性的迁移模式成为一种可以接受的人生规划：农民工在年轻时由于自身健康状况良好、家庭负担较轻，可以接受没有户籍福利的现实，他们并不寻求融入城市、成为市民，而只是想在趁自己年轻时，到大城市利用其更多的就业机会和更高的工资尽快完成积累，待日后因年纪增长而无法承受没有城市户籍福利的生活工作条件时，能够返回农村或家乡附近的小城镇盖房、置业。

应该看到，农民工的这种迁移模式的形成是与城市之间发展水平的失衡密切相关的，他们本可以在均衡型城镇化模式下有序地、逐渐地向中小城市转移，并通过在当地工作生活一段时间后满足落户条件而转移户口，成为市民，但大城市与小城市经济社会发展水平的差距使得这种有序地、逐渐地转移难以实现。大城市的非户籍福利是如此之高以至于农民工愿意暂时地获取，小城市的户籍福利是如此之低以至于放开获取限制也无人问津。农民工的这种向大城市非户籍迁移，是一种短期的比较利益驱动的行为，无法享受城市户籍福利，使其最终难以在城市定居，因而迁移具有非永久性特征。而城市福利双重差异条件下所引发的农民工向大城市的过度集中，使农民工群体在总体上实现永久性迁移的比例很低，长期持续必然会损害城镇化的质量。

对于特大城市和部分大城市的地方政府来说，当仅仅是非户籍福利水平也足以吸引人口迁入时，自然没有必要为外来人口提供户籍福利待遇。尤其是在当前以 GDP 增长为中心的政绩考核体制下，最大限度地招商引资拉动经济增长是地方政府工作的第一要务，把本应给外来人口提供户籍福利的财政资金转而用于提供更好的基础设施、营商环境、社会秩序等公共服务，既能吸引外部企业投资，又不影响人口迁入（这些公共服务本身属于非户籍福利范畴），地方政府当然乐意为之。因此，在这些大城市面对大量外来人口涌入的时候，城市政府的理性选择必然是加强户籍管制。由此我们可以看清城镇化双重失衡之间的逻辑关系：城市之间发展水平的失衡导致了人口向少数大城市过度集中，大城市地方政府从自身利益出发倾向于严控户籍，造成特大城市和部分大城市内部基于户籍身份的福利分配失衡。简言之，即城市之间的失衡导致了城市内部的失衡。

第四节　集中型城镇化模式下的
人口迁移特征

前面我们借助城市福利指数，说明了在城镇化双重失衡条件下人口迁移的基本特征。由于规模较大城市的非户籍福利水平普遍高于规模较小城市的户籍和非户籍福利水平之和，使得流动人口有向规模较大的城市集中的趋势，并形成了集中型的城镇化模式。但是，这种分析相对来说还比较粗糙：仅仅按照人口规模对城市进行划分，并以规模大小作为判断城市福利水平高低的标准和人口迁移的决定因素显然不够全面。因此，我们将结合城市规模，并依据城市福利的相对水平、迁入人口数量和流动范围等因素，对地级以上城市进行进一步分类的基础上，深入分析中国集中型城镇化模式下人口迁移的一些具体特征。

一　四类城市的划分

我们按照城市福利与其他城市的相对水平、迁入人口的来源地以及城市的人口规模和行政级别将全国 339 个地级以上城市分为四类，如表 3 - 6 所示。

表 3 – 6   不同迁入人口集中类型的城市

类型	城市福利	迁入人口来源	典型城市名单	城市数量	占全国流动人口比重（%）
Ⅰ东部发达地区特大城市	非户籍福利水平高于全国多数城市的总福利水平	跨省迁入人口为主，省内跨县（市）和本县（市）内迁入人口为辅	北京、天津、上海、南京、苏州、杭州、广州、深圳、汕头、佛山、东莞	11	25.3
Ⅱ东部发达地区除特大城市之外的城市			无锡、常州、镇江、南通、宁波、温州、嘉兴、绍兴、金华、台州、湖州、舟山、福州、厦门、漳州、莆田、泉州、惠州、江门、中山、珠海	21	13.9
Ⅲ中西部地区和东部欠发达地区的省会和副省级城市	非户籍福利高于本省内多数城市的总福利，低于全国多数城市总福利	省内跨县（市）迁入人口为主，跨省和本县（市）内迁入人口为辅	石家庄、太原、呼和浩特、沈阳、大连、长春、哈尔滨、合肥、南昌、济南、青岛、郑州、武汉、长沙、南宁、海口、重庆、成都、西安、贵阳、昆明、兰州、银川、西宁、乌鲁木齐	25	19.2
Ⅳ中西部地区和东部欠发达地区非省会城市	总福利低于其他城市的非户籍福利	本县（市）范围内迁入人口为主	吕梁、开封、十堰、常德、新余、雅安、曲靖、延安、天水、赤峰、枣庄、徐州、清远、抚顺、延吉等	282	41.6

注：（1）特大城市为市辖区常住人口规模在 500 万人以上的城市。（2）东部地区包括北京、天津、河北、辽宁、吉林、黑龙江、上海、江苏、浙江、福建、山东、广东、海南等省份；东部发达地区包括京津、长三角、珠三角、闽东南地区；东部欠发达地区包括河北、山东、辽宁、吉林、黑龙江、海南全省，以及江苏北部、浙江西部、福建西北部、广东西部和北部的市，下同。

Ⅰ类城市为东部发达地区的特大城市，包括北京、天津、上海、南京、苏州、杭州、广州、深圳、汕头、佛山和东莞11个城市。这类城市的非户籍福利水平要高于全国多数城市的总福利水平，迁入人口以跨省迁入人口为主、省内跨县（市）和本县（市）内迁入人口为辅，总迁入人口数量占全国总流动人口数量的 25.3%。

Ⅱ类城市为东部发达地区除特大城市之外的其他城市，包括无锡、常州、镇江、南通、宁波、温州、嘉兴、绍兴、金华、台州、湖州、舟山、福州、厦门、漳州、莆田、泉州、惠州、江门、中山和珠海 21 个城市。这类城市的非户籍福利水平也要高于全国多数城市的总福利水平，迁入人口也是以跨省迁入人口为主、省内跨县（市）和本县（市）内迁入人口为辅，总迁入人口数量占全国总流动人口数量的 13.9%。

Ⅲ类城市为中西部地区和东部欠发达地区的省会和副省级城市，包括石家庄、太原、呼和浩特、沈阳、大连、长春、哈尔滨、合肥、南昌、济南、青岛、郑州、武汉、长沙、南宁、海口、重庆、成都、西安、贵阳、昆明、兰州、银川、西宁和乌鲁木齐 25 个城市。这类城市的非户籍福利与全国范围内其他城市的总福利相比并没有明显的竞争力，但高于本省内多数城市的总福利，迁入人口以省内跨县（市）迁入人口为主，跨省和本县（市）内迁入人口为辅，总迁入人口数量占全国总流动人口数量的 19.2%。

Ⅳ类城市为中西部地区和东部欠发达地区非省会城市，包括除上述三类城市之外的其他地级城市，共 282 个。这类城市的总福利水平较低，普遍低于上述三类城市的非户籍福利水平，迁入人口以本县（市）范围内迁入人口为主，总迁入人口数量占全国总流动人口数量的 41.6%。

我们来逐一分析以下这四类城市。对于 11 个 Ⅰ 类城市，这些城市的人口规模均在 500 万以上，地处中国经济最为发达的区域板块，是京津、长三角和珠三角的核心城市，规模效益发挥充分，并且行政级别较高，在资源配置中处于十分有利的地位。作为改革开放后最先发展起来的城市，其城市的福利水平在全国范围内处于顶层。由表 3 - 7 可以看出，这些城市的非户籍福利水平普遍超过全国大多数城市。在城镇化双重失衡的条件下，形成了对以农业转移人口为主的流动人口的强大吸引力，因此拥有为数众多的非户籍人口。

从迁入人口的来源地看，跨省迁移是这类城市中迁入人口的主体。11 个城市中，多数城市的跨省迁入人口在该市全部流动人口中占 60% 以上，跨省迁入人口达到 4173 万，占该市全部流动人口的64.1%，占全国总跨省流动人口的 49%。省内跨县（市）迁入人口有 1585 万，占全省内跨县（市）人口的 24.3%。跨省迁入和省内跨县（市）迁入人口之和占这类城市总迁入人口的 88.4%，占全国跨越县（市）区域异地迁移的流动人口总数的 34.2%，占全国流动人口总数的 22.4%。也就是说，这类城市吸纳了全国约 1/3 的异地转移流动人口和约 1/4 的总流动人口。

表 3 – 7　　　　　　　　　　Ⅰ 类城市的迁入人口特征

城市	在全国范围内总福利低于该城市非户籍福利的地级以上城市占比（%）	跨省迁入人口（万人）	省内跨县（市）迁入人口（万人）	本县（市）内迁入人口（万人）	跨省迁入人口占该市全部流动人口比重（%）	省内跨县（市）迁入人口占该市全部流动人口比重（%）	跨省迁入人口占全国跨省流动人口比重（%）	省内跨县（市）迁入人口占全省内跨县（市）人口比重（%）
北京	79.2	704	187	158	67.1	17.8	7.92	—
天津	75.3	299	87	110	60.3	17.5	3.36	—
上海	48.3	898	204	167	70.8	16.1	10.10	—
南京	55.6	87	138	49	31.8	50.4	0.98	23.0
苏州	59.9	315	137	41	63.9	27.8	3.55	22.8
杭州	69.1	174	110	57	51.0	32.3	1.96	31.9
广州	66.7	300	242	73	48.8	39.3	3.38	24.4
深圳	91.3	580	248	24	68.1	29.1	6.52	25.1
汕头	24.2	32	19	25	42.1	25.0	0.36	2.0
佛山	35.4	250	108	29	64.6	27.9	2.81	10.9
东莞	76.7	533	105	20	81.0	16.0	6.00	10.6
合计	—	4173	1585	753	64.1	24.3	49.0	17.8

资料来源：第六次全国人口普查。

对于 21 个 Ⅱ 类城市,这些城市的人口规模在 500 万以下,未达到特大城市标准,但常住人口规模也普遍达到了 100 万以上,按照城市规模划分标准属于大城市。同 Ⅰ 类城市一样,这些城市也是地处中国经济最为发达的区域板块,相对来说是区域经济的次中心,是紧邻区域中心城市的外围。借助中心城市的辐射带动作用,这些城市的经济社会发展水平也达到了相当高的水准。由表 3 - 8 可见,这些城市的非户籍福利水平普遍也超过了全国相当多的城市,形成了对全国其他地方转移人口的较强吸引力,有着相对较多的非户籍人口。

从迁入人口的来源地看,同 Ⅰ 类城市一样,跨省迁移同样是这些城市迁入人口的主体。在 21 个城市中,多数城市的跨省迁入人口在该市全部流动人口中占 50% 以上,跨省迁入人口总数达到 1984 万,占该市全部流动人口的 55.5%,占全国总跨省流动人口的 23.3%。省内跨县(市)迁入人口 851 万,占全省内跨县(市)人口的 23.8%。跨省迁入和省内跨县(市)迁入人口之和占这类城市总迁入人口的 79.3%,略低于 Ⅰ 类城市,占全国跨越县(市)异地迁移的流动人口的 16.8%,占全国流动人口的 11.0%。Ⅰ 类城市和 Ⅱ 类城市合计的跨越县(市)迁入人口占全国跨越县(市)迁入人口的 51%,占全国流动人口的 33.4%。也就是说,作为中国经济发达地区的中心城市和次中心城市 Ⅰ 类和 Ⅱ 类共 32 个城市,吸纳了全国一半以上的异地转移流动人口和 1/3 的总流动人口。

对于 25 个 Ⅲ 类城市,这些城市全部是中西部地区和东部欠发达地区的省会和副省级城市,其中有 7 个城市的人口规模在 500 万以上,属于特大城市。这些城市普遍位于经济欠发达的区域,但由于行政级别较高,资源配置能力较强,自身发展基础较好,是区域经济"洼地"中的"高地"。因此,从全国范围看,尤其是跟前两类城市相比,这些城市的福利水平并没有非常强的竞争力,但是在所在省份内部却有着明显的优势。由表 3 - 9 可以看出,这些城市的非户籍福利水平普遍高于所在省全省范围内其他城市的总福利水平,形成了对省内流动人口的集聚吸纳力量。

表 3-8   Ⅱ类城市的迁入人口特征

城市	在全国范围内总福利低于该城市非户籍福利的地级以上城市占比（%）	跨省迁入人口（万人）	省内跨县（市）迁入人口（万人）	本县（市）内迁入人口（万人）	跨省迁入人口占该市全部流动人口比重（%）	省内跨县（市）迁入人口占该市全部流动人口比重（%）	跨省迁入人口占全国跨省流动人口比重（%）	省内跨县（市）迁入人口占全省内跨县（市）人口比重（%）
无锡	45.8	129	85	33	52.2	34.4	1.51	14.2
常州	33.7	81	62	24	48.5	37.1	0.94	10.3
南通	47.8	33	31	38	32.4	30.4	0.39	5.1
镇江	74.4	29	28	27	34.5	33.3	0.33	4.7
宁波	63.5	198	61	56	62.9	19.4	2.32	17.6
温州	68.4	273	51	91	65.8	12.3	3.19	14.9
嘉兴	29.4	112	18	27	71.3	11.5	1.32	5.2
湖州	27.7	45	9	21	60.0	12.0	0.53	2.6
绍兴	18.0	91	19	49	57.2	11.9	1.06	5.6
金华	13.5	122	26	44	63.5	13.5	1.43	7.4
舟山	58.5	21	7	14	50.0	16.7	0.25	2.0
台州	21.5	122	20	46	64.9	10.6	1.43	5.9
福州	75.0	79	97	61	33.3	40.9	0.92	27.0
厦门	53.5	102	97	16	47.4	45.1	1.20	26.8
泉州	62.3	19	17	16	36.5	32.7	0.22	4.7
莆田	14.8	169	71	51	58.1	24.4	1.98	19.8
漳州	26.6	21	23	27	29.6	32.4	0.24	6.3
珠海	91.0	36	23	15	48.6	31.1	0.42	2.3
江门	12.8	52	24	35	46.8	21.6	0.60	2.5
惠州	29.1	117	50	39	56.8	24.3	1.37	5.0
中山	32.2	132	33	11	75.0	18.8	1.55	3.3
合计	—	1984	851	741	55.5	23.8	23.3	9.2

资料来源：第六次全国人口普查。

表 3 - 9　　　　　　　　　　　Ⅲ类城市的迁入人口特征

城市	在全省范围内总福利低于该城市非户籍福利的地级以上城市占比（%）	跨省迁入人口（万人）	省内跨县（市）迁入人口（万人）	本县（市）内迁入人口（万人）	跨省迁入人口占该市全部流动人口比重（%）	省内跨县（市）迁入人口占该市全部流动人口比重（%）	跨省迁入人口占全国跨省流动人口比重（%）	省内跨县（市）迁入人口占全省内跨县（市）人口比重（%）
石家庄	9.1	20	71	63	13.0	46.1	0.23	26.9
太原	70.0	28	82	45	18.1	52.9	0.33	37.4
呼和浩特	12.5	17	93	29	12.2	66.9	0.20	34.1
沈阳	16.7	43	125	73	17.8	51.9	0.50	34.6
大连	92.3	78	86	54	35.8	39.4	0.91	23.8
长春	14.3	22	76	79	12.4	42.9	0.25	53.9
哈尔滨	36.4	19	94	94	9.2	45.4	0.23	42.5
合肥	93.3	20	128	47	10.3	65.6	0.23	43.3
南昌	30.0	19	72	48	13.7	51.8	0.23	49.5
济南	43.8	25	98	52	14.3	56.0	0.29	19.5
青岛	56.3	59	120	68	23.9	48.6	0.69	23.9
郑州	62.5	25	175	71	9.2	64.6	0.29	44.7
武汉	81.8	53	224	107	13.8	58.3	0.61	59.8
长沙	66.7	23	119	56	11.6	60.1	0.27	39.6
南宁	84.6	22	106	38	13.3	63.9	0.26	36.4
海口	50.0	30	43	16	33.7	48.3	0.35	84.6
重庆	52.9	82	173	162	19.7	41.5	0.96	93.1
成都	82.4	60	327	82	12.8	69.7	0.70	60.1
贵阳	60.0	27	90	34	17.9	59.6	0.32	49.1
昆明	71.4	45	122	38	22.0	59.5	0.52	61.7
西安	77.8	59	122	54	25.1	51.9	0.68	56.7
兰州	63.6	21	58	37	18.1	50.0	0.24	49.2
西宁	100.0	18	29	13	30.0	48.3	0.21	62.3
银川	75.0	25	33	19	32.5	42.9	0.29	60.4
乌鲁木齐	100.0	69	62	19	46.0	41.3	0.80	52.1
合计	—	2606	5128	1743	18.1	54.2	10.7	47.9

资料来源：第六次全国人口普查。

从迁入人口的来源地看，省内跨县（市）迁入人口是这类城市迁入人口的主体。25 个城市中，多数城市的省内跨县（市）迁入人口在总迁入人口中占 50% 以上，省内跨县（市）迁入人口总数达到 2728 万人，占这类城市总迁入人口的 54.2%，占所在省全省省内跨县（市）迁入人口的 47.9%。跨省迁入人口 909 万，占这类城市总迁入人口的 18.1%，相对前两类城市大幅降低。跨省迁入和省内跨县（市）迁入人口之和占这类城市总迁入人口的 72.3%，占全国跨越县（市）区域异地迁移的流动人口的 21.5%，占全国流动人口的 14.4%，同样是异地迁移人口较为集中的一类城市。

对于 285 个Ⅳ类城市，这些城市全部是中西部和东部欠发达地区的非省会城市，从城市规模来看，包括大城市、中等城市和小城市。由于在区位上并不处于经济发达地区，城市的行政级别较低，经济社会发展水平相比前三类城市较差，城市福利水平相对前三类城市而言较低，甚至多数城市的总福利水平低于前三类城市的非户籍福利水平。因此，就跨区域异地迁移而言，这些城市是人口流出地，跨省和跨县（市）迁入人口在这类城市总迁入人口中数量较少、比例较小，285 个城市共 4692 万，占 43.9%。迁入人口主要是本地的农业转移人口，共 5998 万，占这类城市总迁入人口的 56.1%。总体来看，这类城市的迁入人口数量要远小于前三类城市，并且主要以本地农业转移人口为主。

二 人口集中的特征

结合前面对各类城市迁入人口流向特征的分析，我们对中国集中型城镇化模式下人口迁移的主要特征进一步总结如下：

（一）中国流动人口分布的总体格局呈现"流向集中、点状分布"的态势

如表 3-10 显示，跨省流动人口主要集中在京津、长三角和珠三角等少数几个增长点，也就是前两类城市。其中，Ⅰ类城市的跨省流动人口集中度最高，平均每个城市容纳了近 400 万跨省流动人口；Ⅱ类城市其次，平均每个城市容纳了约 100 万跨省流动人口。

这 32 个城市所容纳的跨省流动人口占全国跨省流动人口的 72.3%，凸显了全国人口的集中趋势。Ⅳ类城市平均每个城市容纳的跨省流动人口仅为 5 万人左右，跨省迁移人口数量远低于前三类城市，基本没有形成对外省劳动力的吸纳作用。

表 3 – 10　　　　　　　　　　Ⅳ四类城市迁入人口特征比较

城市	城市数量	跨省迁入人口（万人）	省内跨县（市）迁入人口（万人）	本县（市）内迁入人口（万人）	跨省迁入人口占全国跨省流动人口比重（%）	省内跨县（市）迁入人口占全国省内跨县（市）流动人口比重（%）	本县（市）内迁入人口占全国本县（市）内流动人口比重（%）
Ⅰ类城市	11	4173	1585	753	49.0	19.0	8.5
Ⅱ类城市	21	1984	851	741	23.3	10.2	8.4
Ⅲ类城市	23	909	2728	1398	10.7	32.6	15.8
Ⅳ类城市	285	1476	3216	5998	17.0	38.4	67.4

资料来源：第六次全国人口普查。

　　省内跨县（市）流动人口具有向省会和副省级城市集中的趋势，尤其是在中西部省份和东部欠发达地区的省份，即Ⅲ类城市。23 个中西部省份和东部欠发达地区省份的省会和副省级城市，平均每个城市容纳的省内跨县（市）流动人口约 120 万。此外，Ⅰ类城市和Ⅱ类城市也是省内跨县（市）流动人口的重要集中地，这两类共 33 个城市平均每个城市容纳的省内跨县（市）流动人口达到 76 万。而Ⅳ类城市平均每个城市的省内跨县（市）流动人口仅为 11 万左右，远低于前三类城市。

　　本县（市）内迁入人口集中在中西部地区和东部欠发达地区的非省会城市，即Ⅳ类城市。这类地区所吸纳的本地转移人口占全国本地转移人口总数的 67.4%，是流动人口近距离转移的首选。由于这类地区城市数量较多,每个城市的流动人口数量并不多,在全国范围内分布较为分散。因此,从流动人口分布的总体格局来看,呈现出向发达地区的城市和行政级别较高的省会及副省级城市集中的态势。

(二)特大城市在吸引人口迁入方面优势明显

常住人口在500万以上的特大城市全国共有18个,分属Ⅰ类城市和Ⅲ类城市。18个特大城市所容纳的跨省迁入人口共4514万,省内跨县(市)迁入人口共2825万,两者之和即异地迁移流动人口7339万,平均每个城市408万人,远高于全国平均的每个城市50万人,异地迁移人口在全国总异地迁移人口中占43.4%。此外,特大城市在吸纳本地转移劳动力数量上也要多于全国平均水平,18个特大城市平均每个城市吸纳的本地转移人口为78万,而全国平均每个城市吸纳的本地转移人口为26万。可见,无论是异地迁移还是本地迁移,特大城市所容纳的流动人口数量均远超全国平均水平,人口迁移的集中化态势十分明显。

集中化不仅体现在人口规模上,特大城市人口集中化的趋势还在持续。随着异地迁移人口不断地进入少数特大城市,使特大城市的人口规模进一步膨胀,拉开了与其他城市之间的规模差距。我们基于1990年、2000年、2010年三次全国人口普查数据绘制出城市人口规模分布的核密度图(见图3-3、图3-4和图3-5),可以看出,从1990—2010年这20年时间里,中国人口集中的趋势在逐渐增强,特大城市与其他城市在人口规模上的差距越发明显,城市体系的首位度在提高。这一点也可以从衡量城市集聚程度的帕累托指数近年来在持续缩小上看出来(余吉祥等,2013)。

再次,中等规模城市发展不足突出了城市体系的失衡。从上面三幅图我们可以看出,人口规模在100万—500万的城市数量并没有同特大城市的人口同时增加。近20年的人口迁移模式,大体上是人口从农村和中小城市流出之后,跨过人口100万—500万的城市,直接进入了人口500万以上的特大城市。表3-11显示了从"五普"

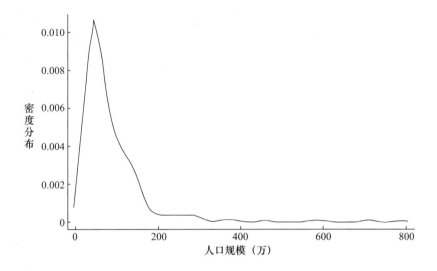

图 3 - 3　我国城市规模分布的核密度（1990 年）

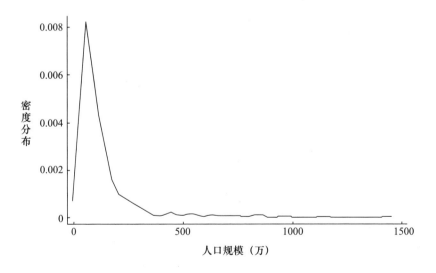

图 3 - 4　我国城市规模分布的核密度（2000 年）

到"六普"期间中国城市规模等级变化情况。可以看出，100 万人口以下的城市和 500 万人口以上的城市人口总量占比都较大，城市

单元数较多；而人口在 100 万—500 万的中等规模城市①的人口数量
占比和城市单元数都相对较少，并且从 2000—2010 年，这一人口规
模范围的城市人口数量份额略有下降，城市单元数的增加相对较
少。研究表明，人口规模在 100 万—500 万范围的城市具有最高的
效率，而人口迁移集中化趋势所导致的这种大城市过大、小城市过
多的态势对城市规模经济效率的实现有着十分不利的影响。

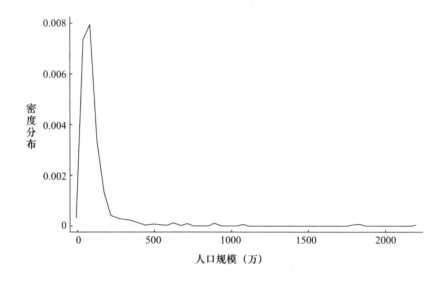

图 3 – 5　我国城市规模分布的核密度（2010 年）

　　我们可以从图 3 – 2 找到出现这种大城市过大、小城市过多趋势
的原因：一方面，由于特大城市和部分大城市的非户籍福利水平高
于大多数其他城市的总福利水平，使得这些城市得以超常规地从其
他城市和农村地区吸引转移人口，从而形成了Ⅰ类城市和Ⅲ类城市
中的特大城市这些跨省和省内跨县（市）迁移人口集中地，导致特

①　按照国务院 2014 年印发的《关于调整城市规模划分标准的通知》，中等城市人口
规模为 50 万—100 万，此处将人口规模在 100 万—500 万的城市定义为中等城市，是从学
术研究的角度相对笼统的说法，并非严格的城市规模标准划分。

大城市的人口规模持续增大。另一方面，作为城市主体的非特大城市，尤其是Ⅳ类城市，城市之间的福利水平相差无几，很少出现某些城市的非户籍福利高于另一些城市的总福利的情况，因此外来迁入人口的数量很少。城市人口的增加主要依靠从本地的农村地区转移部分农业人口，规模提升幅度有限，再加上这些城市还要面临人口向特大城市流出的问题，从而进一步限制了人口规模的提升，导致很难跨过100万常住人口的门槛。

表3-11　"五普"到"六普"期间中国城市规模等级变化情况

	2000 年单元数	2010 年单元数	10 年城镇人口增长率（%）	2000 年份额（%）	2010 年份额（%）
20 万以下	1746	1481	10.1	26.0	19.5
20 万—50 万	360	578	61.0	23.8	26.1
50 万—100 万	92	154	70.3	13.5	15.7
100 万—200 万	40	43	1.5	12.1	8.3
200 万—300 万	8	17	98.9	4.5	6.1
300 万—500 万	9	13	35.4	7.6	7.0
500 万以上	7	14	104.7	12.4	17.2
合计	2262	2300	47.0	100.0	100.0

注：因四舍五入，各分项百分比之和不等于100%。

资料来源：第五次和第六次全国人口普查。

最后，较高的行政级别是城市吸引人口迁入的重要因素。表3-12显示了"五普"到"六普"期间我国各类城市市辖区常住人口规模变化情况。可以看出，行政级别最高的4个直辖市在这10年间常住人口总量增长了2569万，增长59.7%；31个省会和计划单列城市的常住人口规模增长了2856万，增长28.3%；236个地级市常住人口规模增长了2983万，增长13.0%；359个县级市常住人口规模增长了1382万，增长6.1%。从每个城市的平均增长量和增幅来看，明显具有随行政级别的提高而升高的趋势。高行政级别的城市集中了更多的社会优质资源，如重点院校、三甲医院和企业总部等，并且依靠行政力量可以获得更强的资源再分配能力，城市的非户籍福利和户籍福利均远高于行政级别较低的城市，在城市之间的人口吸引力竞争中必然占据优势地位。

表 3 – 12　　"五普"到"六普"期间我国各类城市市辖区
常住人口规模变化情况

	2000 年总常住人口（万）	2010 年总常住人口（万）	2000—2010 年总常住人口增量（万）	2000—2010 年总常住人口增长率（％）
4 个直辖市	4305	6874	2569	59.7
31 个省会和计划单列市	10087	12943	2856	28.3
236 个地级市	22863	25846	2983	13.0
359 个县级市	22695	24077	1382	6.1

资料来源：第五次和第六次人口普查数据。

第五节　再论中国的城镇化率

在集中型城镇化模式下，农业转移人口尤其是跨区域的农业转移人口主要集中在少数规模较大的城市，因而拉动城镇化水平提高的主要力量也集中在这些规模较大的少数城市上，中小城市面临规模不足困扰。虽然较高的非户籍福利水平足以吸引农村劳动力迁入，但大城市户籍福利的缺失将作为非劳动力农业转移人口的农民工家属将难以随同迁入，城镇化将表现出低效、排斥、不可持续的特征。在本书的开头，我们讨论过应如何看待中国的城镇化水平。我们指出，虽然从数据上中国的城镇化率及其提升速度均符合世界城镇化率"S"形曲线的描述，这一数据的背后则是另一套不同的逻辑。在讨论了城镇化的双重失衡及其作用下人口迁移的特征之后，我们将在对新增城镇人口的来源及其结构进一步分析的基础上加深这一特征的认识，并形成对中国城镇化当前和未来发展中存在的问题更为理性的判断。

一　农业转移人口对城镇化率提升的贡献

城镇每年新增人口的来源包括三个部分：一是城镇人口的自然增长；二是由农村人口向城镇的转移；三是由于乡村变为城镇而导致的城镇人口增长。对于第一部分城镇人口的自然增长数量，很容易从统计年鉴中得到。第二部分农村向城镇迁移的人口，主要包括农民工及其随迁家属和普通高校农村籍新生两部分。农民工分为在户籍所在地乡镇从事非农就业的本地农民工和离开户籍所在乡镇从事非农就业的外出农民工，其中外出农民工是我们通常所说的进城农民工，属于农业转移人口，应计算在新增城镇人口中，而在本地农民工中只有在"镇"务工的才应计算在城镇人口中，在"乡"务工的不能计入。但由于无法将在"镇"务工的与在"乡"务工的农民工分开，我们姑且将所有本地农民工都计入城镇人口。农民工随迁家属主要以随迁子女为主，这部分人数和普通高校新生均可以在教育年鉴中查到。[①] 对于第三部分，由于乡村变为城镇而导致的城镇人口增长，可以通过将每年新增城镇人口减去前两部分得到。我们按照上述方法将新增城镇人口的来源结构整理出来，见表 3－13 所示。

可以发现，近年来我国城镇人口的年增长量大约在 2000 万，其中城镇自然增长人口和普通高校农村籍新生均为 300 万—400 万，新增农民工随迁子女为每年 140 万左右。新增农民工人数呈现明显的下降趋势，新增本地农民工由最初几年的 500 万左右下降到近几年的 300 万左右，新增外出农民工由 2010 年最高时的 800 万左右下降到 2016 年的 50 万。而在扣除由城镇人口自然增长、新增农民工

---

① 义务教育阶段在校生中进城务工人员随迁子女共 1277 万人，因此九年义务教育平均每个年级的在校生约为 142 万人（1277/9＝142），可以此近似代替每年新增进城农民工随迁子女数量。

表 3 – 13　　　　　　　　我国新增城镇人口来源结构情况　　　　　单位：万人

年份	(1) 新增城镇人口	(2) 城镇自然增长人口	(3) 新增外出农民工	(4) 新增本地农民工	(5) 新增农民工随迁子女	(6) 普通高校农村籍新生	(7) 由乡村变为城镇导致的城镇人口增长
2009	2109	304	492	− 56	142	384	843
2010	2466	309	802	443	142	397	373
2011	2101	321	528	527	142	409	174
2012	2103	342	473	510	142	413	223
2013	1929	350	274	359	142	420	384
2014	1805	380	211	290	142	433	349
2015	2200	372	63	289	142	434	900
2016	2182	452	50	374	142	424	740

注：(7) = (1) − (2) − (3) − (4) − (5) − (6)；城镇人口自然增长率用全国人口的自然增长率代替；普通高校农村籍新生用每年的普通高校招生人数乘以 60%得到。[1]

资料来源：《中国统计年鉴》《农民工调查监测报告》《中国教育统计年鉴》。

及其随迁子女、普通高校农村籍新生这几部分之后，还有一个差额，即由城镇面积扩大所带来的城镇人口增长［如表 3 – 14 中第 (7) 列］，这部分人群数量相当可观，最高年份达到 900 万。也就是说，城镇新增人口中有近一半是由乡村变为城镇所带来的，而农民工进城打工对城镇化率提升的贡献最高的年份只有不到 1/3，近两年更是下降到 1/8—1/7 的水平。考虑到外出农民工近两年只有 63 万和 50 万，相对于 2000 多万的新增城镇人口来说，微乎其微，这意味着跨省迁移、省内跨县（市）迁移并且一部分本县（市）内部就地转移的农业人口，在城镇化率提升的贡献统计中，已经可以

---

① 由于缺乏普通高校农村籍新生比例的数据，本书采用近似值代替。根据教育部学生司官员接受媒体采访时的透露，2011 年普通高校新生中农村籍学生比例为 60%，以此作为 2009—2014 年该比例的近似值。

忽略不计了。这一结果显然与人们过去对城镇新增人口来源结构的
认识有所不同。

表 3-14　　　　　我国新增城镇人口就业结构情况　　　　单位：万人

年份	（1）新增城镇人口	（2）新增城镇就业	（3）新增农民工随迁子女	（4）普通高校农村籍新生	（5）新增城镇未就业人数
2009	2109	1219	142	384	364
2010	2466	1365	142	397	562
2011	2101	1227	142	409	323
2012	2103	1118	142	413	430
2013	1929	1138	142	420	229
2014	1805	1070	142	433	160
2015	2200	1312	142	434	312
2016	2182	1314	142	424	302

注：（5）=（1）-（2）-（3）-（4）；普通高校农村籍新生用每年的普通高校
招生人数乘以 60% 得到。

资料来源：《中国统计年鉴》《中国教育统计年鉴》。

对于由乡村变为城镇所带来的城镇新增人口，可以进一步细分
为两个部分：一是由城乡地域重新划定所带来的城市面积扩大；二
是由"撤村并居"也就是通常所说的农民上楼而实现的。我们首先
来看第一部分。

在 2000 年第五次人口普查以前，我国确实存在城乡划分标准不
科学，与国际上通行的原则不接轨的问题，各地通过行政手段扩大
城镇辖区，纳入实际上的乡村人口提高城镇化率的现象确实存在。
但在第五次人口普查中，我国采用的城乡划分标准和统计进行了重
大改革，开始采用以建制市和建制镇为基础，通过划定建制市镇建
成区的实际延伸范围来划定城乡界限的做法。国家统计局在 2006 年

发布了《关于统计上划分城乡的暂行规定》，对城乡划分标准做出了调整；2008 年再次对城乡划分标准做出调整，基本形成了与国际上所通行的连续建成区原则相一致的城乡区划标准，这一标准较好地反映了城镇的本质特征，也在相当程度上解决了统计数据因城乡划分标准不科学而夸大城镇人口规模的问题。

因此，表 3 - 14 中第（7）列因乡村变为城镇而新增的人口，主要是由第二部分即通过"撤村并居"使农民上楼居住实现的，或者说这部分人是通过行政手段"被城镇化"的。这部分由行政力量推动的城镇化在每年的城镇新增人口中占据相当比重，2008—2016 年 8 年间累计达 3996 万人，远超同期新增外出农民工数量 2893 万人，但相比农民工在政策制定中所受到的关注度，这部分人群显然有所被忽视。因"撤村并居"而城镇化的人口具有的一个共同特点是没有实现城镇就业。表 3 - 14 列出了近年来我国新增城镇人口的就业结构情况，将新增城镇人口扣除新增城镇就业、新增农民工子女和普通高校农村籍新生，所得到的差额就是实现了城镇化而没有实现就业的新增城镇人口。可以发现，表 3 - 13 第（7）列与表 3 - 14 第（5）列在数量上有着较高的吻合度，这也印证了我们的观察。

大量未就业城镇人口在城乡接合部产生，显然不是高质量城镇化的特征，通过赶农民上楼的方式实现快速的城镇化也绝非高质量城镇化发展的一般规律。相反，这种在快速城镇化进程中不断制造出大量的未就业城镇人口的状况反而是一些发展中国家失败的城镇化的普遍特征。以这种方式实现的城镇化使城镇化率指标部分失去了意义，因为本来是一个由市场经济发展过程中自发产生的现象变成了以政府行政力量而主导实现的政绩工程，城镇化率成了一个可以被行政力量轻易控制的指标。

按照世界城镇化的一般规律，一国的城镇化水平的提高一般会经历三个阶段，即城镇化率低于 30% 的初期阶段、30%—70% 的中期阶段、70% 以上的后期阶段。其中，初期和后期的城镇化率提升速度都较为平缓，中期则较为迅速，因此城镇化率轨迹类似于一条被稍微拉平了的"S"形曲线。那么，接下来的问题就是，作为正处在城镇化快速提升期的中国，应该如何看待这条国际经验曲线，并应该以何种方式走完"S"形曲线的后半程呢？

结合上一节我们对人口迁移流向特征的分析可知，跨区域异地迁移的流动人口主要集中在Ⅰ类、Ⅱ类和Ⅲ类城市，并且尤其是以这三类城市中的特大城市为主，而在本地范围内就地转移的流动人口则主要以Ⅳ类城市为主，这类城市主要是欠发达地区非省会的中小城市。从本节对新增城镇人口来源结构的分析可知，跨省迁移和省内跨县（市）迁移的农业转移人口数量对城镇化率提升的作用已经微乎其微，本地范围内就地转移以及通过城镇地域面积扩大和"村改居"等方式是城镇人口增加的主体。因此，属于前三类城市的特大城市和部分大城市在通过吸纳农业转移人口推动城镇化率提升的作用已经很小了，如北京、上海等特大城市的常住人口近几年甚至出现下降，而属于第四类城市的中小城市以及县城和小城镇则是吸纳农业转移人口的主力。众所周知，特大城市和部分大城市有着十分严格的户籍制度，而中小城市、县城和小城镇的户籍已经完全放开。但是，考虑到在城镇化双重失衡的条件下，特大城市和部分大城市的非户籍福利很高，使得农业转移人口并不在乎户籍福利的缺失，即使面对严格的户籍管制，也会选择迁入这些城市。因此，户籍制度似乎并不能解释农业转移人口区域流向的这种变化。那么，究竟是什么原因导致特大城市和部分大城市中的异地转移的农业人口增量减少，而中小城市农业人口的就地转移成为新增城镇人口的主体部分了呢？对此，我们需要进一步分析农业转移人口的结构。

二　农业转移人口的家庭结构

世界银行"增长与发展委员会"2007年的一份报告指出，中等收入国家要想通过可持续增长实现追赶并缩小与发达国家之间的差距，包容性发展是必要条件。这在从农业社会向工业化、信息化的城市社会转型的发展中国家，就意味着要能在大大减少农业人口的基础上发展规模经济的现代农业，同时又能保证农村转移人口能够普遍就业、住有所居，平等地享受市民权利，最终使农民工融入企业、子女融入学校、家庭融入社区、群体融入社会，避免将城乡二元结构在城市内部复制成为"新二元结构"。而这在发展中国家又恰恰是最难做到的。中国农村人口向城镇转移数量之多，是世界上任何一个国家所没有过的，中国的农业转移人口市民化问题的复杂程度之深，也是世界任何一个国家所无法比拟的，有效实现农业转移人口的市民化理所当然成为未来建设高质量城镇化的核心任务。

中国的农村劳动力向城镇转移与发达国家最大的不同之处，在于发达国家历史上的乡—城转移是举家迁移，而中国的农民工实现举家迁移只有两成左右，绝大多数并未携带家属。举家迁移和单身流动最大的区别就在于：前者是一种永久性迁移，移民家庭融入城市是一个必然的趋势，移民家庭的教育、就业、医疗卫生、社会保障和保证家庭发展所需的住房条件往往在一代人最多两代人之内就能实现，因此举家迁移往往和对户籍福利的需求相联系；后者是一种非永久性迁移，单身进城的劳动力往往只是把城市当作一个打工挣钱的场所，把自己作为城市的一个过客，而并不寻求融入城市，因而自然也就不会对教育、医疗等户籍福利有过高的需求。

我们通过统计数据来看农业转移人口的结构特征。根据农民工监测调查报告，当前在我国的外出农民工中，住户中外出的比例高达近八成，实现举家迁移的农民工只有两成左右。从人口学特征来看，男性农民工占据总数的 2/3，40 岁以下的青壮年劳动力占了约 60%（见图 3 - 6），有约 2/3 的农村义务教育学龄阶段儿童在农村留守①，进城务工的农业转移人口是以青壮年单身男性为主，留在农村的大多是作为农民工家属的老人、儿童和妇女，是农民工的家属。事实上，这些为数众多的农民工留守家属，正是中国与发达国家在相同的产业结构演进阶段城镇化水平差距较大的根源。

---

① 数据来源于《中国教育统计年鉴》。

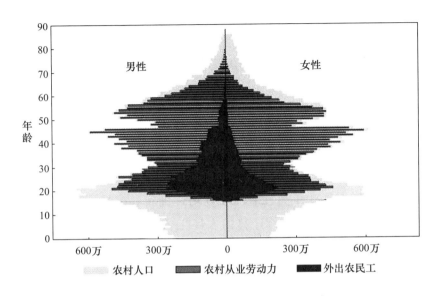

图 3 - 6　农民工的人口学特征

资料来源：国家统计局：《新生代农民工的数量、结构和特点》（2009）。

以家庭而非个人作为乡—城转移问题研究基本单位的做法，源自 20 世纪 80 年代兴起的新迁移理论（Stark and Bloom，1985）。对于影响家庭决定部分成员外出打工的影响因素，新迁移理论将其归纳为风险转移、经济约束和相对剥夺。[①] 只派出部分家庭成员进城务工，其余成员留守农村，这在世界上各发展中国家城镇化进程中都或多或少地存在，而中国农民工乡—城转移中留守家庭现象更为突出。如前所述，单身迁移者是以打工者的身份进城的，这些农村劳动力的保留效用很低，只要有高于农业经营收入的工资和工作机

---

　　① 风险转移是指在当地市场条件下，家庭收入是不稳定的，为了规避风险和使收入来源多元化，家庭会决定其部分成员外出打工或迁移，以减少对当地传统的或单一的收入来源的依赖。经济约束是指在当地市场条件下，许多家庭面临资金的约束和制度供给的短缺，例如，没有农作物保险，没有失业保险，也没有足够的信贷支持。为了突破这些发展的制约因素，家庭决定部分成员外出挣钱，以获得必要的资金和技术。相对剥夺是指家庭在做迁移决策时不仅考虑绝对预期收入水平，而且考虑相对于本社区或参照人群的收入水平，以减轻相对剥夺的压力，即使自家的收入水平有很大提高，但是，只要提高的程度不及参照人群，该家庭及其成员仍然有种相对剥夺的感觉，依然会决定迁移。

会，以及最基本的公共服务就足以吸引他们向城市转移。因此，特大城市和部分大城市较高的非户籍福利水平恰好满足了单身迁移的农业转移人口的需要，成为工业化和城镇化前中期农业转移人口主要的迁入地。

农业转移人口的这种单身进城务工模式持续了 20 多年。在带来城镇化率大幅度提高的同时，也使这种模式本身走到了尽头——青壮年男性农村劳动力已基本上转移完毕，留在农村的仅剩"386199部队"。而随着青壮年男性农村劳动力逐渐转移完毕，向特大城市和部分大城市跨区域异地迁移的农民工数量的增幅开始放缓。但是，长期的人口转移已经使集中型城镇化的模式固化，特大城市和部分大城市在规模经济效益作用下积累起的相对中小城市巨大福利优势难以撼动，从而仍然可以保有巨大的存量农业转移人口，而在大城市户籍管制十分严格的情况下，举家迁移模式依然难以实现。因此，在这种模式下，大城市已难以继续承担推动城镇化率提高的任务，这也就有了统计数据所反映出的新增城镇人口越来越多地由中小城市区域内就地转移实现的情形。由于中小城市面临的问题是经济发展和社会建设水平均不高，无法通过提供足够的就业岗位容纳数量庞大的农业转移人口，担负起推动城镇化率持续上升的任务。因此，我们就看到了大量的通过城镇面积扩大和"村改居"的方式变农民为市民，用行政手段推高城镇化率的做法。

显然，这种集中型城镇化模式是低效的，为数众多的中小城市因福利水平较低无法吸纳足够的劳动力迁入，只能靠扩大城市面积和"村改居"推动发展，造成土地的城镇化快于人口的城镇化，进一步降低了城市的集聚程度，使得规模经济效益无法发挥；这种集中型城镇化模式是排斥的，特大城市和部分大城市实施严格的户籍管制，虽然借助较高的非户籍福利仍然能够吸引农民工迁入，为城市建设提供了充足的劳动力，但因户籍福利的缺失而使举家迁移和市民化无法实现，城市只接受农村劳动力而不接受作为非劳动力的农民工家属，造成了半城镇化和伪城镇化；这样的城镇化还是不可持续的，以农民工家属为主的大量农村待转移人口因福利缺失无法随异地迁移的农民工进入大城市生活，使得大城市人口进一步提升的动力不足，而中小城市又无法提供其乡—城转移足够的拉力，城镇化率的持续提升只能依靠行政力量通过扩大城市面积和"村改居"的方式实现，长此以往将难以为继。

三　建设高效、包容、可持续的新型城镇化的核心任务

随着青壮年男性农村劳动力逐渐转移完毕，为了进一步通过转移农业人口来提升城镇化水平，我们不得不把目光放在为数尚多的农民工留守家属身上。2015 年，我国农村户籍人口约为 8.3 亿，扣除 2.7 亿的农民工数量后，还有 5.6 亿，这些人大部分是外出农民工的留守家属，应是未来拉动中国城镇化水平继续提升的主力军，是中国城镇化走完"S"形曲线后半部分的动力所在。更重要的是，通过实现农业转移人口的举家迁移，将增强城市的包容性，并且将通过提高广大中小城市的规模，提升城市的规模经济效率。

实现农业转移人口的举家迁移，从理论上有两条路径：其一，通过实施特大城市和部分大城市较为彻底的户籍改革，实现教育、医疗、住房、就业和社会保障等基本公共服务的普惠，使得这些城市中的存量农民工得以将家属带到其务工所在城市，实现举家迁移。其二，通过大力发展中小城市，创造出更多的就业机会，提高产业竞争力和社会公共服务水平，缩小户籍福利和非户籍福利水平与大城市之间的差距，从而增强对人口的吸引力，使得农业转移人口愿意选择中小城市作为迁入地。由于中小城市的户籍门槛很低，农业转移人口选择迁入中小城市就意味着可以实现举家迁移。

应该说，这两条路径都是实现农业转移人口举家迁移的有效方法，但是两者之间存在逻辑上的先后次序。在特大城市和部分大城市实施公共服务均等化，消除城市内部的城乡二元结构，是户籍改革的终极目标，但如果特大城市和部分城市实施单兵突进式的户籍改革，却难以产生良好的政策效果。在城镇化双重失衡的条件下，城市内部基于户籍身份的福利分配失衡是由城市之间的发展水平失

衡所决定的。正是由于大城市过高的福利水平，吸引了流动人口过度集中，形成了集中型的城镇化模式，才导致特大城市和部分大城市不得不通过收紧户籍来控制公共支出的溢出。因此，从推进农业转移人口举家迁移的角度，如果不通过缩小城市之间的发展水平差距，使得大城市中存量农业转移人口中的一部分向中小城市转移，集中型城镇化模式就无法改变，大城市的人口压力也就难以消除，严格的户籍管制自然也就无法放开，农业转移人口的举家迁移也就无法实现。

对于中国城镇化问题的研究，一直以来是被放在城乡之间巨大差距的背景下展开的。在城镇化起步时期，中国城乡之间巨大的经济社会发展差距与二元结构体制，产生了导致农业人口向城市转移的拉力和推力。这一时期人们关心的是如何通过改革进一步消除阻碍人口流动的藩篱，使农业人口尽快向城市转移，以实现城乡差距的缩小。随着数以亿计的农业人口被转移到城镇，中国的城镇化率迅速提高，对城乡二元结构的关注开始转移到城市内部，对城镇化本身也开始由片面注重数量提升转为更加注重质量水平，如何实现农民工市民化开始成为学者们新的关注重点。但是，无论对农业人口的乡—城转移还是农民工的市民化，对中国城镇化重大问题的研究始终未能脱离城市与农村的二元视角，而城乡视角在研究以人为核心的新型城镇化问题上，已显露出越来越多的不足之处。

随着城镇化的推进，城市之间的失衡这个之前并不太引人注目的问题变得日益重要起来。城市并不是同质的，在城市体系中，不同的城市由于自然条件、区位特征、行政级别以及政策倾斜等因素，经济发展和社会发育程度存在很大差距，并且这种差距有拉大的趋势。农村劳动力在进行迁移决策时，绝不仅仅是在进城还是留乡这两者中选择这么简单，而是要充分考虑迁移目的城市因素。经济社会发展水平较高的大城市，自然能够吸引农业转移人口，而农业转移人口的持续流入，自然会使大城市进一步发展，进而使得一国的城镇化模式呈现集中化态势。如前所述，在集中型城镇化模式下，过度的集聚会对城市体系的健康发展和城镇化质量造成不良影响，而对不合理的城镇化模式的调整，还是要从城市之间的失衡入手。因此，从研究农业人口乡—城转移及其对城镇化模式的影响的角度来看，城市差距已经比城乡差距显得更为重要。

在农民工市民化问题上，城市之间的失衡影响更加不容忽视。当前，在国家大力推进户籍人口城镇化率提高的背景下，众多鼓励农民工在城市落户的政策纷纷出台，但农民工似乎反应冷淡。事实上，随着国家工农城乡关系的战略性转变，各种惠农政策和新农村建设的展开，农业、农村、农民已经不再是落后的代表，相反农村户籍所对应的福利含金量甚至超过了很多中小城市和小城镇的城市户籍，这也是为什么很多农民工不愿意要中小城市和小城镇的城市户籍的原因。从农民工自身而言，即使选择在城市落户，也会先仔细掂量一下不同城市户籍的含金量再做出选择。事实上，大城市和小城市之间的福利差距已经远大于城市和农村之间的福利差距。从这种意义上说，城市之间的差距已经取代城乡差距成为影响农业转移人口市民化的重要变量。或者说，转变"新二元结构"这个城市内部的失衡，必须抓住城市之间失衡这个更为重要的外生变量。

在研究制定新型城镇化战略和政策时，显然已经无法忽视城市之间的异质性。在城镇化水平已经达到新的历史高度并且人口流动性日益增强的今天，城市之间发展的巨大失衡和相互之间的紧密联系，使超大城市、特大城市、中等城市和小城镇之间巨大的福利势能差极易导致动辄数以十万计的人口迁移，一个城市针对农业转移人口所做出的政策，产生的影响绝不仅仅限于城市内部，而是将可能波及整个城市体系，进而影响城镇化模式的形成和城镇化质量的提高。因此，未来在建设高效、包容、可持续的新型城镇化进程中，将政策制定的着眼点从城市内部转向城市之间是至关重要的。

第四章 城镇化的双重失衡与户籍改革

推进非户籍人口在城镇落户是一项涉及亿万流动人口福祉的重大举措，是建设高效、包容、可持续的新型城镇化的关键环节。党的十八大后，中央接连出台了一系列旨在加快农业转移人口市民化的战略部署，明确提出了到 2020 年实现 1 亿人落户城镇、将户籍人口城镇化率提高至 45% 的战略目标。习近平总书记在关于"十三五"规划纲要的几个重点问题的说明中也对农民工落户城镇进行了着重强调，将其列为全面建成小康社会的一项硬性要求。

长期以来，户籍制度改革被局限于单个城市中孤立地看待，普遍认为户籍改革的责任主体是地方政府。然而，根据前文所建立的城镇化双重失衡的分析框架可知，研究城市内部的福利分配歧视问题，必须从城市体系的角度着眼，分析城市之间发展水平的失衡问题。没有城市之间发展水平失衡问题的有效解决，城市内部福利分配的失衡也难以取得实质性突破。前面已经基于现象对此进行了描述性分析，本章将进一步通过对户籍制度改革历程的回顾，挖掘出户籍制度演进的内生逻辑，并基于当前户籍制度所表现出的新特征，探讨在城镇化双重失衡条件下应如何推进户籍制度改革。我们将深入分析作为一种福利剥离式改革的居住证制度存在的误区，进而提出未来深入户籍制度改革的有效路径。此外，我们还将基于前文依据人口迁入类型对城市进行分类的基础上，尝试提出农业转移人口差别化落户的可行方案。

第一节　户籍制度演进的内生逻辑

户籍制度本来只是政府对其居民的基本状况进行登记和相关管理的一项国家行政管理制度，目的是维护社会治安和提供人口统计资料。但在我国，户籍制度除人口登记这一基本职能之外，还具有两大特殊职能：一是对人口乡—城转移的限制，或者说是对城市人口规模的控制；二是对城市福利待遇的歧视性分配。户籍的这两大特殊职能存在某种特殊的对立关系，而户籍制度的改革演变历程也可以抽象为人口乡—城转移限制和城市福利分配歧视这两大特殊职能的相互对立运动。同时，两者的对立运动的形式又内生于工业化发展的客观需要。自新中国成立以来，我国的户籍制度演变大致经历了三个阶段，即新中国成立初期的重工业优先发展阶段、改革开放之后的沿海劳动密集型产业扩张阶段，以及当前产能过剩背景下发展方式向消费和内需驱动转变阶段。在每一阶段，户籍制度的两大职能相应地都表现出不同的组合方式（见表4-1），理解这一演变逻辑是分析户籍制度改革与农民工市民化问题的基础。

表4-1　　　　　　　　我国户籍制度的发展演变逻辑

阶段	发展特征	户籍制度职能	
		人口城乡迁移	城市福利分配
第一阶段 （1958—1978 年）	重工业优先发展	限制	非歧视
第二阶段 （1978—2012 年）	劳动密集型产业扩张	非限制	歧视
第三阶段 （2012 年以后）	向消费和内需驱动转变	非限制	非歧视

一 第一阶段：人口迁移限制与城市福利分配非歧视

准确地说，户籍制度建立的标志是 1958 年《户口登记条例》的出台，而国家对人口城乡迁移的严格限制是在"三年困难时期"之后。在此之前，我国实行的是自由迁移的政策，1954 年版《宪法》也明确规定，中华人民共和国公民具有迁徙和自由选择居住地的权利。通过户籍制度限制农村人口迁入城市的政策安排是在经济发展过程中逐渐形成的。

1949 年中华人民共和国成立后，百废待兴。在内忧外患的局势下，新生政权最重要的任务莫过于恢复秩序、巩固政权。1950 年，公安部出台了《关于特种人口管理的暂行办法（草案）》，对反革命分子进行监控，并自此拉开了一系列人口控制管理法律文件出台的序幕。在当时，城市和农村的户籍管理分别由公安机关和基层政府负责，虽然这一时期的户籍制度对人口的迁移自由没有提出任何限制，但是城市"户警一体"的户籍管理形式和农村富含政治目的的管理方式已经表明，中国的户籍制度从一开始就承载着原本不属于它的政治经济功能（张昭时，2009）。经过多年的酝酿和发展，1958 年全国人民代表大会通过了《中华人民共和国户口登记条例》，确定在全国实行户籍管理制度，以国家法律的形式，对户籍管理的宗旨、主管机关、登记范围、变更方式、迁移手续、常住人口与暂住登记等方面都做了明确规定，标志着全国城乡统一户籍制度的正式形成，户籍制度的宗旨逐渐由一般的社会管理转向了人口在城乡之间自由迁移的限制。

基于 20 世纪中叶的国际战略形势，新中国急需建立一套以重工业为主体的工业体系。然而，由于刚刚经历过战争的洗礼，国家所能掌控的资本极度稀缺。同时，除了苏联的短期援助之外，长期缺乏外部资金援助和市场支持。可见，新中国的工业化就是在重工业优先发展战略、对外相对封闭、资本极度稀缺逻辑起点上开始的。

重工业具有资本有机构成高且自我循环特征，对就业和其他产业的带动能力较弱，因此重工业的发展难以对农村劳动力产生有效的吸纳。为了控制劳动力从农村流入城市形成无业流民，国家需要通过户籍制度把城乡人口分隔开来。农村户籍的人口无法在城市就业，而城市户籍人口则享受百分之百就业的保障。

由于长期处于对外封闭状态，中国无法像发达国家历史上的工业化建设那样，从外部获取原材料和市场。因此，只能对内采取工农业"剪刀差"的方式进行工业化的资本原始积累，低价获得农产品，并将城市工业品高价向农村出售，以获得农业剩余。国家在 50 年代建立了粮食统购统销制度，原则上只负责城市非农业户口的粮油供应，而不负责农村农业户口的粮油供应，从而基本上排除了农民在城市获得口粮的可能性，也从生活资料获取的源头上切断了农民向城市流动的可能性。1975 年版《宪法》历史性地去掉了关于"中华人民共和国居民有居住和迁徙的自由"的条文，这进一步标志着公民的自由迁徙和居住的权利失去了宪法保障（见表 4 - 2）。而 1978 年版《宪法》也没有恢复公民的居住和迁徙自由权。这样，通过立法的形式，从最根本的法律安排上取消了农民向城市流动的制度保障。相应地，城市户籍居民不仅可以获得低价的粮食供应，还享受着一系列近乎免费的住房、医疗、教育等社会福利。这样的制度安排是低成本发展工业化的客观需要，但同时也内在地要求将享受低价粮食和免费福利的人口限制在很小的范围内，以避免农民脱离农业生产流入城市造成福利溢出，动摇工农业"剪刀差"体制，城乡二元分割的户籍制度便起到了这种作用。

在原本就极为缺少资本的条件下，重工业化发展前期大规模投资产生的大量外债进一步导致资本缺乏，迫使中国使用成规模的劳动代替稀缺资本的生产方式（温铁军，2013）。伴随着生产投资权限的下放，大量农村劳动力通过招工进入城市，并转变成为具有城市户口的居民，可以与城市原住居民享受同等的城市福利待遇。然而，在"大跃进"之后遭遇了三年困难时期，中央又做出了城镇人口减少 2000 万以上的决定，刚刚迁移到城市的农村人口不得不交出刚刚拿到手的宝贵的城市户口簿重新回到农村，同时转移到农村的还有大量"上山下乡"城市知识青年，通过这种方式，城市经济危机的成本得以向农村转嫁。实现将劳动力大规模地在城乡之间来回"搬运"需要国家对人口城乡迁移严格地控制，而这种控制的制度保障也正是户籍制度。

表 4 - 2　　　　户籍制度演进第一阶段的相关政策法规

时间	规章制度	主要内容
1950 年	《关于特种人口管理的暂行办法（草案）》	特殊人口管理
	《城市户口管理暂行条例》	城市常住人口管理和登记
1953 年	《全国人口调查登记办法》	常住人口的六项调查和登记
	《中共中央关于粮食统购统销的决议》	规定粮食收购和计划供应的范围
1954 年	《关于继续贯彻〈劝阻农民盲目流入城市〉的指示》	限制农村人口进入城市
	内务部、公安部和国家统计局的联合通知	普遍建立农村户口登记制度
1955 年	《关于建立经常户口登记制度的指示》	人口和户口变动登记和管理
	《城镇粮食定量供应暂行办法》	粮食供应、粮票和粮油转移证管理
	《关于城乡划分标准的规定》	划分农业人口和非农业人口
1956 年	首次全国户口工作会议的三个文件	确立户口管理的三项任务
1958 年	《中华人民共和国户口管理条例》	城乡有别的户口登记和限制迁移制度
1975 年	《中华人民共和国宪法》	删除人口可以自由迁徙的条款

资料来源：根据有关资料整理。

在工业化资本原始积累阶段，没有城市户口的农村居民被严格限制进入城市，而城市居民都是拥有城市户口的，城市户口意味着可以享受在粮食供应、就业保障、教育医疗、住房分配等方面的一系列城市福利待遇，因而户籍制度在城市是一种非歧视性的福利分配机制，而这种城市福利的非歧视分配与城市人口的严格控制是并存的。政府一方面严格控制农村人口向城市流动，又对于特殊时期进城获得工作（通过所谓的农业户口向非农业户口的身份转化）的劳动力，给予获得与原有市民同等享受城市福利待遇的资格。这种以城市福利分配上的非歧视但对城乡人口迁移严格限制为特征的户籍制度在工业化的资本原始积累阶段，具有必然性和必要性。

二　第二阶段：人口迁移非限制与城市福利分配歧视

到了 20 世纪 80 年代，随着国家层面资本原始积累的完成，工业化进程开始由地方政府主导。此时，借助改革开放的春风，沿海地区和部分经济发达的中心城市率先走上了依靠劳动密集型产业发展的道路，成为经济增长的龙头。在这样的背景下，我国开始出现了欠发达地区的农村劳动力向发达地区城市大规模转移，依靠低劳动力成本的优势，工业化开始进入到了劳动密集型产业在世界范围内扩张发展的阶段。

在这样的背景下，我国开始出现了农村劳动力向城市大规模的转移，城乡封闭的大门逐渐打开。也就是说，在工业化的资本原始积累阶段，户籍制度严格限制人口迁移的职能开始松动。这种变化一方面有赖于城市产业扩张对农村转移劳动力需求的增加，另一方面也有赖于农村改革成功后粮食产量的提高和逐渐市场化。由于对农民进城后造成商品粮供应短缺的担忧不复存在，通过户籍来控制农村人口进城以保护粮食安全的制度安排失去了必要性，农民可以通过自理口粮的方式进城（见表 4-3）。农村劳动力虽然可以相对自由地迁移到城市，但他们的身份并没有发生变化。农民工和城市职工最重要的区别就在于因没有城市户籍而不能享受与之相挂钩的就业保障、住房、医疗、教育、社保等一系列城市福利。也就是说，户籍制度的两大职能出现了某种意义上的互补式调整，由原先的严格的人口迁移限制于城市福利分配非歧视转变为人口迁移的非限制与城市福利分配歧视的结合。

户籍制度的这种变化是内生于工业化发展阶段的变化的。在劳动密集型产业扩张阶段，我国城市经济并存着资本密集型和劳动密集型产业，与之相应，城市劳动力市场也开始分化为二元分割的劳动力市场。根据二元劳动力市场理论（Piore，1970），以资本密集型企业为主的一级劳动力市场所提供的是高工资、高福利、就业稳定、环境舒适的就业岗位，这些岗位上的劳动者主要是城市本地居民；以劳动密集型企业为主的二级劳动力市场，需要非熟练、低工资的员工从事不稳定的工作，这种工作不仅报酬和稳定性差，而且社会地位低，因而难以吸引城市本地劳动力，这使城市产生了对农村外来劳动力的内在需求。对于农村劳动力来说，虽然他们在城市工作，其社会身份却仍在农村。无论是工资水平还是社会地位，他

表 4 – 3 　　　　　户籍制度演进第二阶段的相关政策法规

1984 年	《中共中央关于一九八四年农村工作的通知》	允许务工农民自理口粮到集镇落户
	《关于农民进入集镇落户问题的通知》	自理口粮户口制度的实施
1985 年	《关于城镇暂住人口管理的暂行规定》	流动人口的暂住管理
	《中华人民共和国居民身份证条例》	为人口管理的现代化打下基础
1989 年	《关于严格控制"农转非"过快增长的通知》	控制"农转非"的速度和规模
1992 年	《关于实行当地有效城镇居民户口制度的通知》	实行"蓝印户口"制度
1994 年	《农村劳动力跨省流动就业管理暂行规定》	对跨省农村劳动力的就业限制
1995 年	《小城镇户籍管理制度改革试点方案》	明确了农民可以进入
1997 年	《关于小城镇户籍管理制度改革试点方案》	小城镇（含县级市和建制镇）落户
1998 年	《关于解决当前户口管理工作中几个突出问题的意见》	进一步放松了农民进入小城镇落户的条件
2000 年	《关于促进小城镇健康发展的若干意见》	允许有合法固定住所、固定职业或生活来源的农民在县级市及以下城镇落户
2001 年	《关于推进小城镇户籍管理制度改革的意见》	小城镇户口根据本人意愿办理
	"第十个五年计划纲要"	促进形成城乡人口有序流动的机制
2006 年	"第十一个五年规划纲要"	逐步建立城乡统一的人口登记制度

　　资料来源：根据有关资料整理。

们所参照的是相对落后的农村水平。因此，在农民工保留效用很低的情况下，虽然在城市低层次岗位上工作要面临着社会福利分配上的歧视，但这对他们而言不仅是可以接受的，而且是他们获取收入以改善其在农村生活水平和社会地位的重要手段。反过来，又恰能满足城市产业扩张对农村劳动力的需求。这种以非限制性的人口城乡迁移和歧视性的城市福利分配为特征的户籍制度，最大限度地适应了这一阶段工业化发展的内在需求，为劳动密集型产业的扩张提供了大量的廉价农村转移劳动力，并带来了经济的高速增长。

但是，城市内部的福利分配歧视，随着城镇化的发展逐渐积累起越来越大的社会矛盾，其最直接的后果就是使城市集聚了越来越多的非户籍居民。这些非户籍流动人口不仅会给城市带来社会秩序的不稳定，而且由于缺乏城市定居预期，其消费和投资需求也极为有限，这对经济持续增长的负面作用随着工业化进一步的发展而越发明显地体现出来。

三　第三阶段：人口迁移非限制与城市福利分配非歧视

世纪之交，以连续数年的通货紧缩为标志，我国国内经济的总供求形势开始进入了一个全新时期，买方市场第一次出现，多个行业出现持续的产能过剩。内需不足，成为阻碍工业化进一步发展的关键因素。加入世界贸易组织，为我国打开了外需拉动经济增长的大门，但在2008年世界金融危机之后，出口这驾马车再也无法担负起拉动经济增长的主要动力。随后出台的四万亿投资虽然在短期内延续了高增长，但是，随后遭遇的产能过剩使旧的工业化模式彻底走到了尽头，工业化的结构调整阶段随即到来。党的十八大提出了加快推进发展方式转变的战略部署，依靠内需尤其是消费内需拉动增长的发展模式呼之欲出。

在当前，我国经济中最大的内需无疑就是2.7亿农民工，依靠内需拉动经济增长，关键是提高这部分群体的有效需求。由于农民工普遍没有城市本地户籍，在城市公共福利分享上受到歧视性待遇，其消费和投资活动与城市居民表现出显著的异质性。城市就业保障、住房、子女义务教育、社会保障等方面的缺失，使农民工普遍缺乏在城市定居的预期，把自己当作城市的过客。在城市务工期间，农民工会最大限度地压低消费支出，更不会投资于城市住房。户籍制度对 2.7 亿农民工直接需求和引致需求的抑制，极大地影响着工业化的发展和经济增长。因此，通过进一步深化户籍制度改革，促进农民工市民化以扩大内需就成为未来推动经济持续健康发展的客观要求。党的十八大以后，有关户籍制度改革的政策文件开始密集出台（见表 4－4）。

表 4－4　　　　　　户籍制度演进第三阶段的相关政策法规

时间	规章制度	主要内容
2012 年	《关于积极稳妥推进户籍管理制度改革的通知》	中小城市放开落户、大城市严控人口规模
2013 年	《中共中央关于全面深化改革的决定》	推进农业转移人口市民化，稳步推进城镇基本公共服务常住人口全覆盖
2014 年	《国务院关于进一步推进户籍制度改革的意见》	统一城乡户口、按城市规模梯度放开落户
2015 年	《居住证暂行条例》	建立居住证制度
	"第十三个五年规划纲要"	提高户籍人口城镇化率
2016 年	《国务院关于深入推进新型城镇化建设的若干意见》	进一步放宽落户条件，优先解决四类人群的落户问题
	《国务院办公厅关于印发推动 1 亿非户籍人口在城市落户方案的通知》	到 2020 年，全国户籍人口城镇化率提高到 45%

资料来源：根据有关资料整理。

有研究表明，放松户籍限制，可以使农民工的消费水平提高20.8%（陈斌开等，2010），每年市民化（享受城镇户籍居民福利待遇）1000 万农民工，将使我国经济增长平均加快 1 个百分点左右。农民工市民化可以促进居民消费和固定资产投资增长，降低经济增长对进出口的依赖程度。在促进经济增长的同时，市民化还可以改善农民工的消费结构，增加农民工对工业产品和服务业的需求，有利于提高服务业比重，优化经济结构（国务院发展研究中心课题组，2010）。

通过推进农民工落户，消除城市福利分配歧视是大势所趋。同时，城乡人口更加自由地迁移也是经济社会发展的客观要求。随着经济发展到了由投资和外需驱动转变为依靠消费和内需驱动的阶段，在不久的将来，户籍制度的两大职能必然将内生地表现为自由的人口迁移与非歧视性的城市福利分配相结合。户籍制度限制人口乡—城转移和歧视性分配城市福利的两大特殊职能都将不复存在，最终回归到其人口统计管理的基本职能上来。当然，目前我们离这一目标的实现还有距离，户籍制度的福利分配歧视职能仍然存在，因而进一步推进户籍制度改革以实现农民工市民化是未来工业化和城镇化建设的紧迫任务。

第二节 户籍制度的新特征与户籍改革的新挑战

从户籍制度演进的内生逻辑可知，为了适应工业化结构调整阶段对依靠消费内需拉动经济增长的需要，户籍制度的两大特殊职能都将不复存在，也就是进入人口的自由迁移与城市福利分配的非歧视阶段。当前，户籍制度的演进正在经历从第二阶段转向第三阶段的过程，户籍制度同时具备第二阶段和第三阶段的部分特征，即人口迁移的非限制与少数大城市福利分配的歧视。在这样一个过渡阶段，户籍制度表现出许多新的特征，同时也给进一步的户籍制度改革演进提出了新的挑战。

一 户籍制度的新特征

（一）城乡户籍含金量差距缩小

经过多年的改革与发展，我国的城乡二元结构已经发生了根本性的变化，由过去的剥夺性结构转变为保护性结构（贺雪峰，2014）。一方面，在 2004 年十六届四中全会中央做出"两个趋向"的判断之后，工业反哺农业、城市支持农村的力度空前加强。农民负担大为减轻，各种惠农补贴和扶贫资金大量进入农村，彻底改变了工农业"剪刀差"条件下城市对农村的剥夺型体制。社会主义新农村建设的大力推进以及新农合、新农保制度的建立，更是极大地改善了农村软、硬公共品的供给，提高了农民的生活水平。另一方面，随着城镇化进程的推进，城市建成区范围的扩张，农村土地尤其是城郊农地的潜在价值开始迅速攀升，由于农村户籍与农村土地挂钩，农地价值的上升也使得农村户籍的含金量与日俱增，与城市户籍的差距逐渐缩小，甚至有了超过城市户籍含金量的趋势（见表4-5）。城乡二元差距的缩小，使农民工离乡进城务工的保留效用提升，进城农民工增速迅速降低，即使是迁移到城市的农民工，很多人也不愿意转为城镇户口。

表4-5　　　　　　　某人口流出地农村居民与城镇居民
公共服务和土地政策主要差别

领域	项目	农村人口	城镇人口
基本公共服务	城乡居民最低生活保障	230 元/人/月	420 元/人/月
	农村"五保"、城市"三无"人员供养	400 元/人/月	485 元/人/月
	退役士兵安置	5000 元/人/月	8000 元/人/年
	优待抚恤	因公牺牲军人 634 元/月，因病 607 元/月，烈属 664 元/月	因公牺牲军人 990 元/月，因病 932 元/月，烈属 1115 元/月

续表

领域	项目	农村人口	城镇人口
社会保险	征地农转非人员基本养老保险	被征地农转非人员基本养老保险	无
	失业保险	一次性生活补贴 367 元	735 元/月
教育	义务教育家庭经济困难住宿生补贴	小学每生每年 1000 元，初中 1250 元	无
	普通高校招生	独生女线下 5 分视达线	无
住房保障	农村危房改造	补助标准 C 级 0.75 万元/户，D 级 1.4 万元/户	无
	残疾人危房改造	享有部分补贴资金	无
	公租房	无	享有
卫生计生	农村妇女"两癌"检查及救助	免费检查，救助金 1 万元	无
	计划生育家庭奖励扶助	独生子女家庭父母每人每年 1080 元，独生女家庭父母每人每年 1560 元	增发 3%—5% 养老金或退休工资
	独生子女四级以下残疾家庭扶助	符合条件的父母每人每年补助 2760 元	无
	农村孕产妇住院分娩补助	400 元/例	无
	计划生育技术免费服务	享有	无
	再生育政策	10 大类中 4 类仅针对农村	无
土地政策	农村集体建设用地复垦	按不低于 12 万元/亩补偿	无
	农村宅基地申请	人均 30 平方米	无
	集体组织资产分配	享有	无
	征地政策	建筑物补偿 + 青苗补偿 + 人员安置	房屋补偿

注：该地区已实施统筹城乡居民基本医疗保险制度，在很多地区，城镇居民和农村居民则分别对应城镇居民医保、城镇职工医保和新农合制度。

资料来源：转引自魏义方等《城与乡户口含金量差别究竟有多大？》,《调查·研究·建议》2016 年 2 月 4 日。

（二）本地和外来户籍差异凸显

改革开放以后，国家逐步放松了对于要素流动的限制，引发了农村劳动力大规模流入城镇的新移民潮。然而，我国的政府间财政关系，从历史上的财政包干制到现行的分税制财政体制，无论是收入和支出责任的划分，还是转移支付制度的设计，都是以假定人口不流动为前提的，以辖区的户籍人口为基础（刘尚希，2011）。此外，我国70%以上的税收收入来自间接税，90%以上的税收收入来自企业缴纳（高培勇，2014），包括城市非户籍人口在内的自然人所缴纳的直接税是非常有限的。因此，地方政府在安排财政收支和制定财政政策的时候，既没有积极性也没有充足财力来考虑和满足非城市户籍人口的公共服务需求，特别是在教育、医疗、保障住房、社会保障等供需紧张的基本公共服务领域，当地居民与外来人口的"区别对待"更是一种普遍现象。一些城市推行的户籍改革仅局限于本地户籍人口范围，未涉及外来人口，取消本地区城乡户籍差别的政策甚至还在某种程度上加深了城市本地和外来户籍之间的壁垒（宋锦、李实，2013）。

（三）不同城市的落户门槛走向分化

户籍制度作为一种歧视性分配城市福利的工具，为地方政府提供了控制公共支出的途径。由于不同城市的户籍含金量不同，获取财政资金来源的渠道不同，其设置的落户门槛也有所不同。近年来，中央频繁出台鼓励推进户籍制度改革的政策文件，旨在切实降低城市的落户门槛，实现一亿人落户城市的目标。但从地方的执行情况看，不同城市落户门槛的走向出现分化，以落户门槛指数衡量的落户难度差别较大（见表4-6）。其中，中小城市和小城镇由于户籍的含金量较低，放开落户并不会造成公共支出的大幅上升，而对集聚人口尤其是吸引城市周边农村地区的农民进城有一定的作用。城区人口增多，郊县农地集中，这对于地方政府有着正向激励，因此中小城市和小城镇倾向于降低落户门槛直至完全放开落户条件。大城市户籍含金量较高，外来人口较多，放开落户会造成公共支出的大幅上升。同时，由于农民工流入大城市多以收入而非户籍为目的，因而使得大城市政府更加缺乏推进户籍改革的动力。近年来，大城市尤其是人口 500 万以上的特大城市的户籍管制程度却并未实质性放松，甚至还有所加强：虽然一些特大城市建立了积分落户制度，但是，落户所需积分远超以农民工为主的普通外来人口的能力范围。

表 4 – 6　　　　　　　　部分城市的落户门槛指数

城市	落户门槛指数	城市	落户门槛指数	城市	落户门槛指数
上海	3.1762	长沙	0.4740	苏州	1.4509
北京	2.4563	南昌	0.5352	青岛	1.6751
天津	1.3316	太原	0.5374	大连	1.4216
重庆	0.5515	兰州	0.4749	宁波	1.2651
广州	2.0549	呼和浩特	0.3555	厦门	1.5515
南京	1.0646	银川	0.3317	秦皇岛	1.2816
杭州	1.5427	西宁	0.6822	芜湖	0.4482
福州	1.0055	西安	1.4160	洛阳	0.5786
济南	1.1956	乌鲁木齐	0.3718	湘潭	0.2771
哈尔滨	0.4116	南宁	1.0414	九江	0.3897
长春	0.9545	贵阳	0.3229	嘉峪关	0.0804
沈阳	0.5801	海口	1.0084	遵义	0.2045
石家庄	0.5773	成都	1.0010	绵阳	0.2158
武汉	1.0006	拉萨	0.7595	吉林市	0.5349
合肥	0.5868	昆明	0.5517		
郑州	0.3289	深圳	2.5035		

注：落户门槛指数越高，说明落户难度越大。

资料来源：转引自吴开亚等《户籍改革进程的障碍：基于城市落户门槛的分析》，《中国人口科学》2010 年第 1 期。

（四）市场化程度高的福利逐渐与户籍剥离

与城镇化进程相伴随着的是，我国市场化的迅速推进。一些市场化程度较高的户籍福利开始逐渐与户籍相剥离（见图 4 - 1）：随着粮食供给能力的提高，粮食市场逐渐放开，城市户籍居民享受城市商品粮供给的福利随之淡化，最终与户籍相剥离；市场化改革还催生了很多体制外的就业岗位，促使劳动力市场逐渐放开，城市的就业也不再依赖户籍。城市户口与就业的逐渐脱钩，也就意味着户口与就业相关的社会保险，同时其他一些市场化程度较高的户籍福利也将陆续与户籍脱钩（陶然，2011）。因此，当前与户籍挂钩的福利主要是一些在使用上具有较强的竞争性和排他性的城市福利，这些福利由于其高度的稀缺性而难以市场化，例如，以城市最低生活保障为主的社会救助服务，以经济适用房和廉租房实物或租金补贴为主的政府补贴性住房安排，以医疗和养老保险为主的社会保障，以及迁移人口子女在城市公立学校平等就学和参加高考的机会等。

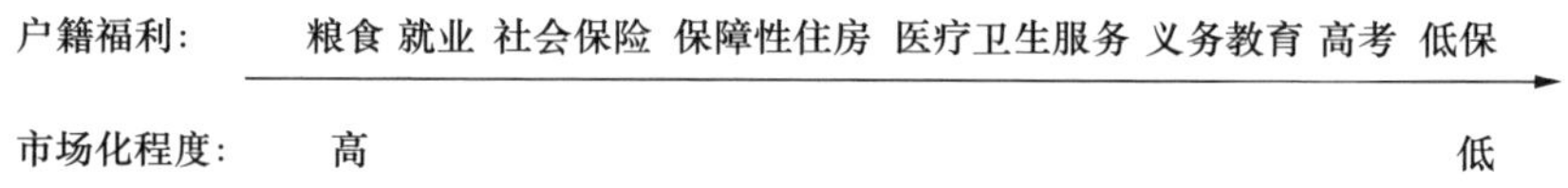

户籍福利：	粮食 就业 社会保险 保障性住房 医疗卫生服务 义务教育 高考 低保
市场化程度：	高 低

图 4 - 1　不同市场化程度的户籍福利

二　户籍改革的新挑战

综合分析新时期户籍制度的新特征可以发现，户籍制度所控制的福利范围已经逐渐缩小到少数非市场化的公共服务领域，并且存在福利分配歧视的区域范围也逐渐缩小到了部分人口较多的大城市。虽然从总体上看，户籍制度的改革已经取得了很大进步，但是，深入观察近年来户籍制度改革的实践可以发现，改革进程实际上在逐渐放缓甚至陷入困境。少数大城市中的部分公共服务的均等化改革推进难度在加大。

按照户籍制度内生演进的阶段，当前的户籍制度正处在从第二个阶段向第三个阶段过渡的时期，其特征是，人口迁移限制的功能和中小城市福利分配的歧视已经不存在了，城市福利分配歧视仅存在于少数规模较大的城市。然而，正是当前户籍制度所处的阶段性特征，导致了其自身进一步演进的困境：由于人口的迁移已经不受户籍制度的限制，在城市之间发展水平差距很大的情况下，农业转移人口会向非户籍福利较高的少数大城市过度集中，并倒逼大城市实行严格的户籍控制，形成城市内部的福利分配歧视。更为棘手的是，农业转移人口并不寻求户籍福利，因为大城市的非户籍福利水平就高于中小城市的户籍福利水平，因此他们情愿接受大城市的户籍排斥，只身外出务工，而把家属留在农村，并以"候鸟式"的迁移模式往返城乡之间。中小城市本来可以作为农业转移人口市民化的主要地域空间，但是，在城市之间发展差距过大的情况下，中小城市的总福利水平赶不上大城市的非户籍福利，尽管中小城市已经把落户门槛放到最低，也仍然难以吸引外来人口前来落户。为了提高城镇化率指标，中小城市的地方政府只能通过不断扩大城市建成区面积，将城市周边结合部的农村转为城市、农民转为城市居民。虽然这种做法提高了城镇人口比例，但也造成了土地城镇化快于人口的城镇化，城市规模效益无法发挥，城镇化水平提升的可持续性不强。

可以看出，城市之间发展水平的失衡直接导致了城市内部福利分配的失衡，由于少数大城市的非户籍福利高于广大中小城市的户籍福利，一方面造成了大城市非户籍人口众多而户籍门槛无法放开，另一方面又造成了中小城市即使放开落户也无人问津的尴尬局面。这就是当前推进户籍制度改革的新的挑战。

宁愿迁移到大城市做非户籍居民也不愿意迁移到小城市做户籍居民，这种选择虽然是基于自由迁移条件下获取最大福利水平的个人理性，但却体现出农民工群体向城市转移的无序性。虽然迁移到大城市的农民工获得了更高的非福利水平，但由于没有城市户籍，仍然受到户籍相关福利分配的歧视性待遇。从长期来看，子女教育、医疗、住房、就业和社会保障等户籍福利的缺失随着农民工在城市务工年限的增长而越发成为其在大城市定居下去的重大障碍，大城市更高的市民化成本也进一步增大了农民工的定居难度。这使得迁移到大城市的农民工在一开始就形成了非永久性迁移的预期，进而会以一个过客的身份安排其在城市的投资和消费行为，保持较高的储蓄倾向，以便把城市打工挣的钱带回农村老家。由此可知，农民工选择向大城市迁移的行为是一个短期利益最大化的行为，没有在大城市定居预期的支撑，农业转移人口很难实现举家迁移，这一群体的潜在内需将仍然难以发掘出来。数以亿计的农业转移人口的集体消费抑制，对于旨在实现由消费内需拉动经济增长的结构调整来说无疑是一个巨大的障碍。虽然农业转移人口在小城市可以很容易地获得户籍实现定居和市民化，但却不符合其在短期内获得福利最大化的理性选择。这种人口迁移的无序性将直接影响户籍制度改革目标模式的实现，进而无法使之适应于工业化结构调整阶段通过福利非歧视化分配以扩大内需的内在需要。

第三节　居住证制度及其实施困境

一　作为一种福利剥离式改革的居住证制度

　　针对越来越多的流动人口在大城市聚集，城市内部的新二元结构问题日益突出的情况，近年来一些城市开始探索流动人口服务和管理的新方式，以求在基本公共服务均等化方面取得突破。其中，居住证制度就是顺应流动人口发展新形势下，一些大城市试图通过创新流动人口服务和管理来推动实现城镇基本公共服务由户籍人口向常住人口扩展的一项重要手段，并且已在全国的主要大城市中推广实施。普遍认为，居住证制度具有淡化户籍管理色彩、加强流动人口服务管理、促进城市经济和社会发展等积极意义（谢宝富，2014），是户籍制度改革的破冰之举。

　　居住证制度最早出现在北京、上海、广东等东部发达地区城市。

出于引进人才的目的，东部发达地区的居住证又直接称为"人才居住证"。持证人员一般是高层次人才，大多数来自境外或国内其他发达地区，他们在当地工作或创业，但不愿意改变外国国籍、港澳台籍或户籍，或者受国家政策限制不能落户，持有居住证，可为他们的工作和生活提供便利。近几年来，各地新一轮居住证制度的探索实施，则主要针对农民工群体。2010 年《关于 2010 年深化经济体制改革重点工作的意见》首次提出，进一步完善暂住人口登记制度，逐步在全国范围内实行居住证制度。2012 年《国家基本公共服务体系"十二五"规划》明确要求，逐步将基本公共服务领域各项法律法规和政策与户口性质相脱离。2014 年《国家新型城镇化规划（2014—2020 年）》进一步提出，全面推行流动人口居住证制度，以居住证为载体，建立健全与居住年限等条件相挂钩的基本公共服务提供机制。2016 年开始实施的《居住证暂行条例》更是要求在全国范围内建立居住证制度，推进城镇基本公共服务和便利向常住人口全覆盖，逐步提高居住证持有人享有的公共服务水平。

居住证是外来流动人口享有城镇公共服务的有效凭证，是地方政府承担外来流动人口公共服务主要责任的制度保障。对于不能通过"入户"方式平等享有流入地基本公共服务的外来流动人口，居住证制度提供了一个过渡性安排（张国锋，2012）。居住证制度的最重要的积极意义同时也是最本质的特征在于，将"高门槛、一次性"的户籍改革调整为"低门槛、阶梯式"赋权，为不能在城市落户的农民工提供了获得城市基本公共服务的途径，并形成了制度规范（王阳，2014），它是一种福利剥离式的制度变迁。换句话说，这项制度把原先必须要通过城市本地户籍才能享有的一部分排他性公共服务从户籍上剥离下来，并附加到申领门槛较低的居住证上，使外来人口不用通过获得户籍而仅仅通过获得居住证就可以享受一部分相关的公共服务，缩小了非户籍居民和户籍居民的福利水平差距。这一点我们可以从上海市居住证制度的实施情况看出，如表 4-7 所示。

表 4-7   居住证所剥离出的户籍福利

公共服务	居住证持有人可享受的福利
子女教育	持证人可为同住子女申请在本市接受义务教育，由居住地区（县）教育行政部门按照本市有关规定安排就读。其同住子女可按照本市有关规定，在本市参加全日制普通中等职业学校自主招生考试、全日制高等职业学校自主招生考试
社会保险	持证人按照国家和本市有关规定参加本市社会保险的，享受相关待遇
证照办理	持证人可按照国家和本市有关规定，在本市申领机动车驾驶证、办理机动车注册登记手续，申请办理普通护照、往来港澳通行证、往来台湾通行证及各类签证
住房	持证人可按照本市有关规定，申请本市公共租赁住房；可以按照国家和本市有关规定，在本市缴存和使用住房公积金
公共卫生	持证人的同住子女可按照国家和本市有关规定，在本市享受国家免疫规划项目的预防接种等基本公共卫生服务
计划生育	持证人可按照国家和本市有关规定，在本市免费享受基本项目的计划生育技术服务
资格评定、考试、鉴定	持证人可按照国家和本市有关规定，参加本市专业技术职务任职资格评定或者考试、职业（执业）资格考试、职业（执业）资格注册登记；参加各类非学历教育、职业技能培训和国家职业资格鉴定
参加评选	持证人可参加本市有关评选表彰

资料来源：《上海市居住证管理办法》。

二 居住证制度的实施困境

居住证制度的实施，既是户籍制度改革的"过渡"措施，又是渐进推动户籍制度改革的重要举措，它为不能立即落户居住地的外来人口提供了基本的权益保障，还使之拥有了融入当地社会的通道。居住证制度符合学术界和政策界所持的"剥离式"户籍改革的方向，被认为是大城市户籍管理制度改革一条比较现实的路径。但是，居住证制度的实施情况远没有达到制度设计设想的效果。各大城市居住证的申领条件依然过高，管理技术和手段较为落后，配套制度和措施的改革迟缓，一些与居住证对应的关键性城市福利的承诺口惠而实不至，居住证申领范围离流动人口登记全覆盖的目标还相差很多。居住证制度甫一推行，就遭遇到了意想不到的困境。

　　我们仍然需要在城镇化双重失衡的框架下来理解居住证制度的实施困境。如前所述，居住证制度的本质是把附着在户籍上的福利剥离到居住证上，通过让非户籍人口申领居住证来缩小其与户籍人口的福利差距。但是，在城市之间发展水平的差距仍然很大的情况下，仅仅通过居住证这种单一的福利剥离式改革政策必然难以取得理想的效果。图4-2显示了城镇化双重失衡条件下在大城市推行居住证制度的实际效果：由于城市之间的发展水平失衡严重，不同规模的城市的非户籍福利差异很大，大城市非户籍居民的福利水平将与某一小城市户籍居民的总福利水平相当，即图4-2中显示B点所对应的非户籍福利曲线与A点所对应的总福利曲线的高度相等。如果大城市政府出台剥离户籍福利的居住证制度，则在大城市中不依赖于户籍身份的城市福利范围扩大，非户籍居民的福利水平将上升，图4-2中B点所代表规模较大的城市中户籍居民和非户籍居民的两条福利曲线斜率差距将缩小。此时，大城市的非户籍居民的福利水平与A′点所对应的城市户籍居民福利水平相等，这意味着，B点所对应的大城市的非户籍居民的福利水平会高于所有城市规模小于A′点的城市中户籍居民的福利水平。因此，只要是小于A′点所对应规模的城市中的居民，就具有向B点所对应城市规模的大城市迁移的倾向，同时，许多原本准备到小于A′点所对应规模的城市中落户的农民工，也转而选择非户籍迁移到B点所对应的大城市中去。从图4-2中可以看出，A′点所对应的城市规模已经远大于A点所对应的城市的规模，则相对改革前，将会有更多的人口选择迁入B点所对应的大城市。

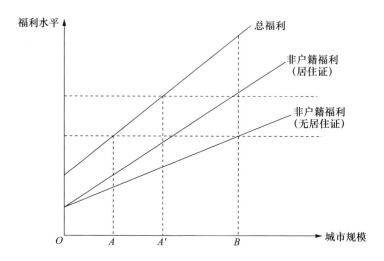

图4－2　城市化双重失衡条件下实施居住证制度的政策效果

　　由此可见，在城镇化双重失衡的条件下，大城市居住证制度的实施，在使得非户籍人口获得了一部分排他性福利的同时，也造成了更大规模的人口迁入，从而加剧了人口向特大城市集中的趋势。在长期内，将从以下四个方面使得旨在实现公共服务均等化的改革政策无法达到政策效果。

　　第一，居住证制度的实施增加了非户籍人口存量，使得居住证与落户衔接的难度增大。居住证制度只是一个过渡性的制度安排，最终目标是实现全体非户籍人口的户籍化。但是，由于居住证的实施在缩小了大城市非户籍人口与户籍人口的福利差距的同时，增大了大城市非户籍人口与中小城市户籍人口的福利差距，使更多的流动人口在大城市集中。这无疑使由居住证向户籍的并轨变得更加困难。

　　第二，居住证制度在削弱户籍制度福利分配歧视作用的同时，无形中恢复了部分人口迁移控制的职能。大城市虽然具有整体上较高的公共服务，但是，大城市内部不同区域之间的福利水平仍然有较大差距。事实上，大城市真正优质的社会资源和公共服务主要集中在主城区，而在近郊区和远郊区，社会资源和各项公共服务水平就有较大的差距了，相应地，近郊区和远郊区在接纳外来人口并为之提供各项福利的成本也较低。因此，大城市政府为了提高居住证申领率和非户籍人口落户率，将倾向于采取行政手段强行疏解主城区外来人口。这样一来，无非是在形式上实现了享受公共服务权利的均等化，但却是对人口迁移限制的旧体制的复归，并且这种形式上公共服务均等化所指向的福利内容仍然是依所处城市中的位置的不同而不同的，在大城市主城区与其近郊、远郊区和卫星城之间的发展差距仍然很大的情况下，公共服务的均等化实际上被打了折扣。

第三，居住证制度的实施动了城市户籍居民的奶酪，地方政府可能将在公众压力下默许改革流于形式，或制定新的歧视性安排。居住证带给持证人的关键福利是子女可就地接受义务教育，甚至可以就地参加中高考。只是这些关键性的福利如果门槛过低，必将引来大批怒目圆睁的本地家长和学生。居住证积分的标准分值是"根据本市经济社会发展需求"动态调整的。届时政府会不会在本地人的"怒目圆睁"下被迫重新剥离居住证的这些福利尚很不好说。虽然居住证持证人可以为同住子女申请在所在城市接受义务教育，但申请成功概率有多大？被安排的学校是与户籍学生一样的公办中小学，还是户籍学生不愿就读的公办中小学，还是需缴费的劣质打工子弟学校？所有这些均无明确说明，在实践中不仅易导致一些关键性福利口惠而实不至，而且还会为腐败"寻租"提供方便（谢宝富，2014）。与此同时，大量外来人口的进入将改变城市原有的生活状态。在城市中的一些非排他性公共品，如道路、交通工具、公园、停车场等被过度占用的情况下，将被迫采取限行、限购、提高收费等手段加以控制，如通过给公共品设置一定程度的排他性保持其正常运转；一些排他性公共品，如教育、医疗、保障性住房等也因过度拥挤而导致成本上升；城市的空气、水质等自然资源也因过度利用而面临枯竭或质量恶化。人口增多所带来的"城市病"问题必然会影响到城市原住居民的福利，并转变为政治上的压力施加于城市政府，例如通过人大投票选举、在网络媒体上"抱怨"等方式，向城市政府表达不满，寻求政策的保护。面对来自于城市原住居民的压力，政府只能将这种问题的出现归咎于城市福利的非户籍性获取，城市政府不得不制定出新的歧视性政策，使城市户籍居民重新具备排他地使用一些公共物品和优先使用非公共品的权利，如购房、购车等，扩大户籍福利的覆盖范围，从而使户籍居民和非户籍居民在分享城市福利方面的差距重新拉开。

第四，居住证制度的实施给城市带来的财政支出成本，将迫使地方政府提高居住证的申领门槛。虽然居住证申领条件与落户相比已经大为降低，但仍然有一些硬性要求超出普通农业转移人口的能力范围（见表4-8）。申办居住证需具备"在本市合法稳定居住"、"在本市合法稳定就业，参加本市职工社会保险满6个月"等条件。这些条件虽不高，但仍然会把大批低收入农业转移人口排除在外。因为农民工在租房时一般不签正规租房合同，就业时常不签劳动合同，经商时常无营业执照，更谈不上缴社保金。也就是说，根据现行居住证积分办法，这些人不可能获得居住证，得不到相应的公共服务。可他们既是城市最弱势群体之一，比能申办居住证者更需公共服务；又是城市素质最低、成分最复杂、最易犯罪、最难管理的群体之一，比能申办居住证者更需加强管理。此外，一些城市（如上海）实施居住证积分制度，而积分体系也有失公允，本质上是以效率手段来解决公平问题。居住证积分制"欢迎"的是年轻人、高学历者、高技能者、投资客、多纳税者和多缴社保者等富裕群体，而非老人、穷人、低学历者和低技能者。尽管后者比前者更需要公共服务，但是，本地政府反而给前者以较多公共服务。从城市发展和竞争择优的角度看，该做法似合情合理，实际上却隐含较大的不公：富人、年轻人、高学历者、高技能者都被发达城市拿走了，落后地区只能接纳穷人、老年人、低学历者、低技能者。长此以往，地区之间、社会群体之间的贫富分野会越来越大，越来越凝固。很显然，这样的改革不仅没有缩小城市内部的福利差距，反而扩大了城乡区域之间的差距，与实现公共服务均等化的目标大相径庭。

表4-8　　　　　　　　　部分城市居住证申领条件

北京市	（1）在本市连续居住6个月以上，持有已满6个月且在有效期内的《居住登记卡》或《暂住证》。 （2）满足合法稳定就业、合法稳定住所、连续就读证明三者之一：①合法稳定就业包括：有6个月以上尚未履行期限的劳动合同或聘用合同；由工商管理部门核发的距经营期限届满不少于6个月的营业执照。②合法稳定住所包括：自有住房；尚有6个月租赁期限的房屋租赁合同或协议。③连续就读证明包括：学生证或就读证明
上海市	（1）在本市合法稳定居住。 （2）在本市合法稳定就业，参加本市职工社会保险满6个月；或者因投靠具有本市户籍的亲属，就读、进修等需要在本市居住6个月以上
成都市	拟居住1年以上且符合下列条件之一： （1）已经与用人单位签订劳动合同并且在居住地的劳动保障部门连续缴纳社会保险费6个月以上的人员； （2）在工商行政管理部门取得营业执照的人员； （3）已购买房屋或者已在房管部门办理了房屋租赁登记备案，且在居住地的劳动保障部门连续缴纳社会保险费6个月以上的人员； （4）符合成都市落户条件，但本人尚未办理户口迁移的人员； （5）《成都市居住证》持证人的未成年子女

资料来源：根据三城市居住证制度的现行政策规定整理得到。

第四节　城镇化双重失衡条件下的户籍改革路径

居住证制度难以取得理想效果的原因，在于城市之间过大的经济社会发展水平差距对人口迁移有着巨大影响，使得大城市单纯剥离户籍福利的改革政策将会导致人口的进一步集中，进而影响到政策效果的发挥。因此，在进行剥离户籍福利含义的改革之前，应首先致力于缩小不同规模城市经济社会发展水平的差距，改变资源向行政级别较高的特大城市和部分大城市过度配置的模式，加快中小城市的发展，引导人口多元化流向，走一条城镇化的均衡发展道路。

通过均衡型城市发展的政策措施，不同规模城市之间的发展水平将极大地缩小，不同规模城市之间的经济社会发展水平失衡将明显改善，生活在不同规模城市中的居民福利水平差异也将相应降低。如图4-3所示，中小城市的经济社会发展水平的提升意味着规模较小的城市的福利水平上升，总福利曲线和非户籍福利曲线都将变得十分平缓。此时，推动剥离户籍福利含义的改革（两条福利曲线的距离缩小），将不会造成大城市非户籍居民的福利水平高于小城市户籍居民福利水平的局面，因此也就不会出现农民工即使没有城市户口也要迁入大城市的情况。随着中小城市和小城镇福利水平的提升，原先在大城市务工的农民工将会返回乡附近的小城镇，在那里落户并实现市民化。随着大城市人口增速的减缓甚至绝对数量的减少，剥离户籍福利或扩散户籍人口范围的改革措施不会对城市原有的运转模式和城市原住居民的生活方式造成很大的影响，城市政府的改革措施也就能得到大多数人的拥护，改革的目标——城市户籍福利的"普惠"得以实现。大城市内部基于户籍身份的福利分配失衡得以减缓乃至消除。

需要说明的是，均衡型城镇化模式并不意味着所有城市的规模大小相同，而是根据城市自身条件和发展需要，应大则大，应小则小，秉承城市规模接近规模增大的边际收益与边际成本相等位置的原则，关键是要使不同城市的经济社会发展水平趋同，尤其是城市的非户籍福利水平的差距要缩小。在我国的城市规模体系中，大城市规模过大，在城镇化进程中承担了过重的人口迁移压力，城市陷入规模不经济的区间。通过引导人口向中小城市流动，让中小城市更多地分担吸纳人口迁移的任务，从而再造出部分人口规模处在理论最优区间的城市，可以强化城市规模体系中的"中坚力量"。

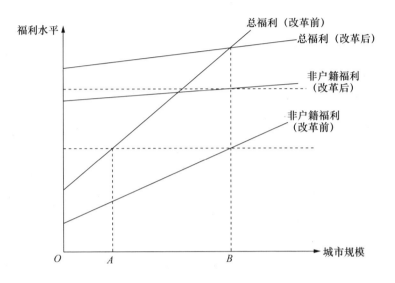

图 4 - 3　缩小城市发展水平差距后的福利剥离式户籍改革政策效果

对于发展中小城市、建立科学的城市体系、实现城镇化的均衡发展，一些发达国家的发展经验值得借鉴。法国政府在 20 世纪 50 年代为了发展地方的中、小城市，缓解巴黎等大城市人口过度集中的压力，出台了《全国领土整治规划》，提出"要阻挡住把全国一切有生力量带往大城市的潮流，在所有那些资源尚未充分利用以及纵然有雄厚潜力而趋于荒芜的地区重新开发生命的源泉"。为了实现这个目标，法国政府从制度、人力、财力上采取了一系列的政策措施：加强了一批除巴黎之外的外省大城市的建设，使之在抵制巴黎地区强大的吸引力时起到平衡作用；鼓励工业分散布局，优先发展落后地区；明令禁止在巴黎、里昂、马赛三大地区以及东部、北部的工业区内新建和扩建工厂；鼓励巴黎的银行、保险公司等金融机构向全国各省和新发展的工业区增设分支机构；奖励学校、科研机构、剧团等文化机构从大城市迁往落后地区。

在德国的城市化进程中，人口流动方式和流向呈分散型，劳动力转移没有出现过度集中到大城市的局面。德国的大中小城市共580多个，其中超过百万人口的大城市只有4座，而人口在2万—20万元的城市却占60%左右。这对促进区域经济相对均衡发展，防止福利差距有重要作用。完备的公共基础设施，带来了不同规模城市同质的生活水平。德国基本法强调要为全体公平提供等值的生活条件，政府投资的路、水、电、气和排污等公共设施覆盖全国各地。德国的城市交通发达，国家修建的大中城市间电气化铁路、高速公路和城市公交系统便捷畅通。同时，注重城乡交通连接和对小城镇、乡村道路等的投入，形成了四通八达的交通网。基础设施的改善，促进了小城镇产业集群的发展，形成与城市大企业配套协作的产业链，吸纳了大量人口向小城镇转移。

美国城市化最显著的特点是都市区化。在大都市区内的中心城市发挥着区域增长极的作用，带动着周边超越行政区划的城市群落发展。随着发达交通网络的建立，中心城市的居民开始大规模地向郊区和都市区内的小城镇转移。紧随人口分散化的趋势，大型购物中心等生活设施也开始从中心城市向外扩散，进而各类制造业和服务业企业也离开中心大城市，到郊区和小城镇设厂，强化了分散化的趋势。此外，美国作为民主化和权力分散化的典范，不同城市和区域经济社会发展水平表现出明显的均等化特征。民主政治一方面能够约束政府的资源配置行为，避免人口和资源过多地集中于大城市，弱化空间的非均衡程度；另一方面能提高中小城市的政治地位，进而提高它们经济资源的获取能力。因此，美国各州行政首府所在的城市一般都没有成为中心大城市。城市的规模虽有差别，但不同规模城市的经济社会发展水平相当，各有特色，各地区人均收入等衡量发展水平的指标差距很小，有效避免了人口迁移和分布向大城市过度集中的现象。

发达国家城市化发展模式对我国具有重要的借鉴意义。发达国家的经验表明，要避免人口向大城市过度集中，关键是要大力发展中小城市，提升中小城市居民的福利水平。而只有化解了人口向大城市过度集中的趋势，才能有效地推行剥离户籍福利含义的改革措施。为此，政府应建立人才、资源、重点项目分散化的激励机制，使中小城市获得发展的机会；通过国家层面的发展规划和财政支持，快速提高中小城市的基础设施水平，使其有能力承接大城市的产业转移；通过建立高速便捷的区域交通网络，构建中小城市和大城市的产品要素双向流动机制，形成都市经济圈，利用大城市的辐射作用有效带动中小城市发展，引导人口合理流动，形成科学的城市体系；构建均衡化的城镇化模式，有赖于对基于城市行政级别的集权化的城市管理体制的改革，通过一定的制度设计，避免行政级别高的大城市过度占有各类优质社会资源、挤占中小城市的发展空间。

第五节　农业转移人口差别化落户的制度设计

先解决城市之间发展水平的失衡问题，再解决少数大城市内部由户籍制度造成的福利分配失衡问题，这是从战略层面对未来较长一段时间城镇化转型发展而设计的总体规划。当前，距离到2020年实现1亿非户籍人口落户城镇目标期限已经很近了，要完成户籍人口城镇化率达到45%的阶段性目标，进一步的户籍制度改革须与城镇化模式转型同时进行。那么，在短期内，应如何在城市之间发展水平失衡依然较为严重的情况下，有效推进城市内部福利分配的均等化，推进非户籍人口尤其是农业转移人口在城市落户呢？

当前，推动农业转移人口在城市落户的指导思想是在全面放宽落户条件的基础上，依据城市规模的不同而实施差别化落户政策。梳理近年来出台的相关文件，如《国务院关于进一步推进户籍制度改革的意见》（国发〔2014〕25号）、《国务院关于深入推进新型城镇化建设的若干意见》（国发〔2016〕8 号）以及《国务院办公厅关于印发推动 1 亿非户籍人口在城市落户方案的通知》（国办发〔2016〕72 号），可以发现，有关推进农业转移人口在城市落户的总体要求、落户通道和配套措施都是依城市规模不同而分类实施的。城市规模固然是制定农业转移人口落户政策过程中一个重要的参考指标，但这一指标较为简单，对中国城市体系的复杂性考虑不够完整。在讨论户籍制度改革战略层面的问题时，以城市规模作为差别化落户政策的分类标准尚属合理，但在制定具体的落户操作细则时，显然应在城市规模的基础上对城市类型做进一步细分。对此，我们依据上一章研究人口迁移特征时对城市类型进行的划分方法，来分类探讨推进农业转移人口差别化落户的具体制度设计。

城市是实施农业转移人口落户的主体，而落户的客体则是户籍福利所对应的标的物——公共服务。除依据不同类型的城市实施差别化落户政策之外，我们还需要关注公共服务的不同类型。和城市一样，公共服务也是异质性的，有些公共服务的边际成本高，有些公共服务的流动性强，简单地通过放开农民工落户使之获得所有公共服务的使用权，而不根据公共服务的不同性质出台相应的配套措施，则将使城市公共服务体系陷入混乱。因此，只有将农业转移人口落户的主体城市和客体公共服务两个维度结合起来进行分类讨论，才能制定出合理有效的差别落户政策。

一　不同类型城市对落户的态度

农业转移人口落户必然会给城市政府的公共财政开支造成压力，而不同城市财政资金来源渠道的不同决定了城市政府面对财政压力的态度。在经济转轨时期，城市的财政资金来源主要有自我融资和再分配两种渠道（蔡昉和都阳，2003）。行政级别越高的城市，通过再分配获得收益的能力越强，其户籍的福利含金量越大，城市政府就越不愿意放开落户，而是希望控制户籍人口规模来防止公共支出的溢出效应。经济越发达的城市，依靠自我融资获得收益的能力越强，其城市福利的市场化程度越高，户籍的福利含金量就越低，

就越希望通过放开落户来吸引人口迁入，从而扩大税基。根据两种
获得的收益能力强弱的不同组合，可以将我国城市划分为四种类
型，即行政级别较高、地区经济较为发达的城市；行政级别较低、
地区经济较为发达的城市；行政级别较高、地区经济较不发达的城
市；行政级别较低、地区经济较不发达的城市。我们发现，根据自
我融资和再分配两种渠道获得收益能力强弱的不同组合而进行的这
种城市分类，与我们之前依据人口迁移的流向特征所形成的城市分
类高度吻合（见图 4－4）。

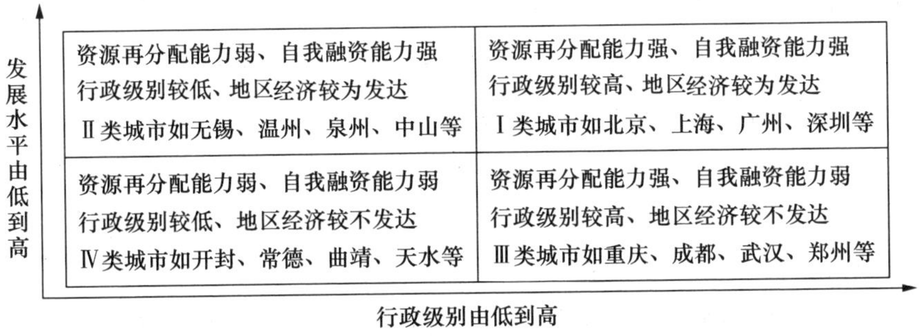

图 4－4　不同类型的城市

　　第一种类型是行政级别较高、地区经济较为发达的城市，如北
京、上海、广州、深圳等城市，也是上一章按人口迁移流向特征划
分的Ⅰ类城市。尽管这些城市经济发展水平很高，依靠税收实现自
我融资的能力也很强，同时高行政级别也赋予了其更强的资源再分
配能力，使其能够在更大范围内集聚资源。这类城市往往倾向于制
定积分制落户政策，将能够给城市带来优质税基的高素质人口引
入，而将低素质人口排除在户籍福利享受范围之外，避免公共支出
溢出。

　　第二种类型是行政级别较低、地区经济较为发达的城市，如无
锡、温州、泉州、中山等这些东部发达地区城市，也是上一章按人

口迁移流向类型划分的Ⅱ类城市。行政级别较低使得这些城市无法像第一类城市那样在更大范围内进行资源再分配，其户籍含金量低于第一类城市，但依靠城市自身的经济繁荣，靠扩大税基实现自我融资的能力较强，因此对放开落户吸引人口迁入持更为开放的态度，落户门槛相对较低。

第三种类型是行政级别较高、地区经济较不发达的城市，如重庆、成都、武汉、郑州等这些中西部和东部欠发达地区的省会城市，也是上一章按人口迁移流向类型划分的Ⅲ类城市。由于开放得比较晚，这些城市的市场化程度落后于东部发达地区，自我融资能力较弱，城市发展在很大程度上仍然依靠由其较高的行政级别所带来的资源再分配能力，甚至是以牺牲周边地区城市的发展为代价的。因此，同第一类城市一样也害怕放开落户会导致公共支出溢出，这类城市往往将落户范围局限在本地区的农业户籍人口，并倾向于将转户籍与土地挂钩，从而希望从户籍改革中获得来自于土地的收益，扩大自我融资能力。

第四种类型是行政级别较低、地区经济较不发达的城市，如开封、常德、曲靖、天水等中西部和东部欠发达地区的非省会城市。这些城市缺乏资源再分配能力，经济发展相对落后也使得自我融资能力不强。由于户籍含金量很低，即使完全放开落户也难以吸引外来人口迁入，使得城市的自我融资能力无法提高，城市发展处于停滞状态。

由此可见，不同类型的城市有着截然不同的对待户籍改革的态度，落户政策自然也就难以统一推进。差别化落户政策的制定需要考虑不同类型城市自身的实际，以及由此形成的对待落户的态度。

二 不同类型公共服务的融资渠道

一般而言，公共服务作为一种广义的公共品，应该具有非竞争性和非排他性的特征。但是，如果城市人口规模过大，造成对城市公共服务使用上的拥挤，也可能导致公共品表现出"伪公共品"的性质。在我国一些农民工集中的大城市、特大城市和超大城市，非户籍人口在享受城市政府所提供的基本公共服务的过程中，就面临着制度规则的排他性和供给水平的竞争性的双重困境（童光辉、赵海利，2014）。也就是说，由于使用公共服务的人口过多，在城市政府的公共服务供给能力有限时，会产生对有限公共服务的竞争，而城市政府为了避免外来人口对本地居民形成在公共服务上的挤出，倾向于用户籍制度控制的方法，形成对公共服务使用上的排他性，只有户籍人口才能享受城市的公共服务。从推进农业转移人口市民化的角度，城市政府应该做的无非就是一方面提高公共服务的供给水平，减轻公共服务的竞争性；另一方面破除制度规则的障碍，取消公共服务的排他性。我们把不同类型的公共服务整理如图4-5所示，横轴代表公共服务的流动性程度，即公共服务随人口流动而在不同地区间的可转移性；纵轴代表公共服务的边际成本，即新增一个使用者所增加的成本。

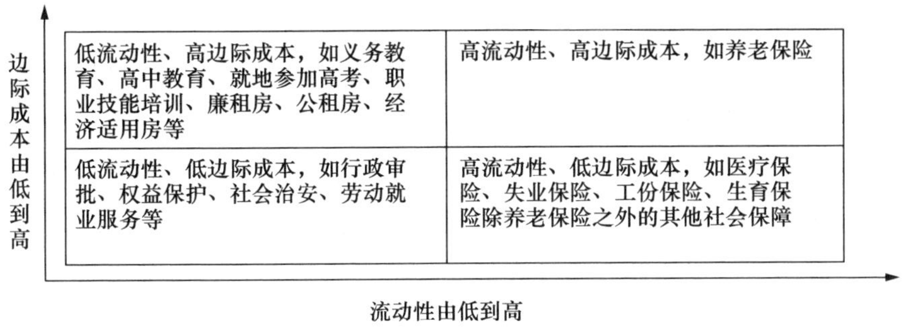

边际成本由低到高	低流动性、高边际成本，如义务教育、高中教育、就地参加高考、职业技能培训、廉租房、公租房、经济适用房等	高流动性、高边际成本，如养老保险
	低流动性、低边际成本，如行政审批、权益保护、社会治安、劳动就业服务等	高流动性、低边际成本，如医疗保险、失业保险、工伤保险、生育保险除养老保险之外的其他社会保障

流动性由低到高

图4-5　不同类型的公共服务

第一，对于低流动性、低边际成本的公共服务，诸如行政审批、权益保护、社会治安、劳动就业服务等。这类基本公共服务的边际成本主要体现在行政管理的成本方面，相对来说投入较小，同时这类公共服务又是属地化的，流动性较低。因此，对于这类公共服务，农民工迁入城市的地方政府理应承担供给责任，而上级政府则应当以常住人口为基数来制定相关职能部门的人员编制与预算定额，而非以户籍人口为基数。

第二，对于高流动性、低边际成本的公共服务，诸如医疗保险、失业保险、工伤保险、生育保险等除了养老保险之外的社会保险等。这类公共服务相对于教育、住房、养老等来说，边际成本较低，同时会随着人口在不同地区迁徙而相应地转移。因此，对于这类公共服务，仍然应该主要由农民工迁入城市的地方政府来承担供给责任，但与此同时，上级政府特别是中央政府也须为它们在不同地区间的流动提供制度保障。

第三，对于低流动性、高边际成本的公共服务，诸如义务教育、高中教育、就地参加高考、职业技能培训、廉租房、公租房和经济适用房等。这类公共服务的低流动性体现在它们的属地性上，公共服务的使用是与人口所在城市挂钩的。同时，这些公共服务需要相应的服务设施及专业技术人员来生产和提供，而公共服务设施的建设及维护、专业技术人员的薪酬及培养等方面都需要大量的经费投入。当城市中既有服务设施的承载能力趋于饱和的情况下，外来人口进入所带来的新增需求的边际成本是比较高的，而且需要长期持续的投入。正是这方面的原因，许多城市不得不设置各种准入条件将绝大部分的城市非户籍人口及其家属排除在这类公共服务的受益范围之外。对此，一方面鉴于当地政府在城市规划、服务设施建设、流动人口管理等方面具有信息优势，再加上公共服务本身的低流动性，城市政府应承担一定的供给责任；另一方面，上级政府尤其是中央政府应与地方政府建立成本分担机制，通过实施将新增市民化人口与中央财政转移支付相挂钩等方式来适当减轻当地政府的财政压力，并通过制度创新（如教育的对口援助）缩小不同地区的公共服务差距，更好地促进公共服务均等化。

第四，对于高流动性、高边际成本的基本公共服务，诸如养老保险等。由于这类公共服务直接与个人权利相挂钩，所以会随着人口迁徙而在不同地区间转移，流动性较强，同时政府还需要为此支付较高的边际成本（现实中是以隐形负债的形式出现的）。过去由于我国养老保险的统筹层次比较低，使得流动人口在不同地区间迁徙时不能顺畅地转移接续养老保险关系，自 2010 年起实施的《城镇企业职工基本养老保险关系转移接续暂行办法》在一定程度上缓解该问题。但与此同时，养老保险的支出责任并没有做出相应的调整，仍以地方政府为责任主体。随着"老龄化"社会的到来，这种由地方政府承担主要支出责任的模式并不具有可持续性。鉴于此，中央政府应该在这类高流动性、高边际成本的公共服务领域承担更大份额的支出责任，而地方政府则承担辅助责任。以养老保险为例，我国亟须建立全国统一的养老保险体系，实现全国统筹，同时考虑到各级经济发展水平等方面的差异，在全国统一标准的基础上，允许地方政府根据当地实际情况建立地方性的养老金标准作为补充（童光辉和赵海利，2014）。

三 依据城市和公共服务的不同类型制定差别化落户政策

根据四类城市的流动人口来源、筹资体制，以及四类公共服务的融资渠道，我们对各类城市在推进农业转移人口落户进程中应重点解决的公共服务项目及其成本分担机制进行讨论如下：

（一）Ⅰ类城市（东部发达地区特大城市）

这类城市的农业转移人口主要是跨省农民工，由于其经济发展水平较高，同时城市的行政级别较高，自我融资和资源再分配能力均较强。这类城市的户籍高福利主要体现在优质教育资源，以及高房价下住房保障的高价值。也就是说，落户需要重点解决的问题是低流动性、高边际成本的公共服务供给。这一方面需要地方政府自身承担一部分公共支出责任；另一方面为了补偿这些城市为跨省农民工提供公共服务的溢出效应，需要中央政府通过转移支付建立起与地方政府的公共服务成本分担机制。

（二）Ⅱ类城市（东部发达地区除特大城市之外的城市）

这类城市的农业转移人口主要是跨省农民工，由于其经济发展水平较高，自我融资能力强，但城市的行政级别相对于第一类城市较低，因而在资源再分配能力从而城市的户籍福利上也相对比第一类城市较少，因此，教育、住房保障等公共服务的供给压力相对较轻。更为重点的公共服务供给任务应该是理应全国统筹但实际上分权化了的公共服务，即以养老保险为主的高流动性、高边际成本的公共服务。对此，中央政府应该在这一领域承担更大份额的支出责任，而地方政府则承担辅助责任。

（三）Ⅲ类城市（中西部和东部欠发达地区的省会和副省级以上城市）

这类城市的农业转移人口主要以省内甚至是本地转移的农民工为主，在财政预算上是基本对称的，或者说这些城市解决省内尤其是本地农民工的落户问题是情理之中的，而这些城市较高行政级别也赋予了其较强的资源再分配能力，使这些城市提供农民工市民化的教育、住房、养老等公共服务不存在太大的问题。因此，相对来说，这些城市的政府重点要解决的应是农民工的除养老保险外的其他社会保障问题，同时上级政府也应为此提供在不同地区转移接续的制度保障。

（四）Ⅳ类城市（中西部和东部欠发达地区的非省会城市）

这类城市的农业转移人口主要是本地就地转移的农民工，相对前几类城市，一方面户籍含金量较低，另一方面跨省农民工较少，因而实现农民工落户真正的筹资压力并不大。这类城市的政府需要重点解决的公共服务问题应是一些低流动性、低边际成本的公共服务，诸如行政审批、权益保护、社会治安、劳动就业服务等。由于这些城市也是经济较为发达的大城市，提供这些属地化公共服务所需的行政管理成本，完全可以由地方政府自己解决。

第五章 户籍管制对城市人口规模
控制的效果分析

长期以来，户籍制度被认为是造成城乡二元分割、阻碍农业转移人口在城市定居的一项关键因素（李强，2003；Bosker 等，2012）。普遍的观点是，虽然户籍制度直接限制人口流动的功能已经不复存在了，但它通过对城市福利的歧视性分配，仍然间接地限制人口的迁移和定居（叶建亮，2006；Whalley 和 Zhang，2007），并且由于户籍制度的存在，中国的城市化进程滞后于工业化，城市规模过小，大城市数量过少，规模经济效益发挥不足（Au 和 Henderson，2006；王小鲁、夏小林；1999；陆铭、向宽虎，2014）。然而，对我国人口迁移的实际情况进行观察后发现，越是户籍管制严格的大城市，近年来常住人口增长越快；反之，户籍管制已经完全放开的中小城市和小城镇，常住人口增长却比较缓慢甚至在下降。一些研究也表明，无法获得大城市的户籍并非外来人口定居的主要障碍，大城市更多的发展机会和更高水平的公共服务是外来人口选择长期居住的主要动因（Zhu 和 Chen，2010；夏怡然、陆铭，2015）。本章之前的论述，也从大城市可以提供更高的非户籍福利的角度，为流动人口在无法获得户籍的情况下仍然愿意向大城市转移提供了描述性证据。可见，对于当前城市户籍管制政策对人口迁移和定居的影响效应，不同的观察之间存在着一定的矛盾。

当前，我国正在进行着新一轮的户籍制度改革。在国家层面，户籍改革的总体思路是根据城市规模的不同采取差别化的落户政策，对于外来人口较多的大城市和特大城市，落户的规模和节奏要严格控制，以求减轻这些城市的人口压力。在地方层面，一些大城市的政府在制定户籍管制措施时，通常采取积分落户制的方式，通过设置较高的落户门槛，将少量高技能劳动力留在城市，而将大量低技能劳动力排斥在户籍人口范围之外，希望能够一方面控制人口总量规模，另一方面优化人口结构。如果户籍确实能够限制外来人口在城市定居，户籍管制政策不失为一种大城市疏解人口的有效手段。但是，如果城市的户籍管制不仅没有阻碍外来人口迁入定居，反而促进了这一进程，那么大城市通过限制落户来控制人口规模的政策就是无效的，同时也无法达到优化人口结构的目的，甚至根据城市规模实施差别化落户的户籍制度改革的政策效果也无法实现。因此，搞清户籍管制对外来人口在城市定居的实际影响，对于未来我国户口迁移政策的调整和实施有着重要的理论和实践意义。

研究户籍制度与人口迁移和定居问题，大致有三个研究框架。

一是基于"推拉"理论的研究框架，主要利用微观调查数据，对影响人口定居式迁移行为的迁入地、迁出地因素进行实证分析，认为迁入地的沿海区位和投资规模（Dudley et al.，2008）、与家乡在同一省份（Hu 等，2011）、城市人口规模（Zhang and Song，2003）、更高的生活水平以及迁出地的社区收入差距（蔡昉、都阳，2002）对迁移人口在迁入地定居有正面的影响；迁入地的高房价（Chen et al.，2011）、社会保险参与度以及迁出地的农村社会网络强度（Yang，2000）、人均土地面积（王子成、赵忠，2013）对迁移人口在迁入地定居有负面影响。

二是基于蒂布特模型的研究框架，将城市抽象成一个税收和公共品的组合（Tiebout，1956），通过调节户籍管制政策来展开对高禀赋人口的竞争，即一方面通过高户籍价值吸引高禀赋人口流入，另一方面通过高户籍门槛将非户籍人口排除在享受特定公共品供给的范围之外，以压缩公共支出（甘行琼、刘大帅，2015；付文林，2007）；对个体而言，其对公共产品的支付意愿和流动倾向决定了其是否在城市定居（Atkinson and Stigliz，1980；Epple et al.，

1984）。

三是基于最优城市规模理论的研究框架，即城市最优规模是由城市扩张所带来的递减的集聚经济收益和递增的公共品拥挤成本的权衡而得到的（Henderson，1974；Alonso，1971；Dixit，1973），超过最优规模的城市则应进行人口控制，而户籍管制是有效手段（Sun and Fan，2011）。

上述几个研究框架都对理解户籍制度与外来人口定居问题有一定帮助，但是也存在一些不足之处。首先，基于"推拉"理论的研究框架考虑到了迁入地和迁出地的各类影响定居的因素，但很少关注迁入地城市户籍管制程度的影响。其次，蒂布特模型的研究框架默认城市户籍管制政策可以通过公共品供给歧视而发挥限制人口迁入的功能，忽视了公共品在排他性程度上的不同以及不同类型的公共品与户籍之间的关系，因而未能把握住户籍管制政策在控制外来人口定居上发挥的实际作用。最后，最优城市规模理论的研究框架虽然解释了人口规模对户籍管制政策的影响，但由于没有区分出户籍管制政策对由城市规模扩张所带来的集聚效益和拥挤成本的不同作用，因而未能解释清户籍管制政策对最优人口规模的影响。

针对上述理论分析的不足和现实背景的需要，本章首先将对城市公共品按照排他性不同，分为依赖户籍的排他性公共品和不依赖户籍的非排他性公共品，进而分析户籍管制政策对城市公共品支出的结构性影响以及随之产生的对城市最优人口规模的影响。其次，基于外来人口自身的迁移动因，分析其对城市户籍管制政策变化所导致的城市公共品供给结构性变化的反应，尤其是保留效用不同的高技能和低技能劳动力对这一变化反应的不同，进而得出户籍管制加强可能将促进外来人口尤其是低技能劳动力在城市定居的理论假设。最后，利用2014年国家卫生计生委流动人口动态监测数据和同期的中国城市统计年鉴，实证验证了城市的户籍管制政策对其外来人口定居行为和定居意愿的正面影响，并发现户籍管制政策对低技能外来人口的定居促进作用更强。因此，城市的户籍管制政策，尤其是大城市针对低技能劳动力的户籍管制政策，不仅无法阻止外来人口进城定居，反而促进了这一进程，无助于城市人口疏解和结构优化目标的实现。

第一节　户籍管制与外来人口定居：理论分析

城市的公共品可以依据排他性的不同分为两类：一类是排他性公共品，如教育、医疗、社会保障和住房保障等。这些公共品在使用上的排他是通过户籍身份实现的。也就是说，只有拥有城市本地户籍的居民才能使用，而非户籍居民则被排除在外。另一类是非排他性公共品，如基础设施、治安环境、社会秩序、市场信息和文化氛围等，从某种意义上讲，城市的非正规就业机会和平均收入水平也是一种非排他性公共品。这类公共品在使用上是非排他的，即不论城市居民是否具有本地户籍都可以平等地享受这类公共品的供给。两类公共品的特征、使用者范围和主要范畴如表5-1所示。

表5-1　　　　　　　　　城市公共品分类

公共品类型	使用者范围	公共品范畴
排他性公共品	城市户籍居民	教育、医疗、社会保障和住房保障等
非排他性公共品	城市全体居民	基础设施、市场信息、社会秩序、治安环境、文化氛围、非正规就业和平均收入水平等

在对城市公共品进行分类的基础上，我们进一步来考察地方政府和外来人口的行为特征。不同于发达国家的地方政府，中国地方政府财政收入的来源主要是企业所缴纳的增值税，而非对个人征收

的财产税和所得税。对于以追求经济增长和财政收入最大化为目标的城市地方政府来说，通过大力投入产业园区、道路交通、基础设施、社会治安、营商环境等城市非排他性公共品供给，为企业提供更好的服务，进而实现更有效的招商引资是合意的选择。相比之下，城市居民尤其是外来人口的教育、医疗、社会保障和住房保障等民生领域的建设则被轻视，而这些领域正是户籍所对应的排他性公共品。地方政府的这一行为倾向这不仅是因为当前城市居民"用手投票"的权利保障不足，更是因为还不存在外来人口"用脚投票"的机制。对于以追求更多的就业机会、更高的收入、更强的成功幻觉（范红忠、王徐广，2008）的外来人口来说，哪个城市具有更好的非排他性公共品进而能够吸引更多企业入驻，哪个城市就自然成为其迁移目的地，城市户籍所对应的排他性公共品供给的缺失可能并不会妨碍外来人口迁入城市。鉴于此，地方政府自然也就没有动力向外来人口提供与户籍相关的公共品，而是倾向于加强户籍管制，将节省下来的排他性公共品支出用于非排他性公共品供给。

　　因此，城市实行户籍管制的实际效果是，通过将占全部城市人口相当大比例的非户籍外来人口排除在排他性公共品的供给范围之外，只负担他们的非排他性公共品供给，从而节省了一部分公共支出，使得城市人口规模增大的总拥挤成本降低。由于外来人口主要看重的是非排他性公共品而并不看重与户籍相关的排他性公共品，在城市政府把节省下来的公共支出用于提供更优质非排他性公共品的情况下，外来人口不仅不会"用脚投票"，反而会留居在城市以享受这些非排他性公共品的福利。更多的外来人口将会为了更优质非排他性公共品所提供的非户籍福利而定居在城市。

　　这样一来，城市户籍管制政策形成了对人口迁入定居的一种激励机制，即越是加强户籍管制，城市对排他性公共品供给的责任就越小，从而越有能力提供优质的非排他性公共品，城市的非户籍福利水平也就越高，外来人口也就更越倾向于在城市长期居住下来。表5-2显示了我国人口规模最大的18个特大城市和23个规模较大

表5-2　特大城市和部分大城市的非户籍人口数量和比例

城市	非户籍人口(常住人口)(万人)	非户籍人口占常住人口比例(%)	城市	非户籍人口(常住人口)(万人)	非户籍人口占常住人口比例(%)	城市	非户籍人口(常住人口)(万人)	非户籍人口占常住人口比例(%)
			人口500万以上的特大城市					
1. 上海	980(2350)	41.7	7. 东莞	642(833)	77.1	13. 西安	74(661)	11.2
2. 北京	792(2054)	38.6	8. 成都	251(832)	30.2	14. 沈阳	119(647)	18.4
3. 重庆	12(1956)	0.62	9. 南京	171(820)	20.9	15. 苏州	210(548)	38.3
4. 天津	525(1358)	38.7	10. 佛山	347(732)	47.4	16. 哈尔滨	75(548)	13.7
5. 广州	605(1300)	46.5	11. 杭州	185(710)	26.1	17. 郑州	156(425)	36.7
6. 深圳	738(1070)	69.0	12. 武汉	187(702)	26.6	18. 汕头	180(544)	33.1
			人口300万—500万的大城市					
19. 青岛	105(476)	22.1	27. 长沙	69(373)	18.5	35. 唐山	45(328)	13.7
20. 石家庄	57(465)	12.3	28. 南宁	72(363)	19.8	36. 温州	163(328)	49.7
21. 济南	90(451)	20.0	29. 无锡	115(361)	31.9	37. 贵阳	93(323)	28.8
22. 长春	54(419)	12.9	30. 宁波	127(356)	35.7	38. 徐州	66(322)	20.9
23. 合肥	168(414)	40.6	31. 太原	63(350)	18.0	39. 淄博	46(319)	14.4
24. 大连	105(409)	25.7	32. 南昌	49(350)	14.0	40. 中山	162(318)	50.9
25. 昆明	117(394)	29.7	33. 乌市	83(344)	24.1	41. 福州	103(300)	34.3
26. 厦门	174(377)	46.2	34. 常州	104(337)	30.9			

资料来源：2015年《中国城市统计年鉴》。

的大城市的人口结构情况，可以看出，这些城市既是户籍管制程度较强的城市，也是外来人口数量较多和占比较高的城市。但是，对于户籍管制与外来人口数量之间的关系，外来人口增多导致城市加强户籍管制的过程比较容易理解，而城市户籍管制的加强会导致外来人口倾向于在城市定居，仅有上述理论分析似乎不能令人信服。因此，这就需要进一步的实证检验。

此外，户籍管制政策促进外来人口在城市定居的效果，对于不同技能的劳动者可能并不相同。在流动人口群体中，低技能劳动力占据大部分。低技能劳动力主要是从农村流动到城市的农业转移人口，其中多数未受过高等教育。这些低技能劳动力的乡—城转移行为十分符合刘易斯二元结构特征（Lewis，1954），他们在城市的工资只是略高于生存水平，并且缺乏基本的社会保障以及教育、医疗、住房等排他性公共品福利，这些当然都与没有城市户籍直接相关。但即便是缺乏户籍福利，低技能劳动力仍然愿意流动到城市，因为在农村存在大量剩余劳动力的前提下，农业转移人口的保留效用很低。此外，这些低技能劳动力虽然在城市工作，其社会身份却仍在农村，无论是工资水平还是社会地位，他们所参照的是相对落后的农村水平。虽然在城市的低层次岗位上工作，要面临着福利待遇上的歧视，但是，普遍对此具有非敏感性。因此，对低技能劳动力来说，因无法享受户籍对应的排他性公共品供给而"用脚投票"的可能性更小，更有可能为了城市更优质的非排他性公共品而选择定居下来。相反，流动人口中的高技能劳动力主要以城市之间迁移的市民以及受过高等教育的大学毕业生为主，这些高技能劳动者的保留效用较高，对迁入城市所能给自身带来的福利改善期许较高，不仅限于非排他性公共品，还对排他性公共品供给有一定的要求。因此，未能获得迁入城市的户籍有可能会使之产生"用脚投票"的行为或打算，户籍管制对其在城市定居的促进作用可能会弱于低技能劳动力。

从以上分析可以看出，加强户籍管制可能不仅不会阻碍外来人口在城市定居，反而会促进这一进程。不同技能的劳动力在面对城市户籍管制时，对选择定居下来的倾向性程度可能会有所不同。然而，在考察城市户籍管制对外来人口在城市定居的影响过程中，户籍管制政策与城市常住外来人口数量之间的双向因果关系可能导致联立内生性偏误，因为在一个城市定居的外来人口数量多，本身会通过影响公共品支出规模而影响城市的户籍管制政策。此外，还有很多与户籍管制政策相关的因素也同时影响着外来人口的定居决策，也会造成简单回归估计的遗漏变量偏误，因此需要采用工具变量方法对模型进行估计，并对各类可能影响结果的城市和个人层面的变量进行控制。接下来，我们将基于上述对户籍管制政策与城市不同排他性公共品供给之间特定关系的分析，考察城市户籍管制政策对不同技能的外来人口定居行为和定居打算的影响效应。

第二节　模型和数据

为了检验不同程度的户籍管制政策是否对城市外来人口定居行为和意愿有显著影响，以及这种影响对于不同技能劳动力群体的差异，我们选取了国家卫生计生委 2014 年的流动人口动态监测调查数据来获得衡量外来人口定居行为和意愿的指标，作为回归的被解释变量；选取了 2015 年《中国城市统计年鉴》来获得城市户籍管制强度的指标，作为回归的解释变量。

国家卫生计生委的流动人口动态监测调查数据是一个全国范围内的流动人口微观调查数据，是按照随机原则在全国 31 个省份和新疆生产建设兵团流动人口较为集中的流入地抽取样本点，以在流入地居住一个月以上，非本区（县、市）户口，2014 年 5 月时年龄为 15—59 周岁的流入人口作为调查对象。问卷主要涉及家庭及个人基本情况、流动与就业特征以及基本公共卫生服务等情况。该调查以 31 个省份和新疆生产建设兵团全员流动人口年报数据为基本抽样框，采取分层、多阶段、与规模成比例的 PPS 方法进行抽样，在保持对全国、各省有代表性的基础上，增强对主要城市群、均等化试点城市的代表性。其中，省级样本量分 7 类，分别为 14000 人、12000 人、8000 人、7000 人、6000 人、5000 人、4000 人，调查的总样本量为 20 万人，覆盖全部县级以上行政区划。根据研究需要，我们对这 20 万个流动人口样本进行了筛选，只保留现住地在地级以上城市市辖区和城乡接合部的样本，并删除新疆生产建设兵团的样本以及部分有空缺值的样本，共得到研究所需样本 82114 个。

在回归分析中，我们首先将采用在流入地连续停留的年数作为考察定居行为的指标，被调查者在流入地城市停留的时间越长，其定居行为的特征就越明显。其次，我们采用被调查者对"你是否打算在本地长期居住（5 年以上）"问题的答案来设置衡量定居意愿的虚拟变量，对这一问题回答"打算"的认为有定居意愿；回答"不打算"和"没想好"的认为没有定居意愿。

回归模型的核心解释变量是户籍管制强度指标。在相关研究中，户籍管制强度的衡量是一个难点。已有的研究采用过不同的方法对该指标加以度量：如采用当年新增入籍总人口数除以当年新增移动电话用户数，当年新增移动电话用户数代表了在当地工作并愿意获得户籍的人数（丁菊红、邓可斌，2011），这种方法将不可避免地产生很大误差，因为会有很多一人多号以及非手机用户的情况，并且会受到一个城市移动电信行业发展的很大影响，实际计算结果也显示这一指标与现实感觉十分不符。再如采用户籍迁入人口与本地户籍人口的比例（计划迁移率）来表示户籍管制程度（蔡昉、都阳、王美艳，2001）。这种方法的问题也很明显，一些如北京、上海这样的大城市每年的户籍人口会增加很多，而很多一般的地级市人口相对稳定，但显然不能认为北京、上海的户籍管制程度要低于一般的地级城市。

综合各类方法，我们采用城市市辖区户籍人口与常住人口数量之比的相反数来作为衡量一个城市的户籍管制强度的指标。当市辖区户籍人口与常住人口比例小于 1 时，表明城市常住人口中有一部分人未能获得户籍，这种情况一般发生在户籍管制程度较强的大城市。这一比例越小，表示常住人口中获得户籍的人口越少，户籍管制越严格。反之，当市辖区户籍人口与常住人口比例大于 1 时，说明城市的常住人口少于户籍人口，这种情况往往发生在人口流失较为严重的中小城市，而这些城市的户籍门槛基本已经放开。这一比例越大，表示户籍管制程度越弱。为了分析方便，我们将户籍人口与常住人口之比乘以 - 1，得到研究所需的户籍管制强度指标，这一指标随城市户籍管制程度增强而增大。

计算户籍管制强度指标需要有各地级市的市辖区常住人口数量，而《中国城市统计年鉴》只提供了市辖区户籍人口数据，并未提供市辖区常住人口的数据，公开统计资料中只有普查年份才有市辖区的常住人口数据。但是，由于市辖区人均 GDP 是依据常住人口计算的①，因此用《中国城市统计年鉴》中地区生产总值除以人均地区生产总值，就能得到各市的常住人口数据。经检验，所得到的数据与人口普查年份与各城市市辖区常住人口数据较为吻合。

在其他因素不变的情况下，回归分析主要考察户籍管制强度是否对外来人口在城市定居的行为和意愿产生影响。根据上述分析，户籍管制越强的城市，同样人口规模条件下的排他性公共品支出相对更小，用于非排他性公共品供给的资源就更多，由于外来人口更看重迁入地城市的非排他性公共品的供给，因此更倾向于选择定居下来。这种情况在低技能劳动力群体中更为明显，因为低技能劳动者相对于高技能劳动者在迁入地定居的保留效用更低，更容易接受排他性公共品供给缺失并满足于非排他性公共品。因此，我们预期，户籍管制强度越大的城市，其外来人口的定居时间就越长，打算未来在该城市长期居住的概率也越高，并且这种关系在低技能劳动者群体中更为显著。这就是本章的核心假设。个人层面的其他控

---

① 国家统计局从 2004 年之后，就要求各地要统一按常住人口计算人均 GDP。

制变量均来自 2014 年国家卫计委流动人口动态监测数据，城市层面的控制变量来自 2015 年《中国统计年鉴》。

　　计量模型由两部分组成，外来人口在城市的定居时间即定居行为由方程（5-1）决定，外来人口打算在城市长期居住的概率即定居打算由方程（5-2）决定：

$$Stayyear_{ij} = \alpha'_1 Control_j + \beta'_1 X_{ij} + \gamma'_1 City_j + \mu \tag{5-1}$$

$$Prob(Settlement_{ij} = 1) = \Phi(\alpha'_2 Control_j + \beta'_2 X_{ij} + \gamma'_2 City_j) + \nu$$

$$\tag{5-2}$$

　　式中，下标 i 和 j 表示居住在 j 城市中的个人 i，$Stayyear_{ij}$ 是定居行为变量，表示个人 i 在流入地城市 j 已经连续居住的年数，$Settlement_{ij}$ 表示个人 i 是否有在流入地城市定居意愿的虚拟变量，若有此意愿取值为 1，没有定居意愿的取值为 0。在解释变量中，$Control_j$ 是户籍管制强度指标，即城市的市辖区户籍人口与常住人口之比乘以 -1，值越大表明户籍管制强度越高，α' 的大小和显著性是我们关注的核心，若户籍管制增强确实能促进外来人口在城市定居，则我们预期 α' 的估计值显著为正。X_{ij} 是一系列可能影响定居行为和定居意愿的个人特征，包括性别、年龄、年龄平方、婚姻状况、受教育程度①、城市户口②、收入、迁移距离③、跨省迁移、省内跨市迁移④、雇主和自雇。⑤

　　其他可能影响定居行为和定居意愿的城市特征被包括在向量

---

　　①　受教育程度指标的取值原则为：未上过学取值为 0，小学取 6，初中取 9，高中取 12，大学专科取 15，大学本科取 16，研究生取 19，在其他条件不变情况下，受教育程度高的外来人口在理论上可能具有更强的定居能力和意愿。

　　②　城市户口指标为 0、1 虚拟变量，其他条件不变情况下，城市户口的外来人口在理论上可能具有更强的定居能力和意愿。

　　③　迁移距离指标是外来人口流入城市所在的省的省会与流出地所在省的省会之间的距离，从理论上讲，迁移距离越远，风土人情差异越大，越不容易在文化上融入当地，定居的能力和意愿越弱。

　　④　问卷中设有流动范围的问题，包含三个选项：跨省流动、省内跨市、市内跨县，为避免多重共线性，我们仅选取前两个作为虚拟变量，以市内跨县流动的样本为基准。

　　⑤　问卷中设有就业者身份的问题，包含雇主、自雇和雇员三个选项，为避免多重共线性，我们仅选取前两个作为虚拟变量，以雇员的样本为基准。

City_j 中，主要有：人口规模、固定资产投资、产业结构、人均教育支出、每万人拥有医生数、人均道路面积、每万人拥有公交车数和城市行政级别。控制这些变量是为了减轻遗漏变量偏误。

第一，城市的人口规模与户籍管制强度、外来人口的定居行为和意愿之间有着相关关系，大城市往往是户籍管制较为严格的城市，这本身会对外来人口的定居行为和意愿造成影响，因此忽略城市规模因素会造成对户籍管制强度系数的有偏估计。

第二，我们在回归中控制了固定资产投资和产业结构两个指标，主要是因为这两个指标与城市提供的就业机会有关，而就业机会对外来人口的定居行为和意愿有着影响，同时固定资产投资和产业结构还通过影响税收影响着城市政府的公共品供给政策，对户籍管制强度有一定影响。

第三，我们控制了城市的人均教育支出，这个指标代表排他性公共品的供给水平，而排他性公共品供给直接与户籍管制强度和外来人口的定居决策有关。

第四，我们控制了人均道路面积，这个指标代表非排他性公共品供给水平，非排他性公共品供给水平同样直接与户籍管制强度和外来人口定居决策相关。

第五，我们还在回归中加入了城市行政级别变量，由于行政级别较高的城市具有较强的优质社会资源集聚能力，在社会财富再分配中占据优势（年猛、王垚，2016），对外来人口有着比一般城市更强的吸引力，从而行政级别与外来人口的定居决策相关；对于行政级别较高城市的地方政府来说，普遍希望通过加强户籍管制来减少优质资源和财富的溢出效应，从而行政级别又与户籍管制强度有关。因此，引入行政级别可以控制住与行政级别相关且同时影响外来人口定居和户籍管制程度的不可观测因素。回归中所有解释变量和被解释变量的定义如表 5-3 所示。

表 5 - 3   解释变量

变量	定义
城市特征	
户籍管制强度	2014 年市辖区户籍人口(万人)/2014 年市辖区常住人口(万人) ×(-1)
人口规模	2014 年市辖区常住人口(万人)
固定资产投资	2014 年市辖区固定资产投资总额(万元)/2014 年市辖区 GDP (万元)
产业结构	2014 年第二产业增加值(万元)/2014 年第三产业增加值(万元)
人均教育支出	2014 年市辖区教育支出(万元)/2014 年市辖区常住人口(万人)
人均道路面积	2014 年市辖区人均城市道路面积(平方米/人)
城市行政级别	直辖市、计划单列市、省会城市取值为 1,否则为 0
个人特征	
本地停留时间(定居行为)	迁移者迁入本地,持续停留的年数(离开不超过 1 个月的不作为一次新的迁移)
长期居住打算(定居意愿)	打算在本地居住 5 年以上的取值为 1,不打算居住 5 年以上及没想好的取值为 0
性别	男性取值为 1,否则为 0
年龄	2014 年时的年龄
年龄平方	年龄值的平方
婚姻状况	初婚、再婚取值为 1,未婚、丧偶、离婚取值为 0
受教育程度	受教育年数
户口情况	非农业户口、非农业转居民户口取值为 1,农业户口、农业转居民户口取值为 0
收入	被调查者个人的月收入(元)
迁移距离	务工所在省份的省会城市与家乡所在省份的省会城市之间的距离(千米)
跨省迁移	跨省迁移者取值为 1,其余为 0
省内跨市	省内跨市迁移者取值为 1,其余为 0
雇主	雇佣别人为自己劳动的劳动者取值为 1,其余为 0
自雇	既不雇用别人也不受雇于别人的劳动者取值为 1,其余为 0

上述各变量的描述性统计见表5－4。

表5－4　　　　　　　　　　描述性统计

变量	样本量	平均值	标准差	最大值	最小值
城市特征					
户籍管制强度	285	－0.977	0.584	－0.23	－3.20
人口规模	285	180	270	2350	5.90
固定资产投资	285	0.834	0.406	5.60	0.0931
产业结构	285	1.24	0.610	4.24	0.234
人均教育支出	285	1471	1164	18023	18.8
人均道路面积	285	13.3	9.31	106	1.17
城市行政级别	285	0.123	0.329	1	0
个人特征					
本地停留时间	82114	4.53	4.55	44	0
长期居住打算	82114	0.604	0.489	1	0
性别	82114	0.617	0.486	1	0
年龄	82114	34.8	8.64	60	15
婚姻状况	82114	0.801	0.399	1	0
受教育程度	82114	10.39	2.90	19	0
户口情况	82114	0.174	0.379	1	0
收入	82114	3883	4311	380000	0
迁移距离	82114	338	541	3463	0
跨省迁移	82114	0.416	0.493	1	0
省内跨市	82114	0.348	0.476	1	0
雇主	82114	0.0990	0.299	1	0
自雇	82114	0.372	0.483	1	0

第三节　实证结果

表5－5中的模型一和模型二分别报告了外来人口在本地停留年

数和外来人口打算在本地长期定居概率的回归结果。可以看出，城市的户籍管制强度对外来人口在本地停留的时间和打算长期居住的概率都有显著的正向影响。这说明户籍管制增强对外来人口在城市的定居行为和定居意愿都有促进作用。

表 5 - 5　户籍管制强度与迁移行为和迁移意愿：计量回归结果

解释变量	被解释变量		
	本地停留时间	长期居住打算	本地停留时间
	模型一（OLS）	模型二（Probit）	模型三（IV）
户籍管制强度	1.85***	0.211***	1.17**
	（0.118）	（0.0363）	（0.519）
人口规模	0.000264***	0.0000520***	0.000278***
	（0.0000382）	（0.0000120）	（0.0000396）
固定资产投资	-0.845***	-0.235***	-0.942***
	（0.0621）	（0.0196）	（0.0945）
产业结构	0.0739***	0.0253***	0.0421
	（0.0285）	（0.00898）	（0.0368）
人均教育支出	0.000433***	0.0000804***	0.000450***
	（0.0000297）	（0.00000933）	（0.0000322）
人均道路面积	-0.00250	0.0104***	0.00177
	（0.00226）	（0.000769）	（0.00386）
城市行政级别	-0.506***	0.0195	-0.489***
	（0.0463）	（0.0145）	（0.0480）
性别	-0.0313	-0.0443***	-0.0319
	（0.0306）	（0.00957）	（0.0306）
年龄	0.398***	0.0755***	0.398***
	（0.0141）	（0.00437）	（0.0141）
年龄平方	-0.00330***	-0.000852***	-0.00330***
	（0.000188）	（0.0000582）	（0.0436）

续表

解释变量	被解释变量		
	本地停留时间	长期居住打算	本地停留时间
	模型一（OLS）	模型二（Probit）	模型三（IV）
婚姻状况	0.277 ***	0.498 ***	0.290 ***
	（0.0453）	（0.0139）	（0.0464）
受教育程度	− 0.0223 ***	0.0418 ***	− 0.0224 ***
	（0.00606）	（0.00191）	（0.00606）
户口情况	− 0.0742 *	0.119 ***	− 0.0810 *
	（0.0433）	（0.0137）	（0.0436）
收入	0.00000195	0.0000189 ***	0.00000254
	（0.00000357）	（0.00000157）	（0.00000360）
迁移距离	− 0.000196 ***	− 0.0000263 **	− 0.000193 ***
	（0.0000418）	（0.0000130）	（0.0000418）
跨省迁移	0.516 ***	− 0.188 ***	0.552 ***
	（0.0552）	（0.0172）	（0.0611）
省内跨市	0.349 ***	− 0.0231 *	0.363 ***
	（0.0421）	（0.0131）	（0.0434）
雇主	0.749 ***	0.378 ***	0.743 ***
	（0.0528）	（0.0171）	（0.0530）
自雇	0.723 ***	0.187 ***	0.720 ***
	（0.0338）	（0.0105）	（0.0340）
样本量	82114	82114	82114

注：括号内数字为标准误。＊、＊＊和＊＊＊分别表示在10%、5%和1%的水平上显著。

但是，模型一的回归结果可能是有偏的。如前所述，在考察户籍管制强度对外来人口在本地停留年数影响的过程中，外来人口迁移行为与城市户籍管制政策的双向因果关系可能导致联立内生性偏误。因此，我们需要寻找户籍管制强度的工具变量来重新估计模型一。对于模型二，由于城市政府往往是根据现有的外来人口数量和比例来制定户籍管制政策的，只有外来人口从过去至今若干年的实际定居行为才会对户籍管制政策产生影响，而外来人口的未来长期居住打算不会对现在的政府户籍管制政策产生影响。因此，从理论上讲，长期居住打算与户籍管制政策之间没有联立内生性偏误，无须使用工具变量法重新估计，豪斯曼检验结果也支持模型二不存在联立内生性问题。

通过分析，我们找到了市辖区公共图书馆藏书量作为模型一户籍管制强度的工具变量。一方面，公共图书馆藏书量与户籍管制强度相关。城市政府为了进行公共文化建设，需要建立公共图书馆并维持一定的藏书量，这会相应地发生财政支出。公共图书馆藏书是非排他性公共品，所有的城市常住居民都有使用的权利，因而地方政府是根据常住人口数量多少来安排公共图书馆藏书支出规模的。公共图书馆藏书的支出越大，城市的财政支出溢出效应就越大，政府就越倾向于加强户籍管制来控制溢出效应，因此公共图书馆藏书量与户籍管制强度存在正相关关系。另一方面，公共图书馆藏书量与外来人口定居行为无关。作为以低技能劳动力占多数的外来人口，在生活中一般很少使用城市的公共图书馆，因而在进行定居于一个城市的决策时，通常也不会将城市的公共图书馆藏书量纳入考虑范围，而是主要考虑诸如就业机会、收入水平、基础设施等其他非排他性公共品供给水平。因此，我们选取公共图书馆藏书量作为户籍管制强度的工具变量，经检验，回归不存在弱工具问题。我们将本地停留时间对户籍管制强度的工具变量回归结果列在模型三中。可以看出，虽然户籍管制强度对本地停留时间的正面影响有所减小，但仍然在5%的显著性水平上显著。

控制变量的回归结果显示，多数城市特征和个人特征对被解释变量有显著影响，影响方向大多和预期相符：在城市特征层面，平均来说，人口规模较大的城市中的外来人口定居时间更长，打算未来在该城市长期居住的概率也更高。固定资产投资对外来人口定居有负面影响,说明依赖消费和净出口的城市对外来人口定居有更大的促进作用。第二产业增加值占比高对外来人口定居意愿有正面影响,而对定居行为的影响为负面。人均教育支出和人均道路面积都对定居行为和意愿有正面影响,说明排他性和非排他性公共品供给水平的提高有助于促进外来人口定居。城市的行政级别高对外来人口的定居行为有显著的负面影响,对定居意愿有正面影响但不显著。在个人特征层面,女性比男性有更强的定居意愿,也有着更长的定居时间但不显著。外来人口年龄与定居行为和定居意愿存在显著的倒"U"形曲线关系。婚姻对定居的促进作用十分明显。受教育程度高的、城市户口的外来人口在迁入城市定居意愿更强,但实际定居的年限较短。高收入者的定居意愿更强,定居年限也更长但不显著。近距离迁移对外来人口的定居意愿和定居行为都有正面促进作用。跨行政区的外来人口定居意愿更强,但实际定居年限更短。作为雇主和自我雇佣的外来人口,相对于受雇于人者,定居意愿更强,实际定居年限也更长。

户籍管制增强对外来人口在城市定居的行为和意愿具有显著的正面影响,表明户籍管制政策通过减少排他性公共品供给并相对提高非排他性公共品供给,从而促进外来人口在城市定居的机制是存在的。这也说明,通过加强户籍管制来控制人口规模的政策不仅无法取得预想的效果,且适得其反。户籍管制在外来人口较多的城市形成了一个自我循环强化的自增强机制,户籍管制越强的城市越能够吸引外来人口定居。

新一轮户籍制度改革的主要特征是实质性地放开城市落户,但无论是中央层面的指导意见还是各地对政策的实施过程中,普遍的共识是外来人口较多的大城市不能放开落户,若放开则会造成城市公共品支出的大幅上升,因此降低落户门槛的改革大多只在中等以下城市实施,大城市和特大城市依然严控户籍。本章的实证结论表明,这样的政策无助于缓解大城市人口压力。相反,要想真正实现大城市疏解人口压力的目标,恰恰应该放开户籍管制,大幅降低落户门槛，使更多的外来人口在大城市和特大城市获得城市户籍。当前的户籍管制无法阻止外来人口进入城市，而只能阻止其获得排他性公共品供给，这样做的效果是使大城市政府节约了一部分公共品支出，降低了对应于一定规模经济效益的公共品拥挤成本，提高了最优人口规模的理论值。若放开落户，城市的外来人口数量并不会立刻增长，规模经济效益不变，而政府排他性公共品支出的增加将使得拥挤效应上升到与规模经济效益相对应的水平，从而使城市最优人口规模回落到正常水平。对于外来人口个人来说，在城市定居的边际收益不变，而边际成本上升，也将促使其选择离开城市。

第四节　异质性外来人口情况

之前的实证结果是将不同技能水平的样本放在一起进行回归，得到的是户籍管制强度对所有外来人口在城市定居影响的一个平均效应，并没有对异质性样本进行区分。然而，不同技能的劳动者在面对户籍管制增强时的定居决策可能并不相同。在此，我们将全部样本按照户口类型，划分为农业户口和非农业户口两组；按照不同受教育程度，划分为未受过高等教育的和受过高等教育的两组，分别进行回归，以考察户籍管制政策对外来人口定居决策的异质性。在所有回归中，我们均控制了个人层面和城市层面的特征。为节省空间，我们仅报告出户籍管制强度对本地停留时间和长期居住打算的影响。

表 5 - 6 报告了区分户口类型样本的回归结果。我们发现，对于农村户籍的外来人口，城市户籍管制强度的提高对其定居行为和定居意愿均有显著的正面影响；而对于城市户籍的外来人口，户籍管制强度的提高对其定居意愿有显著的正面影响，但对其定居行为的正面影响不显著。表 5 - 7 报告了区分受教育程度样本的回归结果。

我们发现，对于未受过高等教育的外来人口，城市户籍管制强度的提高对其定居行为和意愿均有显著的正面影响；而对于受过高等教育的外来人口，户籍管制强度的提高对其定居行为的影响为负，对定居意愿的影响为正，且都不显著。

表 5 – 6 　　　　户籍管制强度与定居行为和定居意愿：
不同群体的计量回归结果（一）

	农村户籍外来人口		城市户籍外来人口	
	本地停留时间	长期居住打算	本地停留时间	长期居住打算
	模型四（Ⅳ）	模型五（Probit）	模型六（Ⅳ）	模型七（Probit）
户籍管制强度	1.44 **	0.173 ***	0.0939	0.319 ***
	(0.620)	(0.0397)	(1.07)	(0.0908)
个人特征	已控制	已控制	已控制	已控制
城市特征	已控制	已控制	已控制	已控制
样本量	67208	67208	14046	14046

注：** 和 *** 分别表示在 5% 和 1% 的水平上显著。

表 5 – 7 　　　　户籍管制强度与定居行为和定居意愿：
不同群体的计量回归结果（二）

	未受过高等教育的外来人口		受过高等教育的外来人口	
	本地停留时间	长期居住打算	本地停留时间	长期居住打算
	模型八（Ⅳ）	模型九（Probit）	模型十（Ⅳ）	模型十一（Probit）
户籍管制强度	1.92 ***	0.209 ***	− 0.686	0.0918
	(0.599)	(0.0390)	(1.14)	(0.105)
个人特征	已控制	已控制	已控制	已控制
城市特征	已控制	已控制	已控制	已控制
样本量	68041	68041	13213	13213

注：*** 表示在 1% 的水平上显著。

综合表 5 – 6 和表 5 – 7 的回归结果，可以得出如下结论：

首先，对于作为低技能劳动力的农村户籍和未受过高等教育的外来人口，加强户籍管制对其定居行为和意愿的促进作用显著大于城市户籍和受过高等教育的外来人口，这验证了我们之前对于低技能劳动力在城市定居的保留效用较低的分析。由于具有相对更高的保留效用，高技能劳动力对缺乏户籍相关的排他性公共品福利更为敏感，更倾向于"用脚投票"。

其次，对于高技能劳动者来说，户籍管制强度提高对其在城市长期居住的意愿具有正面影响（虽然受过高等教育的外来人口的样本的系数不显著），而对其在城市长期居住行为的正面影响要弱很多（城市户籍样本为不显著的正面影响；受过高等教育的样本为不显著的负面影响）。这说明，从个人意愿上，高技能劳动者更看重就业机会、收入水平、基础设施等城市非排他性公共品的福利，倾向于定居下来。但从现实角度，缺乏教育、医疗、社会保障等排他性公共品福利对他们来说，可能在自我期许和情面上存在着很大的顾虑，因而很难坚持下来，最终不得不离开。

当前，在新一轮户籍制度改革进程中，一些外来人口较多的大城市和特大城市普遍采用积分落户制的方式来强化户籍管制，落户积分的设置权重明显偏向高学历、高技术、高投资纳税等人力资本因素。这样做的目的是希望能在控制人口总量的同时，优化人口结构，使其最终留下来的是能够为城市做出更大贡献的高技能劳动力。本章的实证结论表明，由于高技能劳动力定居的保留效用较高，在当前积分落户指标规模依然较小的情况下，多数高技能劳动力不仅无法通过获得足够多的积分最终落户城市，反而会在高户籍管制强度下比低技能劳动力更倾向选择"用脚投票"。户籍管制政策的最终效果是留下了更多的低技能劳动力，而旨在优化人口结构的政策目标并未能实现。

第五节 结论及政策含义

本章首先对城市公共品按照排他性不同，分为依赖户籍的排他性公共品和不依赖户籍的非排他性公共品，从理论上分析了户籍管制政策对城市公共品供给的结构性影响，进而作用于外来人口的定居决策的过程。然后利用 2014 年卫计委流动人口动态监测数据和中国城市统计年鉴，对城市户籍管制强度对外来人口在城市定居行为和意愿的影响进行了实证分析。估计结果显示，户籍管制强度的提高，显著增多了外来人口在城市居住的时间，也显著提高了外来人口打算未来在城市长期居住的概率。对不同技能水平劳动力样本的回归结果显示，户籍管制的增强对于低技能劳动力在城市定居的促进作用更大。

通过对实证结果的分析，我们认为，在当前的新一轮户籍制度改革进程中，依据城市规模而实施的差别化落户政策难以达到政策效果。大城市更强的户籍管制政策不仅不能起到控制城市人口规模的作用，反而会进一步促进外来人口在城市定居。部分大城市实施的旨在控制人口规模、优化人口结构的积分落户制度，最终将使更多的低技能劳动力留在城市，无法起到疏解人口和优化结构的目的。

结合本章的结论，我们的政策建议如下：

首先，调整依城市规模而实行的差别化落户政策。在短期内应将放开落户的政策推广到所有城市，实现大城市和特大城市落户门槛的明显下降。这样做在短时间内可能会给大城市的财政支出造成一定的压力，但这恰恰是转变对这一支出不合理的压低，使城市的公共品拥挤效应回归到应有的水平，与既有人口规模所形成的规模经济效益相对应的合理调整，是通过市场化手段疏解人口的有效途径。但同时，大城市的落户依然要保留必要的门槛，仍然需要以合法稳定就业和合法稳定住所为基本要求，以避免在落户门槛大幅降低后大城市人口规模非理性的提高。

其次，部分大城市的积分落户制度应降低人力资本权重。本章的实证结论表明，通过积分落户制来控制人口规模和优化人口结构的做法是无效的，取消积分而放开户籍管制反而能取得预想的效果。另外，从道义层面讲，户籍是一个国家之内不同地区居民的身份标识，绝不同于主权国家的国籍、绿卡等制度。大城市的落户政策不应走向根据一个人的人力资本量来决定其能否享受城市排他性福利的道路。因此，大城市积分落户制应降低学历、职称、投资等与人力资本水平相关指标的权重，而以连续合法稳定居住和就业以及参加城镇社保一定年限等反映进城定居时间的指标作为积分制的主要权重，让落户政策更为公平合理。

最后，均等化不同城市的非排他性公共品供给水平。户籍制度改革表面上是一个城市内部不同户籍身份的居民无法享受均等的公共品供给的问题，但根源还在于不同城市的公共品供给水平差距。正是由于城市之间发展水平差距过大，导致大城市非排他性公共品供给水平高于中小城市排他性和非排他性公共品供给水平的总和，才使得流动人口宁愿选择到少数大城市作非户籍居民并长期定居，也不愿意选择到已经放开落户的中小城市定居。因此，通过大力发展中小城市，提高其非排他性公共品的供给水平，才是有效地实现大城市人口疏解、人口有序转移的根本途径。

第六章　特大城市户籍管制的自增强机制

自2014年国务院《关于进一步推进户籍制度改革的意见》出台后，我国掀起了新一轮户籍制度改革的高潮。经过努力，改革取得了一定的成效：中小城市和小城镇的户籍管制已经全面放开；大多数大城市的落户门槛也已明显降低；然而，少数大城市尤其是人口500万以上的特大城市，其户籍管制程度却并未实质性放松，甚至还有所加强：特大城市中非户籍常住人口的数量近年来基本保持着持续增加的态势，新增非户籍人口数量多于落户人数；一些特大城市虽然建立了积分落户制度，但落户所需积分远超以农民工为主的普通外来人口的能力范围；一些特大城市推行的户籍改革仅局限于本地户籍人口范围，未涉及外来人口，取消本地区城乡户籍差别的政策甚至还在某种程度上加深了本地和外来户籍之间的壁垒（宋锦等，2013）。由于特大城市是流动人口的主要目的地，如果户籍改革在特大城市持续无法取得突破，将使全国户籍制度改革的成效大打折扣。

户籍制度实质上是为地方政府提供了一个将排他性公共品的供给控制在本地户籍人口范围之内的机制，没有本地户籍的外来人口无法与户籍居民平等地享受教育、医疗、社保和住房保障等排他性公共品。然而，一方面特大城市严控户籍的政策并未阻止外来人口的大量流入，由上一章内容可知，越是户籍管制严格的城市，反而越吸引外来人口流入；另一方面，外来人口的持续大量流入也使得特大城市政府不得不进一步加强户籍管制，户籍管制在特大城市形成了一个局部正反馈的自增强循环机制。这一机制的形成原因是什么，如何退出这一机制？这一问题的答案是解决特大城市户籍改革难题的关键，在本章我们将试图对此提供一个合理的解释。

解释城市户籍管制的一个最有效视角是财政分权体制下的地方公共品供给，其代表性文献是蒂布特（Tiebout，1956）的开创性研究。在该研究中，城市被抽象成一个税收和公共品的组合，人们通过"用脚投票"的方式，选择到税收和公共品的组合令他们最满意的城市去居住，地方政府也相应地通过税收和公共品的组合展开对高禀赋人口的竞争。在此基础上，刘大帅和宋羽（2014）研究指出，中国地方政府的财政竞争并不表现在税率上，而是表现在户籍门槛设置上，即一方面通过较高的户籍价值吸引高禀赋人口流入，另一方面通过高户籍门槛将非户籍人口排除在享受特定公共品供给的范围之外，以尽量压缩公共支出责任。怀尔达辛（Wildasin，1996）的分析也表明，在分权制的财政体制下，地方政府倾向于通过设置一定的流动障碍，控制人口流入导致的地方公共品外部性，以保护本地居民的利益。地方政府主动选择户籍制度进行歧视性的公共品供给服从于自身的财政利益需要（甘行琼和刘大帅，2015）。对于这一类文献，虽然从控制地方公共品供给外部性的角度为城市的户籍管制提供了有力的解释，但未能将城市规模纳入分析框架中，没有揭示出我国特大城市和其他城市户籍管制政策走向差别的原因，即为什么同样作为控制地方公共品供给的外部性的工具，中小城市的户籍管制趋于逐渐放松直至完全放开，而特大城市的户籍管制趋于不断加强。

汪立鑫等（2010）对特大城市户籍管制程度趋于强化的原因做出了解释，他们建立了一个城市政府户籍限制政策的解释模型，将城市 GDP 增长率和城市户籍居民人均公共福利增长率作为城市政府在制定户籍政策时所考虑的主要目标，得出结论：公共福利初始水平较低的中小城市其户籍政策的自然走向是户籍门槛的不断降低直至消失，而公共福利初始水平较高的大城市其户籍政策的自然走向则是户籍门槛趋于提高并最终稳定在一个较高水平。蔡昉和都阳

（2003）将转型中的城市分为自我融资型城市和再分配型城市，自我融资型城市对经济活动的繁荣昌盛更加重视，对能够为本地经济做出生产性贡献的外来人口持欢迎态度；再分配型城市则积极寻求更高一级政府的补贴或更大范围内的资源再分配，担心各种福利和补贴外流。中小城市和小城镇作为自我融资型城市，户籍管制政策的特点是"最低条件、全面放开"；北京、上海等特大城市作为既有再分配来源又有自我融资渠道的城市，户籍管制政策的特点是"筑高门槛、开大城门"。王美艳和蔡昉（2008）也指出，特大城市户籍的高含金量和获得公共资源的社会化程度低是导致其户籍改革难度大的原因。这类文献虽然在一定程度上解释了特大城市户籍管制严格的原因，但分析框架实际上仍然是基于蒂布特模型，这使得研究忽略了中国城镇化进程的两个重要前提。一是城市新增人口主要来自农村，保留效用很低，其流动模式遵循刘易斯二元模型（Lewis，1954）而非研究城市之间人口流动的蒂布特模型。二是中国的税制结构是以商品税为主，而非蒂布特模型研究的财产税，因而中国地方政府对提供城市税收来源的企业的重视程度要远高于个人，进而追求经济增长在政府目标中很大程度上要远超对社会福利、公平等其他因素的考虑。尽管如此，这类文献仍为我们进一步分析特大城市户籍管制的自增强机制提供了基础。

另一类解释特大城市户籍控制的文献是有关最优城市规模的研究。根据城市经济学理论，城市规模报酬递增导致的集聚经济会推动人口向城市集中（Krugman，1991）。城市规模报酬递增的原因，包括产业集聚（Henderson，1988）、知识溢出（Lucas，1988）、城市基础设施的规模经济（Hansen，1990）。城市人口规模的扩大并不是无限制的，在劳动的边际报酬递减条件下，城市人口的边际产出随人口规模的增大而减小，而城市公共品使用上的拥挤效应随人口规模的增大而增大。当城市人口的边际产出效应和边际拥挤效应相等时，城市达到最优规模（Dixit，1973；Alonso，1971）。王小鲁和夏小林（1999）通过对城市的规模效益和外部成本进行量化分析，得出

100万—400万人口的城市净规模收益最大，而超过1000万人口的城市，再扩大规模将产生负效益。布坎南（Buchanan，1965）在蒂布特模型的基础上提出了一个俱乐部理论，将城市看成一个通过收税来提供公共品的俱乐部，他认为，当公共产品的消费可以控制在特定群体范围内，并且存在拥挤的情况下，存在一个最佳的俱乐部规模（即排他性地分享公共产品的群体规模），使公共品的消费分享和成本分担达到平衡。这些对最优城市规模的研究文献触及了城市人口控制的问题，但并未将户籍管制和城市人口控制区别开来，而我国户籍制度控制城市人口的功能已经不复存在，城市户籍管制并不等同于城市人口控制，特大城市的人口控制政策也并非主要依靠户籍管制。此外，对城市公共品拥挤效应的分析，并未区分排他性公共品和非排他性公共品，而户籍管制真正起到的作用只是将排他性公共品供给限制在户籍人口范围内，却并未限制非户籍人口对非排他性公共品的使用，这对城市最优规模点的确定以及特大城市户籍管制政策的设置有着重要的影响。

第一节　基于最优城市规模理论的户籍管制自增强机制分析框架

自增强机制用于描述自然科学领域中的一类具有局部正反馈的动态系统，也叫作自催化。在系统中具有多重渐进状态的"显示结构"，最初的初始状态和早期随机事件或扰动相结合，将动力学推入这些渐进状态之一的支配域内，由此选择一种结构，最终将系统锁定。经济学中也存在着这种具有自增强机制的动态系统。传统经济学理论主要建立在边际报酬递减（局部负反馈）的假设之上，这似乎意味着正反馈，即边际报酬递增的情况是很少出现的。从20世纪二三十年代开始，新贸易理论、产业组织理论、新经济地理学以及新制度经济学中开始引入规模递增假设。在此基础上，自增强理论得以发展。

经济学中的自增强理论最早由美国学者布莱恩·阿瑟(1995)在《经济学中的自增强机制》一文中提出。该理论指出，在边际报酬递增假设下，经济系统中能够产生一种局部正反馈的自增强机制。他指出，自增强机制使经济系统产生以下四个特性：第一，多态均衡。经济系统可能存在两个以上截然不同的均衡解，结果是不确定、不唯一和不可预测的。第二，可能无效率。如果一项技术先天地好于另一项，但由于坏运气而未被采用，那么最后的结果也许就不是最大可能收益。第三，锁定。系统一旦达到某个均衡解，便难以退出。第四，路径依赖。前期历史能够决定哪个解优先被选择，惯性的力量将使这个选择不断自我强化。按照这一理论，经济系统有可能由于自身前期历史的影响而选择一个不一定是最有效率的均衡，这个均衡一旦被选择，以后就会被不断地重复选择，从而把系统锁定于这个劣等均衡，并产生自我循环强化。这一理论虽然不是经济学主流，但却对一些经济现象有很强的解释力。

一 人口乡—城流动的非效率均衡：户籍管制

如前所述，当前我国户籍制度的主要功能是城市公共品(包括公共产品和公共服务)的歧视性分配，即城市本地户籍居民能够排他性地使用城市公共品，而没有城市本地户籍的外来人口则被排除在公共品供给对象范围之外。而在1958年《户口登记条例》刚刚出台，现代户籍制度建立之初的时候，户籍制度的功能是截然不同的。在改革开放之前，户籍制度的功能是对人口自由迁徙权的限制，主要是城乡人口自由流动问题，或者更确切地说是城市人口控制问题。在当时，作为城市人口控制工具的户籍管制政策，并不是任何经济主体的合意选择，它只是一种在特定发展环境和战略背景下的无奈选择。由于采取了重工业优先发展的赶超战略，重工业排斥劳动的特性以及通过工农业"剪刀差"转移农业剩余来积累资本的模式，内在地要求将农民束缚在土地上，而户籍制度就起到了严控农村人口进入城市、维系城乡二元体制的作用。以户籍制度为核心的城乡二元体制，以牺牲农民的利益为代价，使国家建立起了一套完整的工业体系，也为后来的快速发展奠定了基础。

伴随着改革开放，沿海地区和部分经济发达的中心城市率先依靠劳动密集型产业实现了经济起飞，于是大量农村剩余劳动力开始向沿海和发达地区的城市大规模转移，这宣告着户籍制度控制人口乡—城流动作用的瓦解。事实上，这本是一次彻底终结户籍制度的机遇，如果从最早的一批进城务工者开始，城市就赋予其户籍的话，那也就不会存在后来步履维艰的户籍改革了。从自增强理论的角度，此时的经济系统面临着两个可能的"均衡解"，一是如 1958 年之前那样，进城务工的农业转移劳动力获得与城市市民同样的户籍身份，得到相同的公共品供给待遇；二是农村转移劳动力以农民工的身份进城，成为非户籍外来人口，只能在城市工作，而不能获得排他性公共品供给待遇。显然，现实走向选择了第二个"均衡解"，这样的选择并非是"坏运气"使然，而是有其深刻的原因的。

中国农民工乡—城转移的特征十分符合刘易斯在他的《劳动力无限供给条件下的经济增长》一文中所描绘的情况。根据刘易斯二元经济结构理论，由于传统部门存在边际产出为零的剩余劳动力，现代工业部门只要提供一个略高于生存水平的制度工资，就可以源源不断地吸纳传统部门劳动力就业。中国自 20 世纪 80 年代开始兴起了民工潮，大量从农村转移到城镇的农民工不仅工资很低，而且缺乏基本的社会保障以及教育、医疗、住房等社会福利，其就业具有非正规就业的特征。但即便是收入和各方面福利条件都很差，农民工仍然愿意流动到城市，因为在改革开放前城乡二元体制的长期作用下，农村的基本生产生活条件是停留在生存水平上的，使农民向城市转移的保留效用很低。农民工虽然在城市工作，其社会身份却仍在农村，无论是工资水平还是社会地位，他们所参照的是相对落后的农村水平。虽然在城市的低层次岗位上工作，要面临着工资和福利上的歧视，但这对他们而言不仅是可以接受的，而且是他们获取非农收入以改善其家庭在农村生活水平和社会地位的重要手段。因此，对农民工来说，向城市非户籍转移是合意的选择。

对于中国的地方政府来说，其财政收入的来源主要是企业所缴纳的增值税，而非对个人征收的财产税和所得税。因此，地方政府提供公共品的对象自然会倾向于企业，对居民个人提供更高水平公共品的动力不足。为了获得最大化的财政收入，地方政府自然就具备通过招商引资扶持地方企业发展的内在动力，会热衷于城市产业园区、道路交通、基础设施、社会治安、营商环境等城市软、硬件公共品的建设投入，而对城市居民尤其是外来人口的教育、医疗、社会保障和住房保障等民生领域的建设相对轻视，而后者正是户籍所包含的福利。也就是说，地方政府并没有为外来人口提供城市户籍的动力。由于外来农民工满足于非正规就业，并不在意没有户籍所导致的福利缺失，地方政府自然也就更加没有动力向外来农民工提供与户籍相关的公共品，只要能够吸引来足够多的企业，自然会有外来农民工流入。

这样一来，地方政府与农民工之间形成了一个双方都可以接受的合意均衡，即城市的户籍管制。一方面地方政府通过户籍管制，减少对城市排他性公共品消费群体的规模，并得以将节省下来的开支用于更好的招商引资，而这并不会妨碍甚至反而会促进外来人口流入，因此对于地方政府来说户籍管制是合意的；另一方面，外来农民工并不在意户籍管制下各种福利的缺失，只在意城市能否提供就业机会，而在较低的保留效用下，非正规就业岗位也是可以满足的，因此户籍管制对于农民工来说也是合意的。

二 特大城市户籍管制的锁定

城市的户籍管制政策在地方政府和外来人口之间形成了一个合意均衡，但这一均衡并不是对所有城市都是稳定的，初始条件的差异使得一部分城市的户籍管制被锁定并自我强化，另一些城市则逐渐偏离了户籍管制的合意均衡。

改革开放之前，我国不同地区和城市之间的经济发展差距很小，城市人口的分布相对比较均衡，而在改革开放之后，城市之间的差距开始拉大。一些城市利用区位、政策等初始条件的优势，率先获得经济起飞，并因其提供给劳动者更高的收入水平而吸引了更多的农业转移劳动力流入，城市的外来人口数量开始迅速上升，并逐步形成了常住人口超过 500 万的特大城市。

人口的流入给特大城市带来两种相反的效应：一是城市的规模收益，它将给城市政府带来更多的税收，是一种收入效应；二是公共品的拥挤成本，这对城市政府来说意味着产生公共支出，是一种支出效应。通常情况下，这两者都随着城市人口规模的增大而增大，但前者是边际递减的，后者是边际递增的，当边际规模收益与边际拥挤成本相等时，城市的净收益达到最大，此时城市的人口规模达到理论上的最优值。

在城市人口规模增大所带来的两种效应中，我们需要对公共品的拥挤效应进一步分析。如前文所述，城市的公共品分为排他性公共品和非排他性公共品：一类是排他性公共品，包括教育、医疗、社会保障和住房保障等，这些公共品实现供给上的排他是通过户籍身份。也就是说，只有户籍居民才能使用，非户籍居民则被排除在外；另一类是非排他性公共品，包括城市的基础设施、治安环境、社会秩序、市场信息和文化氛围等，从某种意义上讲，城市的非正规就业机会和平均收入水平也是一种非排他性公共品。

对于特大城市的政府来说，实行户籍管制至少可以获得的一个好处是，通过将占全部城市人口相当大比例的非户籍人口排除在排他性公共品的供给范围之外，只负担他们的非排他性公共品供给，从而节省了一部分公共支出，使得城市人口规模增大的总拥挤效应降低。由于外来人口大部分是农业转移人口，其保留效用很低，吸引其向城市流动的是非排他性公共品，他们往往并不会因为缺乏户籍所对应的排他性公共品而"用脚投票"，而是仍会留在城市务工，并为城市带来规模收益和税收贡献。这样一来，户籍管制的实际效果将是，大城市人口增长所产生的规模收益不变，而公共品拥挤成本下降，这将使得边际规模收益和边际拥挤成本相等的点所对应的

最优人口规模比没有户籍管制时大，即由图 6 – 1 中的 AB 线移动到
CD 线。更多的外来人口将会为了更优质非排他性公共品所提供的
非户籍福利而定居在城市。

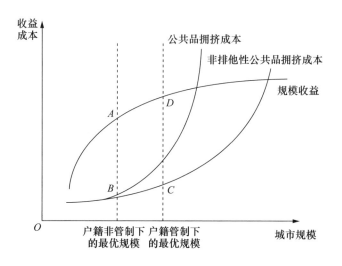

图 6 – 1　户籍管制提高城市最优人口规模理论值

　　因此，特大城市户籍管制的实际效果是提高了城市最优人口规
模的理论值，其吸纳外来人口的潜力在户籍管制下进一步增大。在
追求 GDP 和财政收入最大化目标的驱动下，城市政府倾向于将未向
外来人口支付排他性公共品而节省下来的财政开支用于提供更好的
非排他性公共品，例如修建更发达的城市基础设施和营造更良好的
市场环境，以及通过投入于招商引资创造更多的就业岗位，这将促
使不以户籍为目标的外来人口进一步向特大城市流动。面对新增的
外来人口，城市政府必然将会通过加强户籍管制以严控公共开支，
将新增外来人口排除在排他性公共品的使用者范围之外，使对应于
一定人口规模所带来规模收益的拥挤成本进一步下降，城市人口规
模上限的理论值进一步增大。以此类推，外来人口较多的特大城市
就被锁定在了一个"户籍管制—拥挤效应降低—最优规模增大—人

口流入—户籍管制"的自我循环强化机制当中。

相对于特大城市，中小城市由于初始条件差异，经济起飞较晚，没有在改革之初成为外来人口集中的流入地。外来人口较少使得这些城市即使严格地控制户籍，也不会显著地降低排他性公共品开支和拥挤成本，从而不会明显地提高人口规模理论值上限，也就不会形成外来人口持续大量流入的局面。同时，人口规模小使得城市的规模收益较弱，城市非排他性公共品的供给能力也相对较弱，从而对外部企业和外来人口的吸引力不足，甚至户籍人口也有流失的风险，城市发展陷入停滞。因此，中小城市政府的理性选择将是把原本就没有多少含金量的户籍彻底放开，一方面放开落户并不会造成公共开支的大幅增加，另一方面还能够在一定程度上提高对外来人口的吸引力。随着时间的推移，中小城市的户籍管制将逐渐放开。

三　路径依赖

在上述户籍管制的自我循环强化机制下，特大城市进入了一个城市发展的路径依赖，即在保有大量非户籍人口条件下的经济发展。非户籍人口不能享受户籍福利，但却与户籍人口同样为城市经济和地方税收做贡献，实际上使特大城市政府获得了以支付低于部分劳动者贡献的代价实现发展的条件。随着特大城市非户籍人口的持续增多，城市发展对这些非户籍人口的依赖性就越强，甚至一个城市拥有更多的非户籍人口成为这个城市的一个优势。为了巩固这个优势，特大城市政府一方面倾向于加大对非排他性公共品的投入，以吸引非户籍人口持续流入；另一方面倾向于进一步加强户籍管制，严控落户人数。

在这种发展路径下，特大城市与其他城市在非排他性公共品供给水平上的差距逐渐拉大，这表现在特大城市能够比其他城市向全体居民提供更高质量的基础设施、市场信息、社会秩序、治安环境、非正规就业和更高的平均收入水平等。与此同时，特大城市的教育、医疗、社会保障和住房保障等排他性公共品的供给水平也要明显高于其他城市，并逐渐形成了前文所述的特大城市的非户籍福利水平高于其他城市总福利水平的情况。

作为理性行为主体的农民工，在选择乡—城转移目的地时，一定会选择向能够提供的福利总量较大的城市流动。固然中小城市的户籍门槛低，户籍福利较容易获得，但在特大城市非排他性公共品所提供的福利量足够大，以至于超过其他城市排他性和非排他性公共品所提供的总福利量的情况下，农民工必然将宁愿流动到特大城市成为非户籍居民，只享受其非排他性公共品的福利，也不愿意流动到中小城市享受排他性和非排他性公共品的总福利。

可见，在保有大量非户籍人口实现城市发展的路径依赖下，特大城市加强户籍管制和农民工向特大城市流动的倾向都被锁定：特大城市加强户籍管制可以通过降低排他性公共品支出来提高最优城市规模的理论值，使城市具备容纳更多人口的潜力；农民工在更优质非排他性公共品的吸引下，持续向特大城市流动。对于特大城市来说，越加强户籍管制，外来人口越多；外来人口越多，就越需要加强户籍管制，其户籍管制的自增强机制由此形成。

第二节　模型、变量及数据

一　模型设定

验证特大城市户籍管制的自增强机制，关键是要证明特大城市比其他城市更有加强户籍管制的倾向，同时加强户籍管制能够使城市的最优人口规模增大。对此，我们引入 i 城市的 C—D 生产函数：

$$Y_i = A_i K_i^{\alpha} L_i^{1-\alpha}, \ 0 < \alpha < 1 \tag{6-1}$$

式中，Y_i 是 i 城市的产出或收入，K 和 L 分别代表资本和劳动，A_i 代表全要素生产率，它取决于一系列因素。为了刻画地方政府在城市人口规模增大时所进行的户籍管制行为，我们假设地方政府的唯一政策目标是追求更高的人均产出，这一假设符合中国地方政府在财政收入以商品税为主并且存在地方政府竞争条件下的行为模式。因此，（6－1）式转化为：

$$Y_i/L_i = A_i (K_i/L_i)^{\alpha} \qquad\qquad (6-2)$$

根据最优城市规模理论，人口规模增大给城市经济带来正、反两方面的影响，作为正面影响的规模经济收益以递减的趋势增加，作为负面影响的公共品拥挤成本以递增的趋势增加。两方面影响的净效益随人口规模增加而先增大、再减小，当边际规模收益与边际拥挤成本相等时达到净效益的最大值，也就是最优城市规模的理论值。为了体现出衡量净效益的城市人均产出与城市人口规模的这一倒"U"形曲线关系，我们在回归模型中引入城市人口规模的一次项和二次项。为了体现不同户籍管制政策对地方政府发展目标的影响，在模型中引入衡量城市政府户籍管制程度的变量。同时，为了体现不同规模城市的户籍管制政策的效果，再引入交互项。此外，回归模型还引入了一系列影响城市人均产出的其他控制变量来提高模型的有效性。综上，回归模型设定为：

$$\ln(Y_i/L_i) = \alpha\ln(K_i/L_i) + \beta_1 L_i + \beta_2 L_i^2 + \beta_3 R_i + \beta_4 L_i R_i + X_i \phi + \mu_i$$

$$(6-3)$$

式中，R_i 表示 i 城市的户籍管制程度，X 表示控制向量，β 和 ϕ 为回归系数，μ_i 表示随机干扰项。

二　变量和数据

回归方程式（6－3）中各变量的数据都来源于 2015 年《中国城市统计年鉴》。其中，产出水平 Y_i 和投资 K_i 都可以在《中国城市统计年鉴》中直接查找到。各市的常住人口数据用《中国城市统计年鉴》中地区生产总值除以人均地区生产总值得到。

在本章中，户籍管制程度 R_i 使用城市市辖区户籍人口与常住人口数量之比来表示。当 R_i 小于 1 时，表明城市常住人口中有一部分人未能获得户籍，这种情况一般发生在存在一定落户门槛的城市，R_i 越小，表示常住人口中获得户籍的人口越少，户籍管制越严格，特大城市的 R_i 必然明显小于 1。反之，当 R_i 大于 1 时，说明城市的常住人口少于户籍人口，这种情况往往发生在人口流失较为严重的城市，而这些城市的户籍门槛基本已经放开，R_i 越大，表示户籍人口中离开这个城市的越多，户籍的含金量越低，因此户籍门槛也越低。

对于式（6-3）的回归结果，我们关注两个方面。

其一，被解释变量 $\ln(Y_i/L_i)$ 对户籍管制指标 R_i 的偏导：

$$\frac{\partial \ln(Y/L)_{i,t}}{\partial R_i} = \beta_3 + \beta_4 L_i \tag{6-4}$$

$\beta_3 + \beta_4 L_i$ 是城市放松户籍管制的边际人均产出效应，其中，β_3 表示所有城市在放松户籍管制时的边际产出效应。β_4 体现了城市规模不同对边际产出效应的影响，若 β_4 为正，则人口规模较大的城市放松户籍管制将会产生大于城市平均水平的边际人均产出效应；反之，若 β_4 为负，则人口规模较大的城市放松户籍管制将产生小于城市平均水平的边际人均产出效应。

其二，城市最优人口规模应出现在城市人均产出与人口规模之间倒"U"形曲线的顶点，也就是开口朝下的二次函数曲线的对称轴所在的位置，即：

$$L^* = \frac{\beta_1 + \beta_4 R_i}{-2\beta_2} \tag{6-5}$$

根据经济意义，β_1 的符号应为正，β_2 的符号应为负。β_4 的符号十分重要，若 β_4 符号为负，当 R_i 变小时，L^* 的值变大，倒"U"形曲线的对称轴右移，城市人均产出随人口规模增大而先增大、再减小的上升区间延长。这表明，城市户籍管制程度的提高（R_i 变小），将使得城市的最优规模理论值增大，从而城市人口倾向于进一步增多，城市政府也不得不相应地提高户籍管制程度。因此，如果能够得到 β_4 的回归系数为负，则能够验证城市户籍管制的自增强机制。同时，由于倒"U"形曲线右移只有在 R_i 明显小于 1 时才具有意义，而符合 R_i 明显小于 1 的只有非户籍人口较多的特大城市，因此 β_4 回归系数为负的结果实际上验证的是特大城市户籍管制自增强机制的存在性。

对于控制变量，我们使用人均道路面积 $RoadPC_i$，控制基础设施建设水平对城市人均收入的影响；使用每万人中在校大学生数 $UnivPC_i$，控制城市人力资本水平的影响；使用城市等级哑变量 $Rank_i$，控制城市行政级别的影响，对于所有直辖市、计划单列市和省会，$Rank_i$ 取 1，其余城市取 0；使用东部地区哑变量 $East_i$，控制区位因素的影响，对于东部十省的城市，$East_i$ 取 1，其余中西部城市取 0；使用城市第二、第三产业增加值比，控制产业结构对人均收入的影响。

第三节　实证结果及分析

一　加强户籍管制的政策效果

（一）加强户籍管制不利于中小城市收入提高，有利于大城市和特大城市收入提高

表 6-1 显示了实证回归结果，模型一列出了主要解释变量的 OLS 结果，城市人口规模的一次项为正，二次项为负，表明城市人均收入水平与城市规模存在倒 "U" 形曲线关系；户籍管制程度 R 的系数为正，但不显著；LR 的系数显著为负。模型二和模型三分别显示了包含控制变量的 OLS 和 WLS 结果。户籍管制程度指标的系数显著为正，但是，LR 的系数显著为负，表明在考虑户籍管制程度与城市人口规模的交互作用下，加强户籍管制（R 减小）对城市人均收入水平的影响取决于城市规模。当城市规模较小时，加强户籍管制对城市人均收入有负面影响，随着城市规模的增大，正面影响开始增大。由负转正的临界点为 R 和 LR 系数之比。根据模型三的回归结果计算得出，临界点为 L = 216。这表明，当城市人口规模小于 216 万时，加强户籍管制对人均收入的影响为负；人口规模大于 216 万时，影响为正。按照最新的城市分类标准，人口规模 216 万的城市属于规模较小的大城市，因此这意味着中小城市加强户籍管制不

利于人均收入提高，而大城市和特大城市加强户籍管制有利于人均
收入提高。

表 6 - 1 户籍管制政策效应的回归结果

变量	模型一 OLS	模型二 OLS	模型三 WLS	模型四 WLS	模型五 WLS
L	0.0026***	0.0023***	0.0042***	0.0007***	0.0009***
	(0.0005)	(0.0005)	(0.0005)	(0.0002)	(0.0002)
L^2	$-4.87E-7$***	$-3.91E-7$***	$-5.59E-7$***	$-2.47E-7$**	$-3.23E-7$**
	$(1.40E-7)$	$(1.28E-7)$	$(1.46E-7)$	$(1.14E-7)$	$(1.34E-7)$
R	0.0188	0.2633**	0.8336***	-0.0163	-0.3071**
	(0.1510)	(0.1271)	(0.0433)	(0.1070)	(0.1280)
LR	-0.0019***	-0.0018***	-0.0039***		
	(0.0006)	(0.0005)	(0.0004)		
$\ln(\frac{K}{L})$	0.7377***	0.5359***	0.5602***	0.5221***	0.7314***
	(0.0371)	(0.0372)	(0.0442)	(0.0379)	(0.0378)
RoadPC		0.0138***	0.0084**	0.0156***	
		(0.0030)	(0.0030)	(0.0030)	
UnivPC		$1.80E-4$***	$5.02E-4$***	$1.25E-4$**	
		$(6.34E-5)$	$(6.20E-5)$	$(6.31E-5)$	
Rank		0.0894	0.1196	0.1370*	
		(0.0909)	(0.0815)	(0.0816)	
East		0.2569***	0.2840***	0.2503***	
		(0.0427)	(0.0392)	(0.0441)	
MS		0.1974***	0.3878***	0.1908***	
		(0.0212)	(0.0255)	(0.0215)	
样本数	286	286	286	286	286

注：括号内数字为标准误。*、**和***分别表示在10%、5%、1%的水平上
显著。

这一结果是易于理解的。中小城市的户籍含金量低，加强户籍
管制不会明显减少公共品支出，却会显著影响人口迁入的规模效

应，因此对收入影响为负。大城市和特大城市的户籍含金量相对较高，加强户籍管制可以明显降低公共品支出，并且不会减少外来人口数量从而不会削弱规模经济性，因此影响效应为正。这验证了户籍管制自增强机制的第一个方面，即规模越大的城市越倾向于加强户籍管制。

从控制变量的回归结果上看，人均道路面积、每万人拥有大学生数、东部地区以及第二、第三产业增加值比都显著为正，符合预期。城市行政级别指标虽然为正，但是并不显著，说明区域因素相对于行政级别因素对城市的人均收入影响更大，同时两个哑变量之间存在共线性问题，也可能造成显著性水平不高。

（二）加强户籍管制总体上有利于城市人均收入提高

模型四显示了去掉交互项之后的回归结果，此时户籍管制程度指标的系数为负，但系数值很小且不显著，这说明在不考虑户籍管制程度与城市规模的交互影响下，难以明确判断加强户籍管制的影响。如果去掉交互项和所有的控制变量再进行回归的系数则显著为负（模型五），表明加强户籍管制对城市人均收入的影响在总体上为正。这一结果也解释了为何地方政府普遍不愿意放开落户。

二　户籍管制的自增强机制

（一）加强户籍管制提升了城市最优规模水平

根据回归结果，LR 的系数为负，且 L 的系数为正 L^2 的系数为负，由式（6-5）可知，人均收入与城市规模关系的倒"U"形曲线的顶点所对应的城市最优规模 L^* 的值，随 R 的减少而增大。这验证了户籍管制自增强机制的第二个方面，即城市的户籍管制程度越高，城市的最优规模点越大，户籍管制提升了城市的最优规模水平。L^* 值的增大，意味着人均收入与城市规模的倒"U"形曲线的上升区间延长，城市规模潜力提升，人口倾向于进一步向该城市流入。

将模型三估计出的回归系数代入 $L^* = (\beta_1 + \beta_4 R_i) / -2\beta_2$，求得在 $R_i = 1$ 时，$L^* = 322$，表明在城市的户籍人口与常住人口数量相等时，即完全放开户籍管制时，城市的最优人口规模约为322万。我们进一步求出当前中国18个特大城市在现有户籍管制程度 R 下的最优规模，并与其实际规模进行对比，如表6-2所示。

表6-2　　　特大城市在现行户籍管制程度下的最优人口规模

城市	实际人口规模（万）	R	户籍管制条件下的最优人口规模（万）	城市	实际人口规模（万）	R	户籍管制条件下的最优人口规模（万）
1.　上海	2350	0.58	1762	10.　佛山	732	0.53	1959
2.　北京	2054	0.61	1655	11.　杭州	710	0.74	1223
3.　重庆	1956	0.93	513	12.　武汉	702	0.73	1240
4.　天津	1358	0.61	1658	13.　西安	661	0.89	709
5.　广州	1300	0.54	1927	14.　沈阳	647	0.82	957
6.　深圳	1070	0.31	2704	15.　苏州	548	0.62	1644
7.　东莞	833	0.23	2983	16.　哈尔滨	548	0.86	795
8.　成都	832	0.70	1364	17.　汕头	544	0.67	1465
9.　南京	820	0.79	1044	18.　郑州	425	0.63	1585

可以看出，绝大多数特大城市在现行户籍管制政策下的最优人口规模都远超在完全放开户籍管制条件下的最优人口规模。除北京、上海等少数城市以外，特大城市的实际人口规模都远未达到最优规模，存在着城市规模进一步提高的潜力。因此，大多数特大城市在严控户籍的同时，也会倾向于接纳非户籍人口流入，而北京、上海由于实际规模已超过在户籍管制下的最优规模，一方面倾向于加强户籍管制，另一方面也倾向于减少城市常住人口数量。

（二）特大城市存在户籍管制的自增强机制

结合前面的分析，对于非户籍人口较多的特大城市，户籍管制提高了最优人口规模，并且户籍管制越强的城市（即表6-2中值越小），最优人口规模提高的幅度越大，特大城市人口倾向于进一步增多。同时，人口规模较大的特大城市，倾向于通过加强户籍管制提高人均收入水平。因此，在特大城市，存在着一个户籍"管制增强—人口规模增大—户籍管制"进一步增强的自增强机制。

特大城市户籍管制的自增强机制表明，当前旨在通过户籍管制来严控特大城市人口规模的政策是无效的。由于户籍管制无法阻止外来人口进入城市，只能阻止其获得排他性公共品供给，因而这样做的效果是使特大城市节约了一部分公共品支出，降低了对应一定规模经济效益的公共品拥挤成本，提高了最优人口规模的理论值。若放开落户，规模经济效益不变，而排他性公共品供给的增加将使得拥挤效应上升，使城市最优人口规模回落到正常水平。因此，特大城市要实现人口控制，恰恰应该放开户籍管制，大幅降低落户门槛，使更多的外来人口获得本地户籍。虽然在短时间内，特大城市放开落户将对人均收入造成一定负面影响，但这是退出户籍管制自增强机制需付出的必要代价。

三 稳健性检验

由于城市人口规模在不同年份的差距较小，因此我们并未采用面板数据，只进行了横截面数据的计量分析。为了检验实证结论的可靠性，对式（6-3）使用近几个年份的数据再次进行回归[①]，如表6-3所示。可以看出，主要解释变量的回归系数符号和显著性均未发生明显改变，这说明稳健性检验的结论与前文实证分析的结论是基本一致的，因此，计量回归结果是可信的。

---

① 由于2013年《中国统计年鉴》的人均GDP是依据户籍人口计算的，无法据此得出常住人口数量，因此未对2013年的数据进行检验。

表 6 - 3   稳健性检验

变量	模型六 2010 年 OLS	模型七 2010 年 WLS	模型八 2011 年 OLS	模型九 2011 年 WLS	模型十 2012 年 OLS	模型十一 2012 年 WLS
L	0.0016 *** (0.0003)	0.0011 *** (0.0002)	0.0015 *** (0.0003)	0.0017 *** (0.0002)	0.0018 *** (0.0004)	0.0019 *** (0.0003)
L^2	- 2.56E - 7 ** (9.91E - 8)	- 1.39E - 7 * (4.04E - 8)	- 2.28E - 7 ** (1.05E - 7)	- 1.72E - 7 ** (7.37E - 8)	- 2.97E - 7 ** (1.28E - 8)	- 3.21E - 7 *** (8.65E - 8)
R	0.0556 * (0.0317)	- 0.0067 (0.0136)	0.1741 (0.1295)	0.0806 *** (0.0329)	0.5082 *** (0.0876)	0.8425 *** (0.0251)
L · R	- 0.0010 *** (0.0003)	- 0.0012 *** (0.0001)	- 0.0011 *** (0.0003)	- 0.0013 *** (0.0001)	- 0.0010 ** (0.0004)	- 0.0010 ** (0.0002)
$\ln\left(\dfrac{K}{L}\right)$	0.5838 *** (0.0385)	0.8447 *** (0.0428)	0.5590 *** (0.0389)	0.6976 *** (0.0370)	0.2172 *** (0.0321)	0.6971 *** (0.0308)
RoadPC	0.0085 *** (0.0022)	0.0046 *** (0.0028)	0.0131 *** (0.0033)	0.0086 *** (0.0032)	0.0280 *** (0.0031)	0.0292 *** (0.0042)
UnivPC	1.13E - 4 ** (4.93E - 5)	1.01E - 4 * (3.14E - 5)	1.45E - 4 *** (5.08E - 5)	2.20E - 4 *** (5.90E - 5)	2.63E - 4 *** (6.50E - 5)	4.66E - 4 *** (8.54E - 5)
East	0.1881 *** (0.0428)	0.0293 (0.0589)	0.2075 *** (0.0424)	0.2803 *** (0.0468)	0.2233 *** (0.0532)	0.3851 *** (0.0597)
MS	0.1912 *** (0.0323)	0.0130 (0.0392)	0.1879 *** (0.0212)	0.2252 *** (0.0258)	0.2559 *** (0.0340)	0.4618 *** (0.0429)
R^2	0.7292	0.9960	0.7465	0.9319	0.6390	0.9585
样本数	286	286	286	286	286	286

注：括号内数字为标准误。 * 、 ** 和 *** 分别表示在 10% 、5% 和 1% 的水平上显著。

第四节　结论及政策含义

　　本章基于城市最优规模理论，对特大城市户籍管制政策的效果进行了分析，发现：作为外来人口主要集中地的特大城市，在面对人口增多所形成的公共品供给压力时，倾向于通过严格的户籍管制，将外来人口排除在能够享受排他性公共品的人群范围之外，以降低公共品的拥挤成本。由于外来人口主要以农业转移人口为主，保留效用较低，城市的非排他性公共品福利依然可以吸引其向特大城市流动，因此城市的规模经济效益得到保留。在规模收益不变而拥挤成本下降的情况下，边际规模收益和边际拥挤成本相等时所决定的最优城市规模理论值增大，并促使特大城市人口进一步增多，最终导致户籍管制更加严格。特大城市的户籍管制陷入一个自增强的循环机制中。利用 286 个地级市数据的实证分析表明，加强户籍管制程度的政策显著提高了城市的最优人口规模，人口规模越大的城市越倾向于加强户籍管制，特大城市户籍管制的自增强机制存在。对实证结果的计算表明，人口规模低于 216 万的中小城市倾向于放松户籍管制，人口规模超过 216 万的大城市倾向于加强户籍管制；城市在没有户籍管制条件下的最优人口规模为 322 万，特大城市加强户籍管制极大地提高了最优人口规模，大多数特大城市在户籍管制下的最优人口规模显著高于实际人口规模，依然存在人口增多的潜力。

户籍改革的重点在特大城市，而特大城市户籍改革的关键是退出其户籍管制的自增强机制，要退出户籍管制的自增强机制，关键在于减少特大城市中非户籍人口数量。在继续大力推动存量非户籍人口落户，使其平等享受城市公共品供给的同时，更需要加快进行人口疏导，引导新增城市非户籍人口向中小城市转移。对此，要加大对中小城市的财政转移支付力度，引导大城市和特大城市产业向中小城市转移，创造更多就业岗位，提高收入水平，同时应大力发展中小城市的基础设施和公共事业，提高其排他性和非排他性公共品的供给水平，缩小与特大城市非排他性公共品供给水平的差距，提高中小城市对农业转移人口的吸引力。

第七章　城镇化投资取向与农民工永久性迁移

前面几章已经论及，新型城镇化的本质特征是高效、包容和可持续发展。为此，我们需要提高广大中小城市的人口规模以实现规模经济效率、破除城市内部的新城乡二元结构以实现城市的包容性发展、拉动更多的农业转移人口尤其是农民工家属随迁进城以实现城镇化水平的持续提升。新型城镇化建设的核心任务，一方面是促进农业转移人口实现由农村向城镇的有序转移，使新增城镇人口更多地布局到中小城市和小城镇，改变人口向大城市过度集中的态势；另一方面则是实现农民工的永久性迁移，改变城市过客的心态，在城市长期定居下去，进而由单身迁移模式转变为举家迁移模式，最终实现市民化。应该说，这两个方面是相互紧密联系的，农业转移人口的迁移方向在很大程度上决定了其迁移方式的特征，而人口迁移的方向又深受国家城镇化投资政策取向的影响。投资在不同城市的布局情况，决定了城市之间工资、房价的相对变化，进而对农民工实现永久性迁移的能力产生影响。本章将围绕城镇化投资取向与农民工迁移模式之间的关系展开探讨。

在城镇化进程中，投资对人口迁移的流向有着重要的影响。有研究考察了外商直接投资对人口迁移的影响，认为外商直接投资的布局与人口流动之间存在着十分显著的空间自相关性（杨成钢和曾永明，2014），同时乡镇企业的投资和发展同样也会对人口迁移产生正向的吸引作用（Zai et al.，1997）。除此之外，城镇化进程中的公共部门投资也被证明与城乡人口迁移和公共产品供给之间存在着显著的相关性，但在东中西部则存在较大的区域性差异（吴新和林炳化，2006）。还有学者对国家投资、外商投资这三种资本形式对人口迁移所起的不同作用进行研究，发现国家宏观投资尽管从总体上呈现出显著的作用，但如果分迁移与流动来看，国家投资对迁移（或户籍迁移）人口的影响作用并不显著，但显示了对高受教育水平人口的吸引力与引导力；而对于流动人口，只对受过义务教育的人口产生引导作用，并不对以务工为目的的流动人口产生显著作用。乡镇企业和外商投资都对受教育水平相对较低的年轻劳动力具有较强的吸引力，但乡镇企业对受过高等教育的人口并不产生作用，而外商投资则对受过高等教育的流动人口则有较强的吸引力，这两种资本形式能够在很大程度上影响人口迁移与流动的方向与流量（周皓，2006）。对投资影响人口迁移的现有研究，普遍是从投资的性质层面来进行区分的，而没有对投资的布局进行深入考察，忽略了影响人口迁移模式的一个重要空间维度。

在发展经济学的分析框架中，农村劳动力向城市迁移所被默认为永久性迁移，这对中国农民工的临时性迁移模式缺乏解释力。二元劳动力市场理论和新迁移理论分别从劳动力需求和劳动力供给的角度解释了农村劳动力的临时性迁移的原因（Piore，1979；Stark，1985），并没有说明这种临时性迁移的最终趋势和从临时性迁移转变为永久性迁移的时间表和路线图。人口迁移转变理论将迁移模式随人类社会发展的演变划分为若干个阶段，提出了迁移模式由短期循环流动为主向长期永久性迁移转变的规律（Zelinsky，1971；Skeldon，1990）。但是，人口迁移转变理论仅仅是描述了人口迁移转变的可能形态，并没有给出从临时性迁移到永久性迁移模式转变的必要条件，对于发展中国家政府应该通过何种政策促进农村劳动力的永久性迁移也没有给出答案。

对于中国农民工永久性迁移问题的研究主要围绕迁移意愿和能力两个方面展开。对前者的研究表明，教育年限、收入水平、住房条件、职业类型、进城时间、农村非农就业机会以及是否购买社会保险等因素显著地影响农民工的永久性迁移意愿（Hu 等，2011；熊波和石人炳，2009；吴兴陆，2005）。在如何定于农民工永久性迁移的实现，普遍采取的设定方式是基于农民工对调查问卷中"你是否愿意在城市定居？"这一问题的回答。但是被调查者的定居意愿往往是不稳定的，且有定居意愿并不一定就能够最终实现，因而基于问卷调查的实证分析会出现偏误；此外，还有一些研究将永久性迁移等同于户籍迁移，认为实现了户籍迁移自然也就实现了永久性迁移，而随着户籍制度改革的推进，尤其是农业和非农户口的统一，以户籍迁移作为永久性迁移的代表指标明显有很大误差。一些学者从农民工经济能力的角度对永久性迁移进行分析。李敬和章铮（2009）认为，我国劳动密集型企业用工的年轻化特征，使农民工普遍面临中年失业的威胁从而无法积累起在城市定居所需资金，因此农民工不具备永久性迁移能力的主要原因是其在城市务工年限太短。李明桥等（2009）认为，农民工生命周期旺盛阶段后期，农村务农净收益大于城市务工净收益将导致农民工返乡。这类研究存在的问题是没有区分不同规模的城市，由于大城市和小城市的收入和定居成本差距很大，农民工在不同城市实现永久性迁移的条件也截然不同。

总之，对城镇化进程中的投资及其对农民工迁移模式影响的已有研究存在以下主要问题：其一，农民工永久性迁移的标志缺乏合理设定，无论是定居意愿还是户籍迁移都不是永久性迁移的合理标志。事实上，在农民工永久性迁移的讨论中，住房问题往往会被人们忽略。住房在社会分层体系中是一个非常重要的因素（李斌，2009），拥有住房往往是城市的外来者成为定居者的标志，是流动农民工实现永久性迁移的一个基本条件，应将能否购房作为农民工永久性迁移实现与否的一个重要标志。其二，没有将不同规模的城市对迁移模式的影响纳入分析。中国的城镇化一个显著的特点是不平衡，大城市和小城市的收入和定居成本差距很大，迁入城市的选择对农民工个人的务工生涯有着重大的影响。劳动力的流动往往跟随投资的布局，更多的投资能够产生更多的就业，从而吸引更多的农民工迁入，进而影响城市工资水平。投资引发的人口流动也会冲击城市住房市场，对房价造成影响。因此，理解不同城市对农民工吸纳能力以及工资和房价相对关系所决定的住房支付能力，投资是一个重要变量。由于政府长期以来的城镇化投资政策取向是偏向大城市的，这造成了不同规模的城市经济社会发展的巨大差异，对农民工的迁移模式造成了深远的影响。其三，现有研究未能建立起城镇化投资与农民工迁移模式之间的关系。投资能够引发人口流向和流量的变化，进而改变城镇化模式是没有争议的，但中国的城镇化应该是走大城市化道路还是重点发展中小城市和小城镇，一直是有争议的问题（王小鲁，2010；陆铭等，2011）。而关于大城市化战略还是小城市化战略之争，其重点并不在农民工的永久性迁移，对于政府的城镇化投资政策与农民工永久性迁移的关系这一重要问题，目前尚无相应的研究。因此，将这两者结合起来，分析城镇化进程中不同的投资政策取向对农民工的永久性迁移决策的影响，将是本章的主要任务。

第一节　对农民工购房及其能力的再认识

一　住房：农民工永久性迁移的标志

农民工的住房问题在近些年来才逐渐开始受到重视。党的十八大之后，新一届政府陆续出台了一系列棚户区改造和针对外来人口的住房保障措施。但是，住房对农民工永久性迁移实现的重要性在理论上仍然缺乏关注。我国农民工普遍采取依附性居住方式，他们的"住房"往往是工地厂棚、单位集体宿舍或城中村和城郊的民房，环境恶劣、条件简陋、位置偏远，这些"住房"具有非正规特征，不同于本书所认定的作为永久性迁移标志的住房。农民工与居住在正规商品住房中的城市市民形成了居住上的二元分割。居住分割是农民工形成非永久性迁移模式的重要原因。

首先，居住分割使得社会阶层、生活条件和工作机会不同的人群分别居住在不同的居住环境中。对于处在非正规住房市场上的农民工群体而言，长期的集中居住使他们逐渐养成了大致相似的生活方式和地位认同，进而形成了与城市主流社会不一样的社区文化。随着社区封闭程度的提高，文化的封闭程度也在不断增强，容易导致文化隔离的出现。而文化隔离则会导致不同阶层的相互排斥，比如城市居民对农民工的歧视导致的社会分割（陈钊和陆铭，2008）。居住分割使得农民工与城市居民之间的社会互动机会大大减少，农民工在社会互动中获得教育水平较高的城市居民的良好影响进而提升劳动生产能力和收入水平的可能性也大大降低。

其次，居住分割还使得居住在不同住房市场的居民获取各种城市公共资源的能力产生差异。由于城市的教育、医疗、基础设施、治安等公共服务和信息、正式及非正式就业机会等社会资源都是有形或无形地附着在区位之上的。住房的空间位置是个人接近社会资源的重要指示物，也是提供社会地位、工作、教育和其他服务，建构经济、社会和政治联系的一种重要方式（郑思齐等，2011）。住房不仅仅是遮风避雨的物质空间，它决定了城市居民的生活环境和社会交往空间，为社会民众获得各种城市资源，积累人力资本和社会资本，融入城市主流社会提供机会（世界银行，1995）。农民工与城市原住居民的居住分割使贫富差距日益表现在住房空间布局上，扩大了城市原住居民与农民工之间的经济距离，在不同的社会群体对城市资源进行竞争的情况下，这实际上对农民工在经济、政治和社会机会上形成了持续限制，阻碍了农民工人力资本和社会资本的积累。

最后，居住分割还使得居住在不同住房市场的居民获取财产性收入的能力产生差异。由于正规住房市场的住房一般具备房屋的产权，拥有正规住房市场的住房将使其居民具备将财富保值增值的能力，甚至可以通过将其出租而获得财产性收入。在城镇化进程中，通过拥有城市住房而获得财产的增值和财产性收入,是农民工向市民跨越的重要一步。大多非正规住房市场的居住者不具有房屋产权,而仅仅是租住一个容身之所,无法实现物质资本的积累或财产性收入,其经济地位要明显低于正规住房市场上的居民。

居住分割通过社会文化交往区隔、公共资源获取机会不同以及财产性收入能力差异等方式,阻碍农民工收入水平的提高,使其在城市的整个务工生涯中的预期总收入水平较低,而较低的收入水平使农民工更加难以支付不断上涨的城市正规住房,而在城市购买正规住房的困难催生了农民工对农村家乡的依赖,强化了其"城市过客"的心理定位,形成了非永久性迁移的预期。在这种心态下,农民工普遍具有城乡双重住房支付计划,即在务工城市的住房支付计划和在家乡(包括农村宅基地和家乡附近的小城镇)的住房支付计划。前者是农民工在城市暂时性地工作生活下去的物质基础,后者是农民工在缺乏社会保障的情况下依靠自身的力量建立起来的现实保障。

城乡双重住房支付计划使农民工原本就十分有限的工资收入进一步分散。在非永久性迁移预期下,农民工往往更愿意把住房支出预算更多地分配到未来返回农村后的住房支付之中去。同时,由于缺乏城市社会保障,农村社会保障水平又较低,在风险分散机制缺乏的情况下,农民工具有极高的储蓄率,加上一部分举家迁移的农民工需要为子女积累教育费用,农民工在城市消费方面具有很强的求廉动机,他们往往节衣缩食,千方百计地降低生活成本。表现在住房选择上,就是尽量选择租金便宜的住房。

城市正规住房市场的高房价和高租金是具有求廉动机的农民工所不可能接受的,而"城中村"和城乡接合部等非正规住房市场的住房成本正好满足了农民工的需求,逐渐成为农民工的主要聚居地,强化了与城市居民的居住分割,从而形成了一种"居住分割—低收入水平—非永久性迁移—城乡二元住房支付计划—居住分割"的循环强化机制,使农民工的非永久性迁移模式得以固化。

因此，农民工实现永久性迁移的关键是退出这一循环强化机制，而退出的途径就是通过获得正规住房来消除与城市居民的居住分割。因为只有消除居住分割、实现居住融合，农民工才能通过与市民的社会文化互动、获取优质公共资源、获得财产性收入等方式提高收入水平，进而才有可能形成在城市永久性定居的预期，终结原先的城乡双重住房支付计划。同时，作为农民工，一旦决定购买城市住房，则表明其在城市的工作生活已经比较稳定，有了住房之后一般还会把其他家庭成员接到城市居住，从而不太可能再返回农村生活拥有正规住房。由此可见，拥有正规住房是永久性迁移实现的原因和基本条件，因而把住房看作农民工永久性迁移的实现标志是合理的。

二 农民工购房能力分析

购买城市住房是农民工实现永久性迁移的充分必要条件，那么农民工实际的购房能力如何呢？普遍的观点是，农民工的收入较低，远非价格高昂的城市正规商品住房可以支付得起。一些微观调查数据显示农民工自由住房的比例很低（董昕，2013），似乎也印证了这样的观点。然而，这种观点可能并不准确。其一，认为农民工住房支付能力较弱的观点往往出于长期积累下来的思维定式，人们容易把城市居民购房的习惯套用在农民工购房行为上，很难将在城市购房尤其是一、二线城市的优质地段购房与农民工群体联系起来。而农民工购房并不一定或主要不是在一、二线城市的优质地段，而是在三、四线城市，事实上，在中小城市和县城，农业转移人口购买城市住房的现象是较为普遍的。2015 年中央经济工作会议提出的促进农民工购房来消化房地产库存也正是出于这一考虑。其二，一些调查所显示的农民工购房比例低，只是从最终行为角度的观察，并不能代表农民工购房能力低。由于农民工普遍面临更大的未来不确定性和职业不稳定性，其在城市的住房需求将会被抑制，从而表现出较低的购房倾向（张路等，2016）。因此，我们需要依据更全面的统计数据，来更为客观地分析农民工的购房能力。

衡量购房能力的一个关键性指标是房价收入比。房价收入比是指一定时期内，一个国家或地区具有代表性的住房销售价格与该国或该地区具有代表性的居民一年收入的比值。房价收入比越高，居民的购房支付能力越差；反之则不然。一般来说，目前较为适用于我国的标准是认为房价收入比在4—7是较为合理的区间，即房价是家庭年收入的5—7倍。① 据此，我们来测算中国农民工总体上的房价收入比。2015年，全国住房商品房销售平均价格约为6472元，同年的农民工监测调查报告则显示，农民工平均月收入为3072元。按照人均住房需要40平方米计算，农民工平均的房价收入比约为7.02，略微超过合理范围的上限。2015年城镇单位就业人员的平均月工资为5169元，按同样方法计算的城镇职工平均房价收入比约为4.18，相比之下，城镇职工的购房能力明显强于农民工。我们再对全国35个大中城市农民工和城镇职工的房价收入比进行测算（见表7－1），可以看出，农民工群体的房价收入比在一些部分房价畸高的大城市显著高于临界值7，而在多数房价相对较低的城市，则处在临界范围之内。城镇职工的房价收入比与农民工的房价收入比呈现同样的变化趋势，而农民工和城镇职工两个群体之间的房价收入比差距仍然十分明显，同时，不同城市之间的房价收入比差距也较为显著。

表7－1　　　35个大中城市农民工和城镇职工的房价收入比

城市	房价（元/平方米）	农民工平均收入（元/月）	城镇职工平均工资（元/月）	农民工房价收入比	城镇职工房价收入比
1. 深圳	24040	4801	6481	16.7	12.3
2. 北京	18499	4849	7915	12.7	8

① 世界银行（1992）引述香港大学学者 Bertrand Renaud 在1989年的研究报告中的论述，指出在发展中国家，平均每套住宅的价格总额与平均家庭收入的比例在4—6∶1之间。本书认为，结合我国的居民消费心理等实际情况，将这一比例适当上调到4—7∶1较为合适。

续表

城市	房价（元/平方米）	农民工平均收入（元/月）	城镇职工平均工资（元/月）	农民工房价收入比	城镇职工房价收入比
3. 厦门	17778	4259	4838	13.8	12.2
4. 上海	16415	4940	7651	11.2	7.1
5. 广州	14739	4007	6303	12.4	7.7
6. 杭州	14035	3813	5541	12.1	8.3
7. 南京	10964	3936	5530	9.2	6.6
8. 宁波	10890	4858	5655	7.4	6.4
9. 福州	10105	4156	4477	8	7.7
10. 大连	8921	3707	5252	7.9	5.7
11. 天津	8828	4007	5796	7.4	4.9
12. 青岛	7855	3610	5052	7.2	5.2
13. 海口	7473	3376	3786	7.5	6.4
14. 武汉	7399	4232	4614	5.8	5.4
15. 济南	7158	3274	4956	7.1	4.8
16. 太原	7155	3665	4336	6.6	5.5
17. 合肥	6917	3944	4720	5.7	4.9
18. 郑州	6579	3476	4046	6.3	5.3
19. 成都	6536	3251	5171	6.8	4.2
20. 南昌	6225	3580	4133	5.9	5
21. 西安	6105	3675	3702	5.6	5.6
22. 南宁	6103	3231	4365	6.2	4.7
23. 昆明	6067	3626	4216	5.4	4.6
24. 沈阳	5865	3590	4480	5.5	4.5
25. 兰州	5860	4063	4169	4.9	4.6
26. 长春	5847	3837	4607	5.1	4.1
27. 乌鲁木齐	5758	3716	4701	5.2	3.9
28. 哈尔滨	5751	3508	4246	5.6	4.6

续表

城市	房价（元/平方米）	农民工平均收入（元/月）	城镇职工平均工资（元/月）	农民工房价收入比	城镇职工房价收入比
29. 石家庄	5562	3156	4070	6	4.5
30. 长沙	5458	4019	4934	4.5	3.8
31. 呼和浩特	5153	3552	4318	4.8	4.1
32. 重庆	5094	3460	5173	4.9	3.3
33. 贵阳	4904	3556	5715	4.7	3
34. 西宁	4807	4420	3723	3.6	4.4
35. 银川	4111	3810	4958	3.6	2.7

注：房价收入比为按照 40 平方米的普通商品住房平均价格与一个人年收入的比，衡量了一个人购买一套 40 平方米住房需要多少年的收入。

资料来源：2014 年国家卫生计生委流动人口动态监测报告；中国经济社会发展统计数据库。

根据房价收入比所反映出的情况，我们可以对农民工的住房支付能力做出判断：

（一）农民工群体的购房支付能力不足，但具备一定的购房支付潜力

总体来看，首先，农民工群体的平均房价收入比为 7.02，超过了房价收入比 7 以下的合理范围，所以可以得出农民工家庭购房支付能力总体不足的基本结论。但是，农民工房价收入比超出临界值的幅度很小，几乎可以认为达到临界值范围内。同时，相当一部分大中城市的农民工房价收入比低于 7 的临界值，具有较强的住房支付能力。因此，农民工群体的购房支付能力根据城市的不同呈现一定程度的分化。其次，城镇居民的平均房价收入比在 2015 年为 4.18，与农民工的房价收入比均值 7.02 有一定差距但并不像想象中的那么大，也就是说，农民工和城镇居民的购房支付能力相差并不大，这单从 35 个大中城市的两类群体的对比中也可以清晰地看出

来。而现实情况是，我国城镇家庭自有住房率高达 85. 39% [①]，而农民工的城市购房比例还不到 1%，绝大多数农民工都是租房或依附性居住，并且在近年来农民工工资较快增长的情况下，购房的比例仍然不高。显然，农民工过低的购房比例是与城乡双重住房支付计划相联系的，在非永久性迁移预期下，农民工仍普遍把住房支出预算主要分配给农村住房。因此，合理的推断是，如果农民工能够改变非永久性迁移预期，准备定居城市，则在城市的购房比例将有较大幅度上升，即农民工家庭具备一定的购房支付潜力。再次，2015年农民工人均 3072 元的月收入并不包括其在农村老家的农业劳动收入和农村非农经营收入，由于相当比例的农民工是兼业经营。也就是说，按照人均收入 3072 元计算的农民工房价收入比实际情况存在低估。如果农民工将农村的农业和非农业经营收入用于城市生活，其购房支付能力还将有所提升，这进一步说明，农民工家庭具备一定的购房支付潜力。

（二）农民工住房支付能力与城市就业吸纳能力存在结构错配

从对表 7 - 1 的分析中我们知道，我国农民工的购房支付能力存在结构性差异，不同城市的农民工住房支付能力相差很大，因此购买城市住房的难度也有很大差别。如果住房支付能力强的城市吸纳了更多的农民工，而住房支付能力弱的城市吸纳相对少的农民工，则从总体上具备住房支付能力的农民工比例就更高，能够实现居住融合的农民工也就更多。然而，从我国城镇化进程的发展实践来看，现实情况与上述理想状态正好相反，即存在着城市就业吸纳能力和农民工住房支付能力的错配。

从城市的就业吸纳能力看，大城市是吸纳农民工就业的主力。前面几章我们已经反复提及，中国的城镇化是一种集中型城镇化，各城市吸引外来人口的数量差别很大，这一点在农民工迁移行为上体现得更为突出。根据国家统计局的农民工调查监测报告，在外出

---

① 中国家庭金融调查（CHFS）数据。

农民工中，流入地级以上城市的农民工 11190 万人，占外出农民工总量的 66.3%。其中，8.6% 流入直辖市；22.6% 流入省会城市；35.1% 流入地级市。跨省流动农民工 80% 流入地级以上大中城市；省内流动农民工 54.6% 流入地级以上大中城市。外出农民工在地级以上城市就业的比例逐年升高，从 2001 年的 57.2% 上升到 2015 年的 66.3%。① 可见，行政级别较高的大中城市是吸纳农民工就业的主要力量。

我们进一步把不同类型城市的农民工工资和住宅商品房销售价格进行对比，如表 7-2 所示②，不同行政级别的城市之间农民工工资相差不大，但商品住宅的平均价格差距明显。行政级别较高的直辖市和省会城市农民工工资水平只是比地级市和县级市农民工工资略高，而前者的房价却远高于后者。从房价收入比的角度，行政级别较高的城市的农民工住房支付能力要明显弱于行政级别较低的城市的农民工。我国城市的人口规模与行政级别高度相关，行政级别较高的城市的规模也普遍大于行政级别较低的城市。因此，我国城市就业吸纳能力与农民工住房支付能力的错配实际上表现为：规模较大的城市就业吸纳能力强而农民工住房支付能力弱，规模较小的城市就业吸纳能力弱而农民工住房支付能力强。

这一事实是易于理解的，由于劳动力是流动性很强的生产要素，不同城市的工资差距在很大程度上会被农民工在城市间的流动而熨平；而住房是不可贸易的商品，城市之间的房地产市场相对独立，因此不同规模城市的房价能够保持较大差距。这种住房支付能力和就业吸纳能力的错配，对农民工在总体上所具备的住房支付能力的发挥造成非常不利的影响。

劳动力的流动往往跟随投资的布局，更多的投资能够产生更多的就业，从而吸引更多的农民工迁入，因此，各城市吸纳农民工的

---

① 参见《2015 年农民工监测调查报告》。
② 由于农民工监测调查报告在 2013 年之后不再发布对不同行政级别城市农民工收入的统计，因此该表数据仅展示 2012 年以前的农民工收入情况。

数量与其获得的投资量有直接的关系；投资会通过就业岗位的创造对城市劳动力市场造成冲击，影响城市工资水平，投资引发的人口流动也会冲击城市住房市场，对房价造成影响。因此，理解不同地区和城市的农民工吸纳能力以及工资和房价相对关系所决定的住房支付能力，投资是一个重要变量。可以说，就业吸纳能力与住房支付能力的错配实际上是投资的错配。

表7-2　　　　　　近年来我国不同类型城市农民工工资
和住宅商品房售价变化情况　　　　　单位：元

年份	农民工平均工资（元）				住宅商品房平均销售价格（元/平方米）		
	直辖市	省会城市	地级市	县级市	直辖市	省会城市	地级市
2004	911	809	752	740	4472	2618	1289
2009	1569	1425	1402	1359	8270	5029	2994
2010	1878	1704	1662	1648	8705	5734	3519
2011	2302	2041	2011	1982	8329	6147	3974
2012	2561	2277	2240	2204	9028	6503	4105

资料来源：《2012年农民工调查监测报告》、2006年国务院研究室《中国农民工调研报告》、中国经济与社会发展统计数据库。

　　从农民工生命周期的角度，投资所引起工资和房价的变化会改变农民工在城市的生命周期内的预期净收益，从而影响永久性迁移预期和购买城市住房的决策。国家城镇化发展模式指导下的投资政策引导着投资的分布，通过城镇化投资政策取向的调整，促进不同城市之间的产业转移，从而引导农民工合理流动，对在全国层面实现农民工的居住融合具有重要意义。我们接下来的分析将通过建立一个农民工生命周期模型，分析不同城市取向的投资政策对农民工迁移模式的影响。

第二节　农民工生命周期模型

一　农民工的迁移模式决策

在对农民工的迁移决策进行分析之前，本书提出以下基本假设：

假设一：迁移决策单位是农民工个人。首先，根据国家统计局最新的农民工调查报告，有近80%的外出农民工是单身迁移，举家外出的农民工数量虽然增长较快，但总量仍然较少，选择农民工个人作为迁移决策单位具有较好的代表性。其次，由于本书的分析对象是已经决定外出的农民工①，其迁移决策不同于新迁移理论中农村劳动力对于进城还是留乡两者的决策，基于农业生产的"风险转移"和"经济约束"等因素考虑的农村家庭决策模式并不适用于本书研究。最后，对农民工迁移决策的分析采用个人决策的模式实际上并不完全排斥其他家庭成员，鉴于农民工的劳动参与率很高，当夫妻双方同时迁移时，只要把两个人在城市工作生活的收益成本相加即可。

假设二：农民工在城市的收入只有工资收入，自我雇佣者和个体商户的经营性收入可视为自付的工资，在买房之前不存在财产性收入；支出包括一般消费支出和正规住房支出。② 因此，农民工实现向城市永久性迁移的必要条件是：在生命周期内的累计工资收入减去累计一般消费支出再减去购买住房支出的净现值大于零。这里不考虑永久性迁移后的农村土地补偿问题。

假设三：农民工的迁移决策范围包括迁往大城市还是迁往小城

---

① 按照通行的标准，农民工可分为本地农民工和外出农民工。本地农民工是指在调查年度内，在本乡镇地域内从事非农活动6个月以上的农村劳动力；外出农民工是指在调查年度内，在本乡镇地域外从事非农劳动6个月以上的农村劳动力。

② 这里的正规住房支出可以是一次性地购买正规住房支出，也可以是长期租住正规住房的租金折现的费用，为了简化，这里统一为购房支出。

市，以及是永久性迁移还是临时性迁移。从农民工生命周期的角度而言，其选择迁移目的城市和迁移模式的原则是，在满足终生净收益大于零的前提下，选择终生净收益最高者。

假设四：农民工在大城市和小城市的一般消费支出相等。首先，研究表明高收入农民工的消费倾向往往较低，而低收入农民工的消费倾向往往较高，因而大城市的高收入农民工和小城市的低收入农民工的消费水平有趋同的趋势。其次，由于相对于工资和房价，农民工在大城市和小城市的一般消费支出差距较小，农民工在大城市和小城市消费支出相等的假定，实际上相当于将大城市和小城市工资和房价的差距减弱一些，并不影响结论。因此，为简便起见，作此假定。

假设五：对于选择临时性迁移的农民工，虽然他不用在城市购买住房，但仍须在城市工作期间积累农村盖房所需资金，即农村住房支付计划。我们将其看作生命周期内必需的支出，且其当期数额不随时间变化。此外，农民工返乡后的务农、务工和经商等经济活动的收入与在农村的一般性消费、经济活动的后续投资支出相互抵消。

基于上述假定，我们给出一个典型的外出农民工向城市永久性迁移和临时性迁移的终生净收益表达式：

$$R^p = \sum_{t=0}^{m} W_t e^{-rt} - \sum_{t=0}^{n} C_t e^{-rt} - \overline{H}_T e^{-rT} \qquad (7-1)$$

$$R^c = \sum_{t=0}^{m} W_t e^{-rt} - \sum_{t=0}^{m} C_t e^{-rt} - K_3 e^{-rm} \qquad (7-2)$$

式中，R^p 和 R^c 分别表示典型农民工向城市临时性迁移的终生净收益。W_t 为 t 时期他在城市工作获得的工资，C_t 表示 t 时期城市生活的一般消费支出，包括除住房支出外的一切城市生活消费。r 为贴现率，m 为典型农民工在城市的退休时点，T 为农民工购买城市住房的时点，$\overline{H}_T$ 表示此时城市的平均房价，亦即典型农民工购买住房的支出。K_3 为临时性迁移的农民工返乡盖房所需资金。对于永久性迁移模式，由于农民工退休后仍在城市生活，式(7-1)中 C_t 的加总年限将从农民工进城时点 0 直到其生命周期终点 n。对于临时性迁移模式，由于农民工在城市工作 m 年后返乡，式(7-2)中的终生净收益等于其在城市工作 m 年所获得的工资收入减去 m 年内一般性消费支出，再减去返乡盖房资金的净现值 K_3。

我们将式(7-1)和式(7-2)式中的变量标注下标 1 以代表大城市，下标 2 代表小城市，$\overline{H}_{T_1,1}$ 和 $\overline{H}_{T_2,2}$ 分别表示 T_1 时点大城市的房价和 T_2 时点小城市的平均房价。由于农民工在大城市的住房支付能力弱，而在小城市的住房支付能力强，对于典型农民工，其在大城市终生务工的工资收入难以支付购房开支，而在小城市则具备以生命周期内的工资收入购买住房的能力。因此，典型农民工向大城市永久性迁移的终生净收益 $R_1^p < 0$，即不具备向大城市永久性迁移的能力，向小城市永久性迁移的终生净收益 $R_2^p > 0$，即具备向小城市永久性迁移的能力。如果典型农民工选择向城市临时性迁移，则向大城市和小城市临时性迁移都在农民工的经济能力范围之内，即 $R_1^c > 0$、$R_2^c > 0$，但大城市较多的就业机会、良好的公共服务水平和较高的舒适度，将吸引农民工选择大城市临时性迁移，而非向小城市临时性迁移。

因此，对于一个典型的农民工，由于无法实现向大城市永久性迁移，而向小城市临时性迁移又不具有吸引力，他将会在向大城市临时性迁移和向小城市永久性迁移两种迁移模式中进行选择。我们令这两种迁移选择的净收益相等，即：

$$\sum_{t=0}^{m_1} W_{t,1} e^{-rt} - \sum_{t=0}^{m_1} C_t e^{-rt} - K_3 e^{-rm_1}$$

$$= \sum_{t=0}^{m_2} W_{t,2} e^{-rt} - \sum_{t=t_0}^{n} C_t e^{-rt} - \overline{H}_{T_2,2} e^{-rT_2} \qquad (7-3)$$

式 (7-3) 为反映农民工迁移模式决策的生命周期模型，当等号成立时，它表示典型农民工对这两种有能力实现的迁移模式的偏好相同。假设不存在迁移成本，如果外生扰动改变了均衡状态使大城市迁移净收益大于小城市，则更多的农民工将选择迁移到大城市；反之，如果外生扰动使小城市迁移净收益大于大城市，则更多的农民工将选择迁移到小城市。在市场机制作用下，迁移到大城市和小城市的净收益重新趋于相等，典型农民工对两种迁移的意愿也恢复到相等状态。对这一过程的具体分析将在后文关于政府投资政策的比较静态分析部分展开。

二 工资和房价的决定

在农民工的生命周期模型中，工资和房价是影响农民工终生净收益的两个重要的变量。因此，在进行投资政策的比较静态分析之前，我们首先需要分析在工资和房价是如何决定的。

（一）工资

我们首先考虑单个城市的情况，该城市的劳动力市场与外界相互封闭，劳动力不能在城市之间流动，在后文中我们将放宽这一假定。

假设一个封闭城市的生产采用资本和劳动两种要素，生产具有规模报酬不变性质，在 t 时期的生产函数可以表示为：

$$Y_t = AF(L_t, K_t) = AF\left(\frac{L_t}{K_t}, 1\right)K_t = Af\left(\frac{L_t}{K_t}\right)K_t \qquad (7-4)$$

且有：

$$f'\left(\frac{L_t}{K_t}\right) > 0 \qquad (7-5)$$

$$f''\left(\frac{L_t}{K_t}\right) < 0 \qquad (7-6)$$

式中，Y_t、L_t 和 K_t 分别表示 t 时期的产出、劳动力和资本。A 表示全要素生产率，我们假设不存在技术进步，生产函数不随时间变化。

W_t 为 t 时期的工资，在城市内部的竞争性劳动力市场上，工资等于边际劳动力生产率，即：

$$W_t = Af'\left(\frac{L_t}{K_t}\right) \qquad (7-7)$$

由式（7-6）可知，f'(·) 是减函数。因此，当给定 t 时期城市劳动力数量 L_t，该城市资本增多时，有：

$$\frac{\partial W_t}{\partial K_t} > 0 \qquad\qquad (7-8)$$

反之，若给定 t 时期城市资本 K_t，劳动力数量 L_t 变化时，有：

$$\frac{\partial W_t}{\partial L_t} < 0 \qquad\qquad (7-9)$$

式（7-8）和式（7-9）反映了在不考虑城市之间劳动力要素流动的情况下，资本和劳动力数量变化时，城市均衡工资相应的变化，后文将基于这种变化规律，在加入劳动力城市间流动的情况下展开投资政策的比较静态分析。

（二）房价

城市的房价是影响农民工迁移决策的重要因素。事实上，房价不仅影响人口流动，其本身也受到人口流动的影响。

假设城市是一个对称的单中心线性城市，所有厂商都集中于核心商务区（CBD），总数为 L_t 的劳动者在 CBD 工作，但均居住在CBD 以外，城市的边界是距离 CBD 足够远以及房租为零的地点。劳动者可以选择交通成本很低即靠近 CBD 的地点居住，但此处房租很高，也可选择远离 CBD 的地点居住，此处房租很低，但交通成本很高。无论劳动者选择在什么地方居住，其交通和住房成本之和不变（Black and Henderson，1999）。

假设在这个对称的单中心线性城市中，每位劳动者需要 1 单位距离的居住空间，则从 CBD 到城市边缘的距离为 $1/2L_t$。城市的单位距离交通成本为常数 τ，并且 τ 为城市人口的函数。这里我们假定城市的人口数和劳动者数量相等，因此有 $\tau = \tau(L_t)$。由于城市劳动者的交通和住房成本等于居住在城市边缘房租为零处的劳动者的交通成本，也等于居住在紧靠 CBD 交通成本为零处劳动者的住房成本，房租和交通成本分别用 γ_t 和 ψ_t 表示，紧靠 CBD 处的房租为 $\gamma_{t,CBD}$，则上述关系可以表示为：

$$\gamma_t + \psi_t = \gamma_{t,CBD} = \frac{1}{2} L_t \tau (L_t) \tag{7-10}$$

假设该城市的平均房价与 CBD 的房租为一个固定的线性比例关系，这个比例用常数 b 表示，则该城市的平均房价 $\overline{H_t}$ 可以表示为：

$$\overline{H_t} = \alpha \gamma_{t,CBD} = \frac{1}{2} \alpha L_t \tau (L_t) \tag{7-11}$$

从式（7-11）可知，城市平均房价 $\overline{H_t}$ 对城市人口 L_t 的一阶导数为正。而 $\overline{H_t}$ 对 L_t 的二阶导数符号取决于 τ（·）的函数形式。在此，本书借鉴范红忠（2008）的做法，假设存在一个典型工人通勤时间的极限值，当通勤时间趋于这一极限值时，单位通勤时间成本无穷大。因此，城市边缘的交通成本，从而使住房交通成本之和 $\gamma_t + \psi_t$ 对 L_t 的二阶导数为正，由于城市平均房价 $\overline{H_t}$ 与住房交通成本之和 $\gamma_t + \psi_t$ 呈线性关系，$\overline{H_t}$ 对 L_t 的二阶导数也为正。上述关系可以表示为：

$$\frac{d\overline{H_t}}{dL_t} > 0 \tag{7-12}$$

$$\frac{d^2\overline{H_t}}{dL_t^2} > 0 \tag{7-13}$$

式（7-12）和式（7-13）的含义是，城市的房价随人口流入而上升，并且上升的速度不断加快。因此，对于人口较多的大城市来说，增加单位城市人口比人口较少的小城市增加单位人口所导致的房价上涨幅度大。反之，大城市人口减少所导致房价下降幅度也要大于小城市。为了简便，我们假设城市的房价不受除当期城市人口之外其他变量的影响，则大城市 T_1 时的平均房价 $\overline{H_{T_1,1}}$ 和小城市 T_2 时的平均房价 $\overline{H_{T_2,2}}$ 均满足式（7-12）和式（7-13）。

第三节　城镇化投资的比较静态分析

假设某一时期的投资将永久性地改变城市各期的资本量 K_t，则这一投资也将带来各期的工资水平 W_t 和城市人口 L_t 发生相应的变化。投资冲击发生之前，典型农民工在城市间的迁移决策处于式（7-3）表示的均衡状态。下面将通过分析向大城市倾斜和向小城市倾斜的投资对农民工迁移决策均衡的影响，来研究不同的城镇化投资取向的政策效应。

若政府在 t=0 对出台倾向于大城市的投资政策，则大城市的投资增加，大城市各期的资本量由 $K_{t,1}$ 增加到 $K'_{t,1}$。根据式（7-8）可知，在封闭经济条件下，资本增多将使大城市工资由 $W_{t,1}$ 上升，我们假设上升到 $W^k_{t,1}$。在现实情况下，劳动力要素是可以在城市之间流动的，因此，$W^k_{t,1}$ 的工资水平是一个在封闭经济条件下假想的工资水平，实际上是不会出现的，对它的设定是为了分析方便。在典型农民工工作年限、消费水平、返乡创业所需资金额等条件不变的情况下，当大城市的投资增加使其工资上升到假想工资水平 $W^k_{t,1}$ 时，农民工向大城市临时性迁移的终生净收益将大于小城市永久性迁移的终生净收益，即式（7-3）的左边大于右边。

现在我们放松封闭经济假定，在开放的大、小两城市劳动力市场下，由于农民工向大城市临时性迁移的终生净收益大于向小城市的永久性迁移的终生净收益，将有农民工从小城市迁往大城市。设大城市的人口将由 $L_{t,1}$ 上升到 $L'_{t,1}$。根据式（7-9），人口的增加将导致工资的下降，即大城市的工资将从假想的工资水平 $W^k_{t,1}$ 下降，设其下降到 $W'_{t,1}$。根据式（7-12），人口增多还将使大城市的平均房价由 $\overline{H}_{T_1,1}$ 上升到 $\overline{H}'_{T_1,1}$。在小城市，随着人口向大城市转移，城市人口由 $L_{t,2}$ 减少到 $L'_{t,2}$，人口减少将使小城市工资由 $W_{t,2}$ 上升到 $W'_{t,2}$，并将使小城市 T_2 时的平均房价由 $\overline{H}_{T_2,2}$ 下降到 $\overline{H}'_{T_2,2}$。在其他条件不变的情况下，这种人口从小城市向大城市的转移将一直持续，直到农民工在大城市和小城市的终生净收益重新恢复相等为止。由此，投资大城市所形成的新的农民工城市间迁移决策均衡可以表示为：

$$\sum_{t=0}^{m_1} W'_{t,1}e^{-rt} - \sum_{t=0}^{m_1} C_t e^{-rt} - K_3 e^{-rm_1} = \sum_{t=0}^{m_2} W'_{t,2}e^{-rt} - \sum_{t=0}^{n} C_t e^{-rt} -$$

$$\overline{H}'_{T_2,2}e^{-rT_2} \tag{7-14}$$

由于在新的均衡条件下，小城市的工资高于投资前均衡条件下的工资，小城市的房价低于投资前均衡条件下的房价，即

$$\sum_{t=0}^{m_2} W'_{t,2}e^{-rt} > \sum_{t=0}^{m_2} W_{t,2}e^{-rt}, \overline{H}'_{T_2,2}e^{-rT_2} < \overline{H}_{T_2,2}e^{-rT_2}$$ ，因此，在新的均衡

条件下，大城市的工资也将高于投资前均衡条件下的工资水平，即

$$\sum_{t=0}^{m_1} W'_{t,1}e^{-rt} > \sum_{t=0}^{m_1} W_{t,1}e^{-rt}$$ 。并且对比式（7-14）和式（7-3）可

知，大城市工资增量等于小城市工资增量与小城市房价变化量绝对值之和。

对于大城市，由于原本城市人口较多，由式（7-12）、式（7-13）可知，房价随人口数量上升而上涨的速度较快。虽然工资也在上升，但是能否超过房价的上涨幅度并不确定。因此，没有证据表明向大城市投资能提高大城市农民工实现永久性迁移的可能性。

对于小城市，由于原本城市人口较少，由式（7-12）、式（7-13）可知，房价随人口数量减少而下跌的速度较慢，同时工资的上升将使农民工在小城市定居终生净收益增加，永久性迁移得到巩固。但由于更多的农民工选择向大城市临时性迁移，从农民工总体上看，实现永久性迁移的比例下降了。

若政府在 t = 0 出台倾向于小城市的投资政策，则小城市的投资增加，小城市各期的资本存量由 $K_{t,2}$ 增加到 $K''_{t,2}$。同理，在封闭经济条件下，根据式（7-8）可知，资本增多将使小城市工资由 $W_{t,2}$ 上升，我们假设上升到一个假想的工资水平 $W^k_{t,2}$。在典型农民工工作年限、消费水平、返乡创业所需资金额等条件不变的情况下，农民工向小城市迁移的终生净收益将大于大城市迁移的终生净收益，即式（7-3）的右边大于左边。因此，在开放的大、小两城市劳动力市场条件下，农民工将会从大城市迁往小城市，从而小城市投资

的增加同样伴随着人口的上升，假设小城市人口由 $L_{t,2}$ 上升到 $L''_{t,2}$。根据式（7-9），人口的增加将导致工资水平的下降，即小城市的工资水平将从假想的工资水平 $W^k_{t,2}$ 下降，设其下降到 $W''_{t,2}$。根据式（7-12），人口增多将使小城市平均房价由 $\overline{H}_{T_2,2}$ 上升到 $\overline{H}''_{T_2,2}$。在大城市，城市人口将由 $L_{t,1}$ 下降到 $L''_{t,1}$，人口下降将使工资由 $W_{t,1}$ 上升到 $W''_{t,1}$，并使大城市 T_1 时的平均房价将由 $\overline{H}_{T_1,1}$ 下降到 $\overline{H}''_{T_1,1}$。在其他条件不变的情况下，这种人口从大城市向小城市的转移将一直持续，直到农民工在大城市和小城市的终生净收益重新恢复相等为止。由此，投资小城市所形成的新的农民工城市间迁移决策均衡可以表示为：

$$\sum_{t=0}^{m_1} W''_{t,1} e^{-rt} - \sum_{t=0}^{m_1} C_t e^{-rt} - K_3 e^{-rm_1} = \sum_{t=0}^{m_2} W''_{t,2} e^{-rt} - \sum_{t=0}^{n} C_t e^{-rt} - \overline{H}''_{T_2,2} e^{-rT_2}$$

$$(7-15)$$

由于在新的均衡条件下，大城市的工资高于投资前均衡条件下的工资，小城市的房价高于投资前均衡条件下的房价，即 $\sum_{t=0}^{m_1} W''_{t,1} e^{-rt} > \sum_{t=0}^{m_1} W_{t,1} e^{-rt}$，$\overline{H}''_{T_2,2} e^{-rT_2} > \overline{H}_{T_2,2} e^{-rT_2}$，因此在新的均衡条件下，小城市的工资也将高于投资前均衡条件下的工资水平，即 $\sum_{t=0}^{m_2} W''_{t,2} e^{-rt} > \sum_{t=0}^{m_2} W_{t,2} e^{-rt}$。并且对比式（7-15）和式（7-3）可知，小城市工资的增量等于大城市工资的增量与小城市房价上涨量之和。

对于小城市，由于原本的城市人口数量较少，由式（7-12）、式（7-13）可知，房价随人口数量上升而上涨的速度较慢，因此小城市房价上升幅度较低。与此同时，小城市的工资也在上升，并且工资的增量大于房价的增量，所以，农民工在小城市工作生活的终生净收益将比投资前增大。因此，向小城市投资的政策将巩固小城市农民工的永久性迁移能力，而向小城市迁移人数的增多将提高农民工永久性迁移比例。

对于大城市，由于原本的城市人口数量较大，由式（7－12）和式（7－13）可知，房价随人口数量下降而下跌的速度较快，因此大城市房价的下降幅度很大。与此同时，大城市工资在上升。虽然这种工资和房价的变化能否使农民工大城市永久性迁移终生净收益变为正并不确定，但至少增加了可能性。如果这种变化趋势能长期持续，大城市农民工最终将极有可能实现永久性迁移。

表7－3显示了上述两种投资政策给大城市和小城市的工资、人口、平均房价进而农民工永久性迁移的终生净收益带来的变化。可以看出，从实现农民工永久性迁移的城镇化建设目标来看，向大城市倾斜的投资政策具有无效性，而向小城市倾斜的投资政策是十分有效的。

表7－3　　　　不同投资政策对不同城市的比较静态影响效果

	倾向大城市的投资政策	倾向小城市的投资政策
大城市	工资上升；人口增长；平均房价大幅上升；永久性迁移的终生净收益变化情况不确定	人口减少；工资上升；平均房价大幅下降；永久性迁移的终生净收益提高，为正的可能性增大
小城市	人口减少；工资上升；平均房价小幅下降；永久性迁移的终生净收益提高	工资上升；人口增多；平均房价小幅上升，且小于工资上升幅度；永久性迁移的终生净收益提高
总体	实现永久性迁移的农民工比例降低	实现永久性迁移的农民工比例提高

第四节　结论及政策含义

根据农民工生命周期模型的分析结果，向人口较多的大城市的倾斜性投资政策，将使得人口进一步向这些城市集中，导致房价快速上涨，农民工的购房支付能力更为不足，居住融合难度增大。人口较少的城市的农民工虽然购房支付能力增强，但因城市投资有限，就业机会减少，转而向人口较多的大城市迁移，原本具备居住融合能力的人数减少。反之，向人口较少的中小城市倾斜的投资政策，将使得这些城市人口增加，在人口迁移均衡条件下，这些城市农民工的住房支付能力得以保持，并且人口较多的大城市在人口流出的情况下，房价有下降的趋势而工资有上升的趋势，因而住房支付能力提高，在总体上农民工实现居住融合的可能性增大。

上述理论分析的政策含义是，为了促使农民工通过购房进而实现永久性迁移，应出台倾向于人口较少的中小城市的投资政策。在投资取向转变的引导下，劳动力的分布将更加趋于合理，同时工资和房价在投资取向转变下也将出现相应的积极变化，从而城市就业吸纳能力和农民工的住房支付能力的错配将有可能得到扭转。

向人口较少的中小城市投资的政策取向，反映在城镇化宏观战略层面上，就是城镇化道路的选择和区域发展战略。我国自20世纪80年代以来就提出了"严格控制大城市，合理发展中小城市，积极发展小城镇"的城镇化发展战略。到了21世纪，又提出"大中小城市和小城镇协调发展"的战略。在区域发展战略上，历次五年发展规划也都着重提及西部大开发、中部崛起、东北振兴等国家战略。但是，在现实中，城镇化的进城偏离了政策导向，反映在投资上，就是人口规模较大的城市和行政级别较高的城市，获得了更多的投资。作为农民工主要的吸纳地，大城市在获取投资方面具有明显的优势。根据本章的理论分析，这一现象将十分不利于扭转就业吸纳能力和住房支付能力的错配，进而不利于农民工实现居住融合和向城市的永久性迁移。

鉴于此，未来我国城镇化建设进程中的投资政策导向应进行适当调整，改变投资向东部地区城市和行政级别较高的大城市集中的趋势：

第一，加快区域间产业转移，加大对中西部地区城市的投资力度。东部地区城市吸纳的农民工多，但农民工的住房支付能力弱；

中西部城市吸纳的农民工较少，但农民工的住房支付能力强。应通过政策倾斜，推动东部地区的劳动力密集型产业向中西部地区转移。中西部地区获得了更多的投资，就业吸纳能力将得到提升，从而中西部城市农民工住房支付能力强的优势得到发挥，更多的农民工将得以实现居住融合。通过转移劳动密集型，东部地区改善农民工居住条件的压力也得到缓解，同时也将改变东部地区对低成本劳动力优势的依赖，促进产业结构的升级。在促进农民工居住融合的同时，实现了产业结构空间布局优化。

第二，发挥区域中心城市对外围城市的辐射带动作用，建立合理的城市规模体系。我国行政级别较高的特大城市和大城市在城镇化进程中发挥了过大的人口吸纳作用，而中小城市对外来人口的吸纳不足。过于依赖大城市来吸纳农民工，无法实现迁移农民工的居住融合，城镇化质量不高，因此应大力发展中小城市，使其在吸纳农村劳动力上发挥更大的作用。应通过行政体制改革，消除条块分割给大城市向中小城市经济辐射的阻碍，扭转中小城市在资源再分配中的劣势地位。通过向中小城市倾斜的生产补贴、税收优惠、基础设施配套等政策，引导投资向中小城市布局。利用区域中心大城市的增长极地位，发展都市圈和城市群，形成大城市和中小城市在产业发展上的合理分工，承接大城市的产业转移和人口转移，提升中小城市的人口吸纳能力，发挥中小城市房价较低在实现农民工居住融合上的潜力，从而扭转大城市和中小城市在就业吸纳能力和住房支付能力上的错配。

第八章 建设高效、包容、可持续的 新型城镇化

本书试图为理解中国城镇化进程中一些重大现实问题提供一个研究视角，即城镇化的双重失衡。同时，本书也为解决中国城镇化进程中出现的低效、排斥、不可持续等问题解决提供一个指导性框架，即城镇化的双重转型。

中国的城镇化进程是与市场化进程相伴推进的，城市与乡村两个空间、计划与市场两套体制相互交融，难免会产生一些不协调、不均衡问题。中国城镇化的双重失衡就是在这种转轨背景下形成的。中国在改革开放之后奉行出口导向的发展战略，所依赖的低劳动力成本比较优势正是以大量廉价的农业转移劳动力为基础。之所以具有这样的基础，一方面在于市场化打开了城乡分割的大门，农民工可以不受限制地进入城市务工；另一方面则在于传统计划体制的残余户籍制度的存在，使转移到城市的农民工无法获得均等化的工资、社会保障和基本公共服务等福利，无形之中压低了劳动力成本。依托于这种福利分配失衡所形成的比较优势，部分沿海地区的大城市以及在对接市场和资源再分配方面占据优势的行政级别较高的大城市也形成了自身的城市比较优势。在城镇化和市场化的大潮下，这些城市迅速发展，人口急剧膨胀，并使城镇化表现为少数大城市规模过大而大多数中小城市规模不足的集中型城镇化特征。在规模报酬递增条件下，大城市规模的增大也伴随着其经济社会发展水平与中小城市之间差距的拉大，少数特大城市和部分大城市的非户籍福利水平超过了广大中小城市的户籍福利和非户籍福利水平之

和，使得农业转移人口宁愿到这些大城市做非户籍居民也不愿意到中小城市做户籍居民。随着城市规模的进一步增大和城市福利水平的进一步提高，大城市的户籍门槛越发难以撼动，城市之间发展水平失衡所形成的巨大人口流动势能，使得大城市内部福利分配的失衡越发牢不可破。

这种城镇化模式是低效的、排斥的、不可持续的。在城市之间的福利存在巨大差距的条件下，即使严控户籍，大城市也能吸引农业转移人口迁入，而广大中小城市即使放开落户门槛也无人问津，致使大多数城市的人口规模未达到规模效率发挥所需的水平；大城市户籍福利的缺失不能阻止农村劳动力迁入，但却足以限制作为非劳动力的农民工家属在迁入城市正常的生活、发展，因而农民工尤其是跨地区转移的农民工普遍是单身外出，举家迁移的占比很低，城镇化表现出强烈的排斥特征；由于大城市难以容纳农民工家属随迁定居，中小城市又缺乏足够的吸引力，在农村劳动力已经基本转移完毕的情况下，推动城镇化率进一步上升的主要手段变为了扩大城市面积和"村改居"，这种依赖行政手段人为推动的城镇化动摇了城镇化健康发展的根基，长期将是难以持续的。

第一节　中国城镇化转型的双重任务

建设中国特色的新型城镇化，需要化解城镇化的双重失衡，一方面降低城市之间发展水平的失衡，另一方面破除城市内部福利分配的歧视。只有从城市之间和城市内部两个方面实现城镇化的双重转型，才能实现城镇化的高效、包容、可持续发展。做到这一点，首先要从理论上接受城镇化双重失衡的分析框架，从战略上认同城镇化双重转型的改革方向。这也是本书主要致力于要做到的事情。

一　建设高效、包容、可持续的新型城镇化，必须使城镇化模式由集中型转为分散型

首先，中国的城市体系表现为集中过度而非集中不足。如果仅从帕累托指数、基尼系数等相对指标来看，将会得出中国城市的规模差距过小、城市体系的集中程度不足的结论。但是，中国巨大的人口总量使得这些只在相同人口总量规模条件下才能进行对比的指标部分失去了参考价值。事实上，中国首位城市的人口规模已经与世界上一些最大城市的人口规模相当，并接近了单个城市人口规模的上限，规模经济已经发挥到很高水平，只是相对于全国近 14 亿人口来说，中国首位城市的人口占比较小、首位度不足。从跨区迁移的人口数量来看，18 个特大城市所容纳的跨省转移人口在全国跨省转移人口总量中约占 60%，集中化趋势十分明显。这种集中化是特大城市与中小城市发展水平的巨大差距导致的，而这一差距也是导致广大中小城市规模不足的原因。因此，中国的城镇化是一种高度集中型城镇化，形成这个判断是探讨城镇化应如何转型问题的前提。

其次，集中型城镇化的形成源于转轨阶段的诸多非经济因素。在纯市场经济条件下，城市人口的增多将会同时产生规模收益和拥挤成本，两者分别以递减和递增的速度增加，而随着城市的人口达到一定规模，较大的拥挤成本将阻止城市规模进一步增大，城市规模最终将达到边际规模收益和边际拥挤成本相等时所决定的规模。但是，转轨阶段很多传统体制下的制度遗留将使得市场规律难以充分发挥作用。一方面，户籍制度的存在使得城市政府得以减少对非户籍人口公共服务的支出，从而在一定程度上降低公共品的拥挤成本，使得由边际规模收益和边际拥挤成本相等的点所决定的最优规模理论值增大，城市人口倾向于持续增多，以至于远超过在纯市场条件下城市的最优规模值。另一方面，由于规模较大的城市往往是行政级别较高的城市，这些城市利用高行政级别所带来的在资源配置中的优势地位，集中了一国或一省范围内的优质社会资源，并且建立起汲取周边区域人、财、物资源的体制，形成了对自身发展成本人为压低的各种隐性补贴。这在无形之中延长了大城市的规模经济区间，使得城市的最优规模比在纯市场条件下更大。因此，改变集中型城镇化模式，应从消除非经济因素对最优城市规模实现的干扰入手。

最后，分散化城镇化是未来中国城镇化发展模式的目标和出路。得出这样的结论是基于中国是一个发展中的人口大国的现实判断。由于中国有 14 亿人口，在基本实现城镇化后将有 10 亿以上的人口生活在城市中，仅靠少数几个特大城市或城市群，是无法吸纳全部农业转移人口的。有人喜欢拿日本和韩国的城镇化模式与中国进行对比，认为同样作为人口稠密且土地资源不足的国家，中国应该借鉴日韩集中型城镇化的发展模式。但是，这种观点忽略了日本、韩国的人口规模与中国不在一个数量级上的事实，日本、韩国的首位城市的人口可以达到其全国人口总量的 1/5 甚至 1/3，一个大都市圈就基本可以完成国家的城镇化任务，这种情况在中国显然是无法实现的。此外，中国的国土面积广大，中西部地区的很多人口是没有迁移能力的，一方面是出于经济方面的原因，无法支付长距离迁移的成本，另一方面出于文化方面的原因，难以脱离家乡的风土人情。而能够跨区域迁移来到东部发达地区和特大城市工作生活的，往往是年轻力壮的群体，这些人的转移不但无法实现"由集聚走向平衡"，反而会使落后地区因丧失了人口红利而更加落后，与发达地区的发展差距进一步扩大。因此，要实现城镇化的健康发展，必须发挥中小城市尤其是广大中西部地区的普通地级市、县城和中心镇在拉动人口城镇化进程中的重要作用，走一条分散化城镇化的道路。

二 建设高效、包容、可持续的新型城镇化，必须使城市内部的福利分配由不均等转变为均等化

首先，户籍制度改革是实现公共服务均等化的关键，而户籍改革本身不仅是改革问题，更是一个发展问题。回溯改革开放以来我国户籍制度演变的历程可以发现，较之 1978 年以前，现在的户籍制度已经发生了巨大的变化。应该说，户籍制度的改革是在不断潜移默化地推进的，改革实际上是与户籍相挂钩的各种福利在市场化进程中不断与户籍脱钩的过程。而脱钩之所以能够实现，则在于由体制外的发展而带来的非城市户籍人口福利水平的上升，达到了与体制内户籍人口福利相当的程度，从而原先通过户籍制度来控制体制内福利溢出的必要性不复存在，户籍制度在国家政策文件上的新突破也就随之产生。无论是粮食供应与城市户籍脱钩，还是就业招工不再要求城市本地户籍，再到中小城市和小城镇的落户门槛的全面放开，莫不如此。由此可见，户籍制度改革与其说是一个改革过程，还不如说是一个发展的过程。改革的成就并非体制内福利的取消，而是体制外通过发展而使得福利水平的提升，并逐渐使得户籍控制不再必要。鉴于未来户籍改革的重点是部分大城市和特大城市，按照以往户籍制度改革的逻辑，改革要想取得实质性进展，不应单纯地从大城市和特大城市的户籍本身入手，而是应该通过加快中小城市和小城镇发展，使这部分"户籍福利堡垒"体制外的福利水平大幅上升，使得体制内外的福利差距明显缩小，直到不至于引发单纯为了获得大城市非户籍福利就放弃中小城市户籍福利而进行的迁移，使得大城市的外来人口不再过度集中，通过户籍控制大城市福利溢出效应也不再有必要性，大城市户籍改革也就自然实现。总而言之，应先通过"发展"缩小城市之间发展水平的失衡，然后才能通过"改革"调整城市内部福利分配的失衡。

其次，户籍制度改革要根据城市的不同迁入人口类型和户籍所对应的公共服务类型差别化推进。当前，我国户籍制度改革的顶层设计是按照城市规模的不同分类推进，即全面放开建制镇和小城市落户限制；有序放开中等城市落户限制；合理确定大城市落户条件；严格控制特大城市人口规模。然而，单以城市规模为标准设置的差别化落户政策存在很多问题。不同的特大城市在资源再分配能力和自我融资能力上存在巨大差异，难以采用同样的落户标准；一些规模相对较小的城市外来人口并不少，设置其落户标准门槛低于规模大的城市也并不符合全部实际。不同类型的公共服务在流动性和边际成本上也有很大区别，同样也难以按照单一标准实施均等化改革。因此，我们需要综合考虑不同类型城市迁入人口的流向特征和不同类型公共服务的筹资特征，制定差别化的落户政策，明确各类城市在推进农业转移人口落户进程中应重点解决的公共服务项目及其成本分担机制。

最后，放开落户门槛不能仅在中小城市推进，必须在规模较大的城市实施较为彻底的户籍改革。当前，中小城市户籍管制已经完全放开，但大多数跨区域流动的劳动力却以大城市为目的地，因此户籍改革真正的战场是在大城市。东部发达地区的大城市和其他地区的省会城市已经聚集了大量没有本地户籍的外来劳动力，一些地方的外来人口数量甚至超过了本地户籍人口。如果不加快大城市的户籍改革，这些非本地户籍的外来人口将无法融入城市，他们未来将面临严重的家庭分居和文化冲突之中，将会给社会造成日益严重的矛盾。当前一些城市推行的城乡户籍一体化改革，只是解决了本地范围内的农民进城落户问题，而全国范围内的真正难题却是跨区域转移的农民工如何市民化。事实上，大城市加强户籍管制来控制人口规模的政策并不会取得理想的效果，本书的研究表明，户籍管制政策在减少城市排他性公共品供给的同时，会相对提高非排他性公共品的供给水平，这会使得大城市的非户籍福利水平更加高于中小城市的总福利水平，从而促进外来人口迁入定居。而大城市进一步放开落户，使城市的拥挤成本上升到与一定的规模收益相匹配的程度，减弱大城市非户籍福利过大的优势，使得中小城市的吸引力相对增大，因此反而是疏解人口的有效途径。同时，大城市在推进农民工落户的时候，应避免采取具有明显人力资本导向的积分落户制度，防止落户加剧城乡区域之间的发展失衡。应降低学历、职称、投资等与人力资本水平相关指标在落户条件上的权重，而以连续合法稳定居住和就业以及参加城镇社保一定年限等反映进城定居时间的指标作为积分的主要依据，落户政策上向农村学生升学和参军进入城镇的人口、在城镇就业居住 5 年以上和举家迁徙的农业转移人口以及新生代农民工倾斜，让广大农业转移人口真正获得落户城市的希望。在尊重不同类型农业转移人口自身意愿的基础上，分类引导，为有意返乡的农民工建立创业就业保障机制，促进有能力在城镇稳定就业和生活的农业转移人口举家进城落户。

第二节　城镇化转型的历史契机与政策调整

一　城镇化转型的历史契机

城镇化的双重失衡是在中国经济体制转轨阶段的产物，是新旧两种体制、城乡两个空间相互交融的特殊条件下形成的，具有深刻的时代背景。城镇化双重失衡态势得以形成，依赖于两个特殊的社会条件：一是农业转移人口的保留效用很低，使其能够满足于城市的非户籍福利，能够容忍城市部分公共服务的缺失，以单身迁移的方式到大城市务工；二是城市地方政府追求以投资和出口驱动型的经济增长，偏好于通过提供更好的非排他性公共品（非户籍福利）以实现最大限度的招商引资，而不倾向于对不产生直接财政收益的外来人口提供排他性公共品（户籍福利），因而在加强城市建设的同时严控户籍。在这两个特殊的社会条件同时成立的情况下，一方面人口向大城市过度集中形成了城市之间发展水平的失衡，另一方面在大城市内部形成了对不同户籍身份居民的福利分配歧视。当前，随着经济社会的持续发展，工业化城镇化进程的持续推进，这两个特殊的社会条件开始发生了微妙的变化，使得中国的城镇化迎来了转型发展的历史契机。

（一）农业转移人口保留效用提升

曾几何时，农业、农村、农民在城乡二元体制下被无情而严厉地剥夺了发展的权利，农村土地上承载着无数边际生产力为零的剩余劳动力，粮食的统购统销、沉重的农业税费负担、僵化的公社体制使得农民的生活水平停留在仅仅维持生存的条件上。当城乡分割的大门伴随着市场化改革打开之后，数以亿计的农村剩余劳动力开始向城市转移，城市非农部门仅需要提供一个高于生存水平的工资就可以获得大量廉价的农村劳动力。应该说，民工潮的出现源于长期的剥夺型二元体制下所形成的农村劳动力极低的保留效用水平，正如刘易斯（Lewis，1954）二元经济结构理论的描述，现代部门得以实现劳动力无限供给条件下的经济发展。中国的现代部门在依靠廉价的劳动力比较优势在国际分工体系中占有一席之地的同时，也形成了自身集中化的城市体系。改革之初拥有区位和政策优势的东部沿海地区城市和行政级别较高的内地省会城市，率先实现了发展，并迅速拉开了与其他城市的差距。这些城市在规模报酬递增条件下人口规模持续增大，并借助较高的福利水平使农业转移人口形成了乡—城转移的路径依赖。在较低的保留效用下，农村劳动力愿意接受非户籍居民身份的工作生活条件，而大城市较高的甚至高于中小城市总福利水平的非户籍福利成为吸引农民工迁入的决定性因素。由此，中国的城镇化形成了城市之间发展水平失衡与城市内部福利分配失衡的稳定结构。

经过多年的改革与发展，我国的城乡二元结构已经发生了根本性的变化，由过去的剥夺性结构转变为保护性结构（贺雪峰，2014）。一方面，党的十六届四中全会之后，国家形成了"以工促农、以城带乡"的新的工农城乡关系，农业税费改革使农民负担大为减轻，各种惠农补贴和扶贫资金大量进入农村，彻底改变了工农业"剪刀差"条件下城市对农村的剥夺型体制。社会主义新农村建设的大力推进以及新农合、新农保制度的建立，更是极大地改善了农村软、硬公共品的供给，提高了农民的生活水平，农村互联网新业态的出现也极大地丰富了农村创业就业的机会，提升了农民的收入水平。另一方面，随着城镇化进程的推进，城市建成区范围的扩张，农村土地尤其是城郊农地的潜在价值开始迅速攀升，由于农村户籍与农村土地挂钩，农地价值的上升也使得农村户籍的含金量与日俱增，甚至有超过城市户籍含金量的趋势。农民工离乡进城务工的保留效用的提升，使其逐渐不能满足于仅获得城市非排他性公共品的使用权或非户籍福利的待遇水平，开始对城市排他性公共品的使用权或户籍福利所对应的公共服务提出要求。

与此同时，农业转移人口的年龄结构的变化也使得农民工群体对城市排他性公共品的需求提升。一方面，随着城镇化的推进，新生代农民工逐渐成为外出农民工的主力，而这部分群体与老一辈农民工不同，普遍具有较高的教育水平，具备较强的权利意识，他们进入城市务工不仅是为了获得高收入，而是能够获得与城市居民平等的待遇，是市民化意愿最强的群体。新生代农民工群体占比的上升，显著提高了农民工群体进城务工的平均保留效用，他们开始对与户籍相关的城市福利提出要求，如果不能得到很好的满足，就会选择"用脚投票"。从2004年开始出现的沿海地区的"民工荒"，实际上就是一种权益荒，仅仅依靠非户籍福利已经不足以再吸引农村劳动力不远万里前来务工了，更丰富的福利内容和市民化的待遇已经成为农民工选择迁入城市的重要考量。另一方面，随着近年来我国新增农民工数量和比例的急剧下降，新增农业转移人口的主要贡献力量逐渐转变为农民工随迁家属，举家迁移的比例开始逐渐提高。相比于务工者，农民工家属对教育、医疗、住房和社会保障等户籍福利的需求更强，农业转移人口中随迁家属占比的上升改变了农业转移人口仅满足于非户籍福利的固有模式，城市基本公共服务均等化的重要性日益上升。

在农业转移人口保留效用提高的新形势下，农民工向特大城市流动的路径依赖开始弱化。越来越多的农民工不再仅因为收入水平等非户籍福利水平更高，就选择向户籍管制严格的特大城市流动，近两年来北京、上海等特大城市新增常住人口的增幅乃至绝对数量的下降就明确显示出这一趋势。农业转移人口保留效用的提高，使得长期以来形成的城镇化双重失衡的稳定态势出现了松动。

（二）发展方式由投资和出口驱动向消费驱动的转变

发展经济学理论表明，高储蓄率对于发展中国家的经济增长具有重要的作用。在中国改革开放之后实现经济起飞的早期，由高储蓄率所带来的依靠投资和出口拉动的经济发展模式也就具有其内在的必然性。在这种发展模式下，经济中生产剩余的绝大部分将用于积累以扩大再生产，全社会的消费被抑制。同时，为了降低生产成本以提高制造业企业的竞争优势，农民工的工资被压低、拖欠，工资额仅能满足农村劳动力自身的再生产，而无法满足劳动力家属的再生产需要，同时，属于劳动力成本一部分的各类社会保险也在很大程度上被有意地忽略。这种城市对外来农村劳动力的福利分配歧视的实现，正是借助于二元分割的户籍制度。在以投资和出口为导向的发展模式下，这种严格的户籍歧视也是内生的，因压低劳动者收入所带来的消费不足并不会对经济高速增长产生明显的影响，从而也不会受到各级政府的重视。

随着市场化改革的深入推进，我国产品市场的供求关系发生了重大的变化。伴随着20世纪末的一次长达数年的通货紧缩，我国正式由短缺经济进入过剩经济。虽然之后借助入世的东风依靠外需使工业生产过剩危机到来的时间被延缓，但进入21世纪第二个十年之后中国经济挥之不去的产能过剩的阴霾还是最终宣告工业化数量扩张的历史已经完结，在长期的投资驱动型发展模式下，经济中积累了大量的过剩产能，企业亏损也使地方政府的税收减少。这宣示着中国旧的经济发展模式走到了尽头，经济不得不寻求新的增长点，而发展方式由投资和出口驱动转变为消费驱动逐渐成为社会各界的共识。

由依靠投资驱动转变为依靠消费驱动，这对于地方政府在追求经济增长的目标函数下所进行的政策选择有着深远的影响。在投资驱动型发展模式下，地方政府最重要的任务是招商引资，因而重视基础设施、市场环境、社会秩序等非排他性公共品的供给，忽视针对外来人口的教育、医疗、住房和社保等排他性公共品的供给，通过严格的户籍管制限制城市公共支出的溢出，在户籍管制条件下，农民工在城市排他性公共品福利分享上受到歧视性待遇，普遍缺乏在城市定居的预期，不愿也不能将家属接到务工所在城市，从而极大限度地压低自身的消费支出，更不会购买城市住房。农业转移人口的消费抑制和过度储蓄，加剧了产能过剩和库存积压。同时，越来越多的农民工在缺乏均等化的基本公共服务条件下选择离城返乡，使城市面临"民工荒"。而随着产品市场供求关系的转变，消费驱动型经济发展方式的到来，为了追求地方经济增长和财政收入的最大化，城市地方政府不得不调整"重资轻劳"的价值取向，在注重招商引资的同时也更加注重外来劳动力福利待遇的保障。近年来，各地纷纷出台基本公共服务均等化的政策，降低乃至取消落户门槛，希望吸引和留住外来务工的劳动力。通过推进非户籍人口在城市落户，稳定其长期居住预期并促使更多的农业转移人口举家迁移，从而增大对耐用消费品和住房的需求，化解产能过剩，拉动经济增长。

发展模式由投资驱动向消费驱动的转变，内在地要求改变我国地方政府长期以来重资本、轻劳动的政策倾向，实现排他性公共品对城市全体居民的普惠。它从根本上改变了城市政府通过加强户籍管制降低公共品的拥挤效应以扶持企业投资驱动发展的内在动机。特大城市的拥挤成本的提高，使城市的最优规模回归到正常值水平，在市场力量的作用下，部分外来人口将离开特大城市，转而向中小城市迁移，使特大城市户籍管制的自增强机制出现松动。

特大城市户籍管制锁定的松动与农民工向特大城市流动锁定的松动一起，为彻底退出户籍管制自增强机制，实现分散的、均衡的城市规模体系提供了有利契机。而面对这样的历史性契机，我们应该紧紧抓住机遇，推进户籍制度改革取得实质性突破，并在战略层面推进城镇化模式的转型：一方面要消化特大城市的非户籍人口存量，顺应农业转移人口保留效用的提高和结构转变的深刻变化，制定出科学合理的农民工差别化落户政策，实现农民工的市民化，逐步形成城市经济发展和外来人口安居乐业的新的良性运行机制。另一方面要引导农业转移人口增量，通过大力发展综合承载压力小的大城市、中小城市和小城镇，促进农业转移人口就地城镇化，改变流动人口向人口 500 万以上的特大城市过度集中的趋势，缓解特大城市新增的落户压力，尤其要提高中小城市和小城镇非排他性公共品的供给能力，增加就业机会，改善基础设施、市场环境和社会秩序，提高其对人口的吸引力。

二 推进城镇化转型的相关政策建议

（一）以新生代农民工为重点，加快推进市民化体制机制建设

新生代农民工在思想观念、生活习惯、行为方式等方面，都已趋于城镇化，大多数渴望成为新市民，是主观上最容易市民化的群体。这一类农民工的收入水平总体较低，尚未拥有稳定的就业和居住条件，又是在客观上市民化能力较弱的群体。同时，新生代农民工普遍没有农业生产经验，未来不再可能返乡务农，1998 年土地二轮承包之后出生的新进入劳动者队伍的农民工甚至将不再有其名下的承包地，因而新生代农民工还是不得不市民化的一类群体。鉴于此，促进农民工市民化的政策措施，应以新生代农民工为重点。

第一，要针对新生代农民工寻求身份认同的需要，创新社会管理体制机制，加快推进城镇落户进程。应改变以户籍为基础、城乡分治的社会管理体制，探索新生代农民工市民化管理与服务的模式，以社区为基础建立起有效的新生代农民工管理和服务平台，致力于建构和完善帮助新生代农民工更好地融入城市社区的体制机制，消除城市社区排斥，推动社区融合。结合户籍改革、居住证管理、出租房屋管理，进一步形成市、区、镇街、居委会四级服务管理网络，积极鼓励社会力量为新生代农民工提供公共服务，形成不同社会主体参与社会管理的机制，增强新生代农民工的城市身份认同感。同时，应落实《国务院关于深入推进新型城镇化建设的若干意见》（国发〔2016〕8 号）中将新生代农民工确定为优先解决落户问题的四类人群之一的精神，在制定落户政策时，对新生代农民

工在合法稳定就业和合法稳定住所（含租赁）、参加城镇社会保险年限、连续居住年限等指标要求上予以倾斜，降低新生代农民工的城镇落户门槛。

第二，要针对新生代农民工对社会保障的客观需求，做好这类人群的社会保障工作。新生代农民工相比城市劳动者，缺乏必要的专业技能和进入一级劳动力市场的本领，心中过高的期望与所面对的非正规就业市场形成巨大的心理落差，在城市中无法实现真正立足，但也不愿甚至没有能力退回到农村中务农，成为城市和农村之间真正的"两栖人"。因此，新生代农民工不仅需要劳动权益的保护，而且需要社会失业救助网络的保障。除此之外，还要重点解决城镇企业职工基本养老保险与新型农村社会养老保险制度之间，以及城镇职工医疗保险和新农合之间的衔接政策，实现养老和医疗保险在城乡之间以及跨统筹地区之间的顺畅转移接续，提高新生代农民工在城镇的参保率，解决非正规就业、劳务派遣工、随迁家属的参保问题。

第三，要针对新生代农民工对城市公共服务的强烈需求，切实保障这类人群获得相应公共服务的权益。要重点落实以"流入地政府为主、普惠性幼儿园为主"的政策，解决新生代农民工随迁子女接受学前教育的问题；落实异地高考政策，特别是完善北京等特大城市的异地高考政策。要加强新生代农民工的公共卫生和医疗服务，重点是合理配置医疗卫生服务资源，提高新生代农民工接受医疗卫生服务的可及性；推广在农业转移人口聚居地指定新型农村合作医疗定点医疗季候的经验，方便农业转移人口在城市务工期间就近就业和及时补偿（李伟，2014）。要针对新生代农民工对正规住房的强烈需求，指定符合这类人群自身特征的，能够满足发展需要的住房政策。在当前的政策条件下，要以公共租赁住房为重点，扩大城镇住房保障的覆盖范围，将收入较低的新生代农民工及其随迁家属纳入住房保障体系；逐步将住房公积金制度覆盖范围扩大到城市有固定工作的流动人口群体，建立和完善住房公积金异地转移接续制度。

（二）以第一代农民工为主体，建立返乡农民工创业保障机制

在外出农民工中，第一代农民工普遍已人到中年，其生理和心理状态已经不适应城市的工作生活，加之较强的乡土情结，退出城市劳动力市场返回农村逐渐成为必须要面对的选择。从实践经验看，农民工返乡后再就业和创业现象十分普遍，当前农村的种养大户、新型农业组织的创办人大多有外出务工经商的经验。然而，返乡农民工创业普遍面临着项目、资金、用地、政策环境等方面的"瓶颈"，农民工创业的保障机制仍有待完善。

第一，要在投资项目上对返乡农民工创业加以引导。相关部门应该把支持返乡农民工创业纳入自己的职责范围，建立分工明确、相互协调的工作机制。鼓励返乡农民工运用自己已积累的资金和技术或引进外地投资商返乡投资创办各类企业、兴办各类专业合作组织，或从事个体经营等，只要是法律法规允许的投资创业形式，都给予大力支持，并列入返乡创业的范围。建立明确的产业政策导向，明确扶持国家和地方优先和重点发展的就业型、科技型、资源综合利用型、农副产品加工型、出口创汇型、社区服务型和信息服务型等产业或行业，积极鼓励返乡创业农民工的进入。可以将返乡创业农民工创办企业的生产经营场地纳入城乡发展规划，力求实现基础设施共享、集中污染治理、节约利用土地、培育发展产业集群。政府应加强产业指导，引导农民工走农业产业化经营、新型工业化、发展现代农业和现代服务业之路。规划先行，保护生态环境，坚决不搞破坏生态和污染环境的投资项目。

第二，要在土地利用上对返乡农民工创业予以支持。应引导和鼓励返乡创业农民工利用闲置土地、厂房、镇村边角地、农村撤并的中小学宿舍、荒山、荒滩等进行创业。返乡创业农民工可以优先使用通过村庄整治等方式盘活的集体建设用地存量和将置换出来的集体建设用地，并在集体非农用地规费上予以优惠。同时，各地应建立返乡农民工的创业基地，发展创业园区、各类专业批发市场、

商业街、商贸城等，解决返乡创业农民工经营场所的问题。鼓励各类开发区、工业集聚区和中小企业创业基地为返乡创业农民工提供创业服务，引导返乡创业农民工集中经营、聚集发展。允许返乡创业农民工创办符合环保、安全、消防条件的小型加工项目时，在宅基地范围内建设生产用房。鼓励现有返乡农民工创办的企业吸纳返乡农民工就业，凡企业招收返乡农民工就业的，该企业利用原有已出让土地扩大再生产新建厂房、提高容积率，不增收土地出让价款。农民工利用家前屋后符合村庄规划条件的土地建造简易厂房，可免费批用临时用地（胡豹，2011）。

第三，要在资金来源上对返乡创业农民工提供融资渠道。金融机构应当积极创新面向基层返乡农民工创业的小微信贷业务，可以通过将分散在不同产业领域的多个农民工创业企业的贷款项目进行组合式贷款策略设计，以此来有效规避单个农民工创业投资项目失败的风险。地方政府应当为返乡农民工创业项目量身定做信贷担保政策和信贷补贴政策，通过设立农民工返乡创业专项扶助基金，为返乡农民工创业项目提供信贷担保，并可协同金融机构为返乡创业提供低息或无息贷款，其间金融机构的利息收益减少的份额可由财政资金给予补贴。应建立基于财政支持和政府信誉的返乡农民工创业投资担保基金，给予资金紧缺且缺乏有效信贷资质的返乡农民工创业投资项目以信贷担保支持，通过投入一定份额的财政资金来吸引大量社会资金支持返乡农民工创业。创业投资担保基金的具体运作模式应当通过引入符合资质的金融机构和类金融机构作为基金管理机构，并通过聘请职业经理人的方式来建立规范化创业投资担保基金的日常管理和风险控制。

第四，要在税费收取上对返乡农民工给予优惠。农民工返乡所开办的小微型创业项目处于创业初期，资金投入需求量高，项目利润率水平相对较低，且缺乏有效避税手段。因此，在制定企业税收优惠政策时，地方政府可以参照面向外资或高新技术企业的税收优惠政策制定逻辑，给予返乡农民工以一定期限范围内的税收优惠政策，从税率、税额等方面给予优惠，为农民工减少创业成本，确保其纳税能力与其缴税负担相平衡，帮助返乡农民工迅速提升创业项目的创富能力（林翰雄，2014）。

第五，要在创业环境上对返乡农民工特殊关照。地方政府可以成立招商引资返乡创业服务领导小组，出台优惠政策与措施，通过放宽市场的准入政策，尽量给予一定的资金扶持。积极尝试城镇规划区范围外经批准利用、符合村庄规划的建设用地搞非农性经营，保留集体所有性质，以切实降低创业成本。对返乡农民工创业，除国家法律法规明令禁止和限制的行业或领域外，均允许进入，各级政府和有关部门不能擅自设置限制条件。鼓励支持返乡创业农民工平等参与企业的改制改组和公用设施、基础设施、社会公益性项目建设等。降低工商登记门槛，允许返乡创业农民工的家庭住所、租借房、临时商业用房在符合安全、环保、消防等要求的前提下，作为创业经营场所。同时，推行联合审批、"一站式"服务、限时办结和承诺服务等制度，简化审批程序，为返乡创业农民工开通"绿色通道"。

第六，要在创业信息和技术方面对返乡创业农民工予以支持。基层政府应通过建立创业信息发布平台，公布各项行政审批、核准、备案事项和办事指南，传送法律、法规、政策和各类市场信息，加强对返乡创业者的信息服务。依托当地科研机构或高等院校，帮助返乡创业农民工与相关专家和技术人员建立经常性的工作联系，为返乡创业农民工提供必要的技术支持，帮助返乡创业农民工开拓市场。除了对返乡创业农民工免费开展创业技能培训外，还可以依托现有机构成立返乡创业农民工指导中心，免费为返乡创业农民工提供项目信息、开业指导、小额贷款、政策咨询等服务，提高其创业能力和经营管理水平。

（三）大力发展小城镇，引导农民工就地城镇化

小城镇在中国的城镇化进程中扮演着重要的作用。20世纪80年代，依托于乡镇企业的大发展，小城镇承载了大量的农业转移人

口从事非农就业，费孝通先生就曾断言，发展小城镇应是中国城镇化的必由之路（费孝通，1984）。小城镇一头连着大城市，一头连着广大农村，通过吸纳农业人口就业转移，不但可以成为农民工的"节流闸"，可以分流农村转移劳动力，缓解大、中城市的就业压力，而且还可以成为农业产业化、现代化的"加速器"，可以激活农民消费，扩大市场需求，更有利于加快农村第二、第三产业发展和农业产业结构升级，为农村剩余劳动力提供更多的就业机会，满足农民工低成本转移的需要，是最具有中国特色、符合中国国情的一条城镇化道路。然而，在小城镇建设过程中，还存在着区域发展不平衡、空间结构不合理、产业发展水平不高、基础设施和公共服务建设滞后等问题，阻碍了小城镇的进一步发展和农民工就地城镇化的进程。

第一，要科学合理地规划小城镇发展的空间布局。小城镇发展规划要与产业发展、基础设施和公共服务规划等配套措施协调推进，保障农村居民公平享有就地城镇化的成果，不断满足人们多层次、多样化的需求。要在客观分析小城镇当前的综合承载力的基础上，科学预测未来一定时期内小城镇的发展状况，把小城镇放到国家和区域发展的整体规划中综合考量。对于东部发达地区，要按照因地制宜、节约用地、注重特色、简明适用的原则，高起点、高标准、高质量地编制小城镇建设规划，建设紧凑型小城镇，避免出现因规划水平不高造成的小城镇建设无序、资源浪费和功能弱化等问题。对于中西部和东部后发地区，应遵循"总量控制、循序渐进、节约土地、集约发展"的原则，全面、准确分析一定时期内当地经济、社会、生态协调发展对新增土地的需求量，避免出现因过度耗费土地资源引发的问题。

第二，要以产业发展为依托提升小城镇的就业创造能力。应选择"竞争性强、成长性好、关联度高、比较优势明显"的特色产业作为小城镇带动其他产业发展的主导产业，夯实小城镇发展的经济基础。为此，应制订特色产业培植计划，引导小城镇特色产业发展。基础好的小城镇应实施园区化战略，以规范化、集约化、特色化园区为平台，吸引与特色主导产业相关的大中小企业向园区集中。积极实施品牌培育战略，以骨干企业、龙头企业为重点，打造具有影响力的品牌，提高镇域产业品牌效应和产业竞争能力。东部地区小城镇要从自身优势出发，重点发展生产性服务业和就业门槛低、资金投入少的社区服务业，从而创造就业机会，增加进城农民的收入，壮大小城镇经济实力。中西部地区的小城镇应立足于本地特色主导产业，鼓励富裕农民、外出打工的成功人士、有实力的民营企业家带资金、带项目在小城镇创办实业，并积极承接城市产业转移，努力增加当地的经济总量和就业机会。同时，中西部地区小城镇应结合实际，走以劳动密集型产业为主的发展道路，注重发挥"后发优势"，运用新技术、新工艺开发劳动密集型产品。尤其要注重对民营经济的扶持，鼓励小城镇居民创办小微企业，利用互联网平台激活民间的创业热情，为小城镇经济发展注入活力。

第三，要通过加强基础设施和公共服务建设来提升小城镇的人口吸引力。应大力推动小城镇基础设施建设，弥补制约产业发展和人口集聚的"短板"。要改变以往政府直接操作的城镇化建设思维，进一步开放投资领域，允许民间资本参与道路、桥梁、地铁等竞争性基础设施项目的投资。对于医疗、卫生、教育、体育等公益性基础设施，可以通过特许经营的方式引入民间资本，并适当提高收费价格保证收益。政府要遵循资本运行规律，为民间资本创造一个公开透明的、公平竞争的经营环境，使投资者获得稳定的回报预期。同时，还应进一步加大体制机制改革力度，提升小城镇公共服务水平。要落实中央全面放开小城镇落户的政策，加快实施城乡户口登记制度统一的改革，使城乡居民获得相同的基本公共服务。探索小城镇的中小学、医院、卫生院与中心城市的教师、医师交流的体制机制，实现优势资源共享。

要加大小城镇社保投入，完善社保体系，提高社保水平，吸引农民进镇定居。制定面向全体居民的基本保障标准，不断提高层次。要建立、健全城乡一体化的就业服务机制，增加劳动力培训投入，培养专业技能型劳动力，增强小城镇农业转移劳动力的就业能力。

（四）构建分散型城镇化模式，提高户籍人口城镇化率

从我国的城镇化发展历程看，不同时期的城镇化模式有着明显的不同。改革开放之后很长一段时间，城镇化从农村和小城镇起步和发展，形成了"离土不离乡、进厂不进城"的分散式城镇化模式；90 年代之后，随着体制改革的重点转向城市，城市经济随之快速发展。进入 21 世纪后，国家对城镇化模式的认识不断深入，加之对外开放程度的提高，大城市和特大城市成为推动城镇化快速发展的引擎，城镇化模式表现出集中型态势。在新形势下，集中型城镇化以显现出越来越多的弊端，外来人口集中的大城市也是落户难度最大的城市，而落户难度小的中小城市却无法吸引农业转移人口。因此，要解决落户政策指向地与外来人口集中地的错配，应着力构建分散化的城镇化发展模式，引导农业转移人口有序流动，最终实现户籍人口城镇化率的提高。

第一，要构建以分散化为基本导向的城镇化发展战略。目前国家没有文件或规划正式提出发展大城市或大都市，但总体上看，大城市的地位近年来在不断提升，重要城市的增长极作用得到了重点强调。因此，在未来的国家城镇化发展战略规划中，应明确提出控制大城市、发展中小城市的目标，并相应制定出具体的配套政策措施。有计划地引导重点高校、大型企业等优质资源和重点项目向中小城市流动，将大型国际和地区会议、比赛的举办地设置在中小城市，以增强中小城市的吸引力。构建在大城市和中小城市之间畅通的人才和企业流动通道，制定鼓励中小城市产业发展和人才落户的国家政策。要改变过于依赖行政等级的资源分配体制，探索城市行政层级扁平化改革，增加中央、省级直管城市数量，提高对中小城市的转移支付力度，提升基本公共服务支出的财政统筹层级。要扩大高速公路、高速铁路、机场的铺设建设范围，在非中心城市增加

停靠站点。依托城市群发展战略,在大都市周边建设副中心和卫星城,出台鼓励企业和人口从大城市搬迁出去的优惠政策。

第二,要通过存量外来人口在大城市落户实现发展的负外部性内部化。应取消大城市积分落户制度当中的学历、职称、投资、购房等条款,改为以连续缴纳社保时间等能够反映稳定就业居住时间的指标为积分的主要参考依据。要改变大城市仅获得外来人口的正外部性,而由农民工流出地中小城市承担负外部性从而使大城市实际上获得持续补贴的局面。应在一定时间内,将特大城市的存量外来人口全部户籍化,进行福利扩散式户籍改革,以实现基本公共服务惠及全体市民,并通过提高非排他性公共品的使用费用来融资。区分存量外来人口与增量外来人口,适当控制增量外来人口的福利水平和落户门槛,进而引导增量外来人口向其他城市转移。要严控大城市建成区面积,提高城市总体的容积率,率先在大城市深入推进房产税改革,取代依靠土地出让金贴补财政收入的模式。通过科学的城市建筑和交通布局,提高城市的集聚度与连通性,将不符合大城市发展定位的产业向外转移,大力发展高端制造业和现代服务业,实现大城市发展的专业化。要依托大城市的科技优势,加强城市管理数字化平台建设和功能整合,建设智慧城市。借助有形的交通网络和虚拟的互联网络发挥出大城市的集聚经济优势,实现由外延式发展向内涵式发展的转变。

第三,要通过提升非户籍福利水平引导中小城市人口集聚。中小城市应利用自身生产要素成本较低的优势,结合自身的资源禀赋和区位优势,有选择地承接大城市的制造业产业转移,形成与大城市的纵向分工协作,明确主导产业和特色产业,形成与其他中小城市的横向错位发展,谋求局部的、专业化的集聚经济效应,以此创造出更多的就业岗位,吸纳农民工转移就业。应注重对教育、医疗、住房、社会保障等软公共品和交通基础设施、水电气及通信网络等硬公共品的投入,项目规划时应注重邀请利益相关方进行充分的公众参与,利用中小城市的后发优势,提升城市规划布局的科学性，注重城市的绿色发展，改善人居环境。在大力发展产业和提升公共服务水平的基础上，要进一步放开户籍准入，增强中小城市对外来人口的吸引力，逐步成为未来带动农业转移人口城镇化的主要力量。

第三节 结语

中国的改革开放已接近 40 个年头了。在这 40 年时间里，我们经历过挫折、坎坷甚至局部的失败，但最终都能回到正确的道路上来，并开创了一条中国特色的社会主义现代化建设之路。改革的大逻辑是经济体制由计划向市场的转变，但改革能够取得一个又一个伟大成就的关键性因素并非照抄照搬西方市场经济国家现成的理论和经验，而是将西方的理论和经验与中国实际结合起来，探索出适合中国特殊的自然、历史、社会和文化背景的改革之路。

同市场化改革一样，中国的城镇化从起步至今也经历了将近 40 个年头。城镇化率从改革开放之初的不到 17.9% 上升到 2016 年的 57.4%，并且仍然在以每年超过 1% 的速度快速提升。同样地，城镇化也有一套西方主导的理论和经验体系，不同的是，中国似乎并没有像以扬弃的态度对待西方市场化理论一样，对这套西方的城镇化理论和经验加以批判。对于城镇化"S"形曲线、齐普夫法则、最优城市规模等西方城镇化理论奉若圭臬，对欧美日韩等发达国家的城镇化道路亦步亦趋。这显然违背了实事求是的治学原则，也使得中国的城镇化建设的理论与实践陷入了一系列误区之中：我们看到，为了实现每年一个百分点的城镇化率提升目标，各地拼命扩大城市面积、撤村并居，使土地的城镇化快于人口的城镇化；我们看到，为了使中国的城市规模体系符合齐普夫经验法则，一些学者仍然在鼓吹中国的特大城市规模不足，提出进一步促进人口集中的政策建议，造成了越发严重的"城市病"；我们看到，一些大城市的地方政府为了控制落户成本，竟然设计出类似主权国家针对外国移民的绿卡制度的积分落户制度，希望把人口红利留下、把人口负债赶走，加剧了城乡区域差距。这些误区的形成，都是因为缺乏能够有助于理解中国城镇化问题的理论框架所致。

如果承认处在市场化、城镇化双重转轨过程中的中国有其发展的特殊性的话，就应该积极地去探索找寻不同于西方经济理论预设前提的新的理论创新点，就应该试图为中国特色的城镇化道路提供新的更有解释力的分析框架。本书就是致力于建立一个能够准确把握中国城镇化进程中一些重大问题的研究框架。中国的城镇化建设与市场化改革是相伴而生的，在城市与乡村两个空间、计划与市场两套体制的相互交融磨合中，难免产生不协调、不平衡，而当前中国的城镇化就存在着两个主要的不平衡——城市之间发展水平的失衡和城市内部福利分配的失衡。这两者之间存在着密切的逻辑联系，并共同构成理解中国城镇化进程中一系列重大问题的基础性框架。我们认为，只有基于这一框架，才能有效推进城镇化的健康发展、缓解"大城市病"和"小城市病"、消灭"伪城镇化"、推进农业转移人口市民化、实现人口有序流动，提高土地资源、人力资源、社会资源的使用效率，建成一个真正高效、包容、可持续的新型城镇化。

参考文献

［1］ 白南生、何宇鹏：《回乡、还是外出？——安徽四川二省农村外出劳动力回流研究》，《社会学研究》2002 年第 3 期。

［2］ 蔡昉：《2007 年人口与劳动绿皮书》，社会科学文献出版社 2007 年版。

［3］ 蔡昉、都阳：《迁移的双重动因及其政策含义》，《中国人口科学》2002 年第 4 期。

［4］ 蔡昉、都阳：《转型中的中国城市发展》，《经济研究》2003 年第 6 期。

［5］ 蔡昉、都阳、王美艳：《户籍制度与劳动力市场保护》，《经济研究》2001 年第 12 期。

［6］ 陈斌开、陆铭、钟宁桦：《户籍制约下的居民消费》，《经济研究》（2010 增刊）。

［7］ 陈利锋、范红忠、李伊涵：《生产与人口的集中促进了经济增长吗？——来自日本的经验和教训》，《人口与经济》2012 年第 6 期。

［8］ 陈钊：《中国城乡发展的政治经济学》，《南方经济》2011 年第 8 期。

［9］ 陈钊、陆铭：《从分割到融合：城乡经济增长与社会和谐的政治经济学》，《经济研究》2008 年第 1 期。

［10］ 陈钊、陆铭：《在集聚中走向平衡：中国城乡和区域经济协调发展的实证研究》，北京大学出版社 2009 年版。

［11］ 邓曲恒：《城镇居民与流动人口的收入差异——基于 Oaxaca、

Blinder 和 Quantil 方法的分解》，《中国人口科学》2007 年第 2 期。

[12] 丁菊红、邓可斌：《财政分权、软公共品供给与户籍管制》，《中国人口科学》2011 年第 4 期。

[13] 董昕：《中国农民工的住房问题研究》，经济管理出版社 2013 年版。

[14] 范红忠：《交通住房政策效应与生产和人口的过度集中》，《经济研究》2008 年第 6 期。

[15] 范红忠、王徐广：《成功幻觉与生产和人口的过度集中——兼论在城市发展规模上市场机制不一定是有效的》，《当代经济科学》2008 年第 3 期。

[16] 范红忠、周阳：《日韩巴西等国城市化进程中的过度集中问题：兼论中国城市的均衡发展》，《城市问题》2010 年第 8 期。

[17] 范红忠、张婷、李名良：《城市规模、房价与居民收入差距》，《当代财经》2013 年第 12 期。

[18] 费孝通：《中国人口的合理安排问题》（1984 年），载《中国城镇化道路》，内蒙古人民出版社 2010 年版。

[19] 付文林：《人口流动的结构性障碍：基于公共支出竞争的经验分析》，《世界经济》2007 年第 12 期。

[20] 甘行琼、刘大帅：《论户籍制度、公共服务均等化与财政体制改革》，《财政研究》2015 年第 3 期。

[21] 高培勇：《由适应市场经济体制到匹配国家治理体系：关于新一轮财税体制改革基本取向的讨论》，《财贸经济》2014 年第 3 期。

[22] 国务院发展研究中心课题组：《农民工市民化对扩大内需和经济增长的影响》，《经济研究》2010 年第 6 期。

[23] 国务院发展研究中心课题组：《中国新型城镇化：道路、模式和政策》，《中国发展出版社》2014 年版。

［24］ 郭秀云：《大城市户籍改革的困境及未来政策走向——以上海为例》，《人口与发展》2010 年第 6 期。

［25］ 韩靓：《基于劳动力市场分割视角的外来务工人员就业和收入研究》，博士学位论文，南开大学，2009 年。

［26］ 贺雪峰：《城市化的中国道路》，东方出版社 2014 年版。

［27］ 胡豹：《返乡农民工创业政策研究》，《企业经济》2011 年第 11 期。

［28］ 李斌：《城市住房价值结构化：人口迁移的一种筛选机制》，《中国人口科学》2008 年第 4 期。

［29］ 李敬、章铮：《民工家庭城市化经济条件分析》，《经济科学》2009 年第 3 期。

［30］ 李明桥、傅十和、王厚俊：《对农村劳动力转移"钟摆现象"的解释》，《人口研究》2009 年第 1 期。

［31］ 李强：《影响中国城乡流动人口的推力与拉力因素分析》，《中国社会科学》2003 年第 1 期。

［32］ 李铁：《城镇化是一次全面深刻的社会变革》，中国发展出版社 2013 年版。

［33］ 李伟：《中国新型城镇化》，中国发展出版社 2014 年版。

［34］ 林翰雄：《返乡农民工创业政策研究》，《农业经济》2014 年第 12 期。

［35］ 刘大帅、宋羽：《财政分权下中国户籍制度功能的理论分析》，《财政监督》2014 年第 2 期。

［36］ 刘晓峰、陈钊、陆铭：《社会融合与经济增长：城市化和城市发展的内生政策变迁》，《世界经济》2010 年第 6 期。

［37］ 刘尚希：《城镇化对我国财政体制的"五大挑战"》，《中国财经报》2011 年 11 月 26 日。

［38］ 陆铭：《建设用地指标可交易：城乡和区域统筹发展的突破口》，《国际经济评论》2010 年第 2 期。

［39］ 陆铭：《空间的力量：地理、政治与城市发展》，格致出版社

2013 年版。

［40］陆铭、陈钊：《城市化、城市倾向的经济政策与城乡收入差距》，《经济研究》2004 年第 6 期。

［41］陆铭、陈钊：《在集聚中走向平衡：城乡和区域协调发展的"第三条道路"》，《世界经济》2008 年第 8 期。

［42］陆铭、陈钊：《为什么土地和户籍制度需要联动改革——基于中国城市和区域发展的理论和实证研究》，《学术月刊》2009 年第 9 期。

［43］陆铭、向宽虎、陈钊：《中国的城市化和城市体系调整：基于文献的评论》，《世界经济》2011 年第 6 期。

［44］陆铭、向宽虎：《破解效率与平衡的冲突——论中国的区域发展战略》，《经济社会体制比较》2014 年第 4 期。

［45］陆益龙：《户口还起作用吗？——户籍制度与社会分层和流动》，《中国社会科学》2008 年第 1 期。

［46］［美］布莱恩·阿瑟：《经济学中的自增强机制》，李绍光、王晓明译，《经济研究参考》1996 年第 17 期。

［47］年猛、王垚：《行政等级与大城市拥挤之困——冲破户籍限制的城市人口增长》，《财贸经济》2016 年第 11 期。

［48］彭希哲：《积分权益制：兼顾户籍改革多重目标的普惠型制度选择》，《人口与经济》2014 年第 11 期。

［49］尚柯、沙安文：《缩小经济差距——缩小地区收入差异的政策表现的"积分卡"》，载沙安文、沈春丽、邹恒甫主编《中国地区差异的经济分析》，人民出版社 2006 年版。

［50］盛来运、王冉、阎芳：《国际金融危机对农民工流动就业的影响》，《中国农村经济》2009 年第 9 期。

［51］世界银行：《1995 世界发展报告》，中国财政经济出版社 1995 年版。

［52］宋锦、李实：《中国城乡户籍一元化改革与劳动力职业分布》，《世界经济》2013 年第 7 期。

［53］陶然、史晨、汪晖、庄谷中：《刘易斯转折点悖论与中国户籍、土地、财税制度联动改革》，《国际经济评论》2011 年第 3 期。

［54］陶然、徐志刚：《城市化、农地制度与迁移人口社会保障——一个转轨中发展的大国视角与政策选择》，《经济研究》2005 年第 12 期。

［55］童光辉、赵海利：《新型城镇化进程中的基本公共服务均等化：财政支出责任及其分担机制》，《经济学家》2014 年第 11 期。

［56］万广华：《城镇化与不均等：分析方法与中国案例》，《经济研究》2013 年第 5 期。

［57］汪立鑫、王彬彬、黄文佳：《中国城市政府户籍限制政策的一个解释模型：增长与民生的权衡》，《经济研究》2010 年第 11 期。

［58］王桂新：《我国大城市病及大城市人口规模控制的治本之道：兼谈北京市的人口规模控制》，《探索与争鸣》2011 年第 7 期。

［59］王清：《地方财政视角下的制度变迁路径分析——以当代中国城市户籍制度为例》，《武汉大学学报》2011 年第 6 期。

［60］王美艳：《城市劳动力市场上的就业机会与工资差异——外来劳动力就业与报酬研究》，《中国社会科学》2005 年第 5 期。

［61］王美艳、蔡昉：《户籍制度改革的历程与展望》，《广东社会科学》2008 年第 6 期。

［62］王太元、宋雪莲：《剥离附着利益，还户籍制度真面目》，《中国经济周刊》2009 年第 12 期。

［63］王小鲁：《中国城市化路径与城市规模的经济学分析》，《经济研究》2010 年第 10 期。

［64］王小鲁、夏小林：《优化城市规模推动经济增长》，《经济研究》1999 年第 4 期。

[65] 年猛、王垚：《行政等级与大城市拥挤之困——冲破户籍限制的城市人口增长》，《财贸经济》2016 年第 11 期。

[66] 王修达、王鹏翔：《国内外关于城镇化水平的衡量标准》，《北京农业职业学院学报》2012 年第 1 期。

[67] 王阳：《居住证制度地方实施现状研究——对上海、成都、郑州三市的考察与思考》，《人口研究》2014 年第 5 期。

[68] 王子成、赵忠：《农民工迁移模式的动态选择：外出、回流还是再迁移》，《管理世界》2013 年第 1 期。

[69] 吴开亚、张力、陈筱：《户籍改革进程的障碍：基于城市落户门槛的分析》，《中国人口科学》2010 年第 1 期。

[70] 吴新、林炳华：《城镇化中政府公共投资与人口迁移的相关性分析》，《现代经济信息》2016 年第 4 期。

[71] 吴兴陆：《农民工定居性迁移决策的影响因素实证研究》，《人口与经济》2005 年第 1 期。

[72] 夏怡然、陆铭：《城市间的"孟母三迁"——公共服务影响劳动力流向的经验研究》，《管理世界》2015 年第 6 期。

[73] 谢宝富：《居住证积分制：户籍制度改革的又一个"补丁"？——上海居住证积分制的特征、问题及对策研究》，《人口研究》2014 年第 1 期。

[74] 谢嗣胜、姚先国：《农民工工资歧视的计量分析》，《中国农村经济》2006 年第 4 期。

[75] 新玉言：《国外城镇化比较研究与经验启示》，国家行政学院出版社 2013 年版。

[76] 邢春冰：《迁移、自选择与收入分配——来自中国城乡的证据》，《经济学》（季刊）2010 年第 2 期。

[77] 熊波、石人炳：《理性选择与农民工永久性迁移意愿——基于武汉市的实证分析》，《人口与经济》2009 年第 9 期。

[78] 许经勇：《新型城镇化有赖于户籍、土地制度改革同步推进》，《学习论坛》2013 年第 7 期。

[79] 续田增:《农民工定居性迁移的意愿分析——基于北京地区的实证研究》,《经济科学》2010 年第 3 期。

[80] 杨成钢、曾永明:《空间不平衡、人口流动与外商直接投资的区域选择——中国 1995—2010 年省际空间面板数据分析》,《人口研究》2014 年第 11 期。

[81] 姚先国、赖普清:《中国劳资关系的城乡户籍差异》,《经济研究》2004 年第 7 期。

[82] 叶建亮:《公共品的歧视性分配政策与城市人口控制》,《经济研究》2006 年第 11 期。

[83] 余吉祥、周光霞、段玉彬:《中国城市规模分布的演进趋势研究——基于全国人口普查数据》,《人口与经济》2013 年第 2 期。

[84] 章莉、李实、A. W. Darity、R. V. Sharpe:《中国劳动力市场上工资收入的户籍歧视》,《管理世界》2014 年第 11 期。

[85] 张国锋:《居住证制度是户籍制度渐进性改革的过渡》,《公安研究》2012 年第 1 期。

[86] 张路、龚刚、李江一: 《移民、户籍与城市家庭住房拥有率——基于 CHFS2013 微观数据的研究》,《南开经济研究》2016 年第 4 期。

[87] 张涛、李波、邓彬彬、王志刚:《中国城市规模分布的实证研究》,《西部金融》2007 年第 10 期。

[88] 张翼:《农民工"进城落户"意愿与中国近期城镇化道路的选择》,《中国人口科学》2011 年第 2 期。

[89] 张昭时:《中国劳动力市场的城乡分割——形式、特征与影响》,博士学位论文,浙江大学,2009 年。

[90] 章元、王昊:《城市劳动力市场上的户籍歧视与地域歧视:基于人口普查数据的研究》,《管理世界》2011 年第 7 期。

[91] 章铮、杜铮鸣、乔晓春:《论农民工就业与城市化——基于年龄结构、生命周期分析》,《中国人口科学》2009 年第 6 期。

［92］赵航飞:《我国户籍制度改革阻力分析——基于公共产品提供的角度》,《知识经济》2009 年第 8 期。

［93］郑思齐、廖俊平、任荣荣、曹洋:《农民工住房政策与经济增长》,《经济研究》2011 年第 2 期。

［94］周皓:《资本形式、国家政策与省际人口迁移》,《中国人口科学》2006 年第 1 期。

［95］周一星、史育龙:《建立中国城市的实体地域概念》,《地理学报》1995 年第 4 期。

［96］朱宇:《国外对非永久性迁移的研究及其对我国流动人口问题的启示》,《人口研究》2004 年第 3 期。

［97］朱宇:《超越城乡二分法:对中国城乡人口划分的若干思考》,《中国人口科学》2002 年第 4 期。

［98］邹一南:《特大城市户籍管制的自增强机制》,《人口与经济》2017 年第 2 期。

［99］邹一南:《户籍制度改革的内生逻辑与政策选择》,《经济学家》2015 年第 4 期。

［100］邹一南:《中国城镇化水平的再认识与城镇化转型——基于新增城镇人口来源结构的视角》,《东岳论丛》2016 年第 11 期。

［101］Alonso, W., "The Economics of Urban Size", *Papers of Regional Science*, Vol. 26, No. 1, p. 67.

［102］Arnott, R., "Optimal City Size in a Spatial Economy", *Journal of Urban Economics*, No. 6, 1979, p. 65.

［103］Atkinson, A., Stiglitz, J., *Lectures in Public Economics*, McGraw - Hill, New York, 1979.

［104］Au, C., Henderson, V., "How Migration Restrictions Limit Agglomeration and Productivity in China", *Journal of Development Economics*, No. 8, 2006, p. 350.

［105］Auerbach, F., " Das Gesetz der Bevolkerungskonzentration",

Peterman's Grographische Mitteilungen, No. 59, 1913, p. 116.

[106] Bosker, M., Brakman, S., Garretsen, H., Schramm, M., "Relaxing Hukou: Increased Labor Mobility and China's Economic Geography", *Journal of Urban Economics*, Vol. 72, No. 2, 2012, p. 252.

[107] Black, D., Henderson, V., "A Theory of Urban Growth", *Journal of Political Economy*, No. 107, 1999, p. 252.

[108] Buchanan, J., "An Economic Theory of Clubs", *Economica*, Vol. 32, No. 32, 1965, p. 1.

[109] Chen, J., Guo, F. and Wu, Y., "One Decade of Urban Housing Reform in China: Urban Housing Price Dynamics and the Role of Migration and Urbanization, 1995 – 2005", Habitat international, No. 1, 2011, pp. 1 – 8.

[110] Dixit, A., "The Optimum Factory Town", *Bell Journal of Economics*, No. 4. 1973, pp. 637 – 654.

[111] Dudley, L., Poston, Jr. and Li, Z., "Ecological Analyses of Permanent and Temporary Migration Streams in China in the 1990s", *Population Research and Policy Review*, No. 6, p. 689.

[112] Epple, D., Filimon, R. and Romer, T., "Equilibrium among Local Jurisdictions: Toward an Integrated Treatment of Voting and Residential Choice", *Journal of Public Economics*, No. 3, 1984, p. 281.

[113] Evans, A., "A Pure Theory of City Size in an Industrial Economy", Urban Studies, No. 9, 1972, p. 49.

[114] Gill, L., Kharas, H., "An East Asian Renaissance: Ideas for Economic Growth", The International Bank for Reconstruction and Development, The World Bank, 2007.

[115] Fujita Masahisa, Krugman, P., Venables, A., *The Spatial Economy: Cities, Regions and International Trade*, Cambridge,

Massachusetts: The MIT Press, 2001.

[116] Gupta, S., Hutton, J., "Economies of Scale in Local Government Services", *Royal Commission on Local Government in England Study*, No. 3, 1968, p. 44.

[117] Hansen, N., "Impacts of Small and Intermediate Sized Cities on Population Distribution: Issues and Responses", *Regional Development Dialogue*, Spring, No. 11, 1990, p. 60.

[118] Henderson, V., "The Sizes and Types of Cities", *American Economic Review*, No. 64, 1974, p. 640.

[119] Henderson, V., "The Urbanization Process and Economic Growth: The So - what Question", *Journal of Economic Growth*, Vol. 8, No. 1, 2003, p. 47.

[120] Hu Feng, Xu Zhaoyuan, Chen Yuyu, "Circular migration, or permanent stay? Evidence from China's rural - urban migration in China", *China Economic Review*, Vol. 22, No. 1, 2011, p. 64.

[121] Krugman, P., "Increasing Returns and Economic Geography", *Journal of Political Economy*, No. 99, 1991, p. 483.

[122] Knight, J., Song, L., Jia, H., "Chinese Rural Migrants in Urban Enterprises: Three Perspectives", *Journal of Development Studies*, Vol. 35, No. 3, 1999, p. 73.

[123] Lewis, A., "Economic Development with Unlimited Supplies of Labor", *Manchester School of Economic and Social Studies*, No. 22, 1954, p. 139.

[124] Lucas, R., "On the Mechanics of Economic Development", *Journal of Monetary Economics*, No. 22, 1988, p. 3.

[125] Meng, X., Zhang, J., "The Two - Tier Labor Market in Urban China: Occupational Segregation and Wage Differentials between Urban Residents and Rural Migrants in Shanghai", *Journal of comparative Economics*, Vol. 29, No. 3, 2001, p. 485.

[126] Mills, E., "An Aggregative Model of Resource Allocationin a Metropolitan Area", *American Economic Review*, Vol. 57, No. 2, 1967, p. 197.

[127] Myrdal, G., *Rich Lands and Poor: The Road to World Prosperity*, Harper & Borther, Vol. 11, No. 1, 1957, p. 146.

[128] Piore, M., "The Dual Labor Market: Theory and Application", in R. Barringer and S. H. Beer (eds.) The State and the Poor (Cambirdge, Mass, Winthrop), 1970.

[129] Piore, M., *Birds of Passage*, Cambridge: New York: Cambridge University Press, 1979, p. 86.

[130] Skeldon, R., *Population Mobility in Developing Countries: A Reinterpretation*, London: Belhaven Press, 1990, p. 29.

[131] Stark, O., Bloom, D., "The new Economics of Labor Migration", *American Economic Review*, Vol. 75, No. 2, 1985, p. 173.

[132] Tiebout, C., "A Pure Theory of Local Expenditures", *Journal of Political Economy*, No. 64, 1956, p. 416.

[133] Wang, F., Zuo, X., "History's Largest Labor Flow: Understanding China's Rural Migration Inside China's Cities: Institutional Barriers and Opportuniy ties for Urban Migrants", AEA Papers and Proceedings, Vol. 189, No. 2, 1999, p. 276.

[134] Whalley, J. and Zhang, S., "A Numerical Simulation Analysis of (Hukou) LabourMobility Restrictions in China", *Journal of Development Economics*, Vol. 83, No. 2, 2007, p. 392.

[135] Wildasin, D., Wilson, J., "Imperfect Mobility and Local Government Behavior in an Overlapping – generations Model", *Journal of Public Economics*, No. 60, 1996, p. 177.

[136] Solinger, D., "Citizenship Issues in China's Internal Migration: Comparisons with Germany and Japan", *Political Science Quarter-*

ly, Vol. 114, No. 3, 1999, p. 455.

[137] Sun, M. and Fan, C., "China's Permanent and Temporary Migrants: Differentials and Changes, 1990 – 2000", The Professional Geographer, No. 1, 2011, p. 92.

[138] Yang, X., "Determinants of Migration Intentions in Hubei Province, China: Individual versus Family migration", *Environment and Planning*, No. 5, 2000, p. 769.

[139] Zai, L., White, M., "Market transition, government policies and interprovincial migration in China: 1983 – 1988", *Economic Development and Culture Change*, Vol. 1, No. 22, 1997, p. 321.

[140] Zelinsky, W., "The Hypothesis of the Mobility Transition", *Geographical Review*, Vol. 61, No. 2, 1971, p. 219.

[141] Zhang, K., Song, S., "Rural – urban Migration and Urbanization in China Evidence from Time – series and Cross – section Analyses", *China Economic Review*, No. 4, 2003, 386 – 400.

[142] Zhao, Y., "Causes and Consequences of Return Migration: Recent evidence from China", *Journal of Comparative Economics*, Vol. 30, No. 2, 2002, p. 376.

[143] Zhu, Y., Chen, W., "The Settlement Intention of China's Floating Population in the Cities: Recent Changes and Multifaceted Individual – Level Determinants", *Population, Space and Place*, No. 4, 2010, p. 253.

[144] Zipf, G., *Human Behavior and the Principle of least Effort*, Cambridge, Ma: Addison – Wesley Press, 1949.

后　记

　　记得六年多前，还在中国人民大学读研究生期间，我试图选择产业结构演进对劳动力就业数量和质量的影响作为博士论文选题，当时我的同门师兄、中国人民大学公共管理学院余华义副教授的一番话改变了我的研究方向。他说："中国的城市正规就业机会之所以不足，产业结构演进程度低可能是一个原因，但更重要的原因是，在中国的城市体系中，少数大城市集聚了全社会的优质资源，使得全国只有这几个大城市才能产生新增的正规就业岗位。"在那之后，我试着对劳动力市场分割理论、人口迁移理论、最优城市规模理论以及新经济地理学的相关文献进行梳理，慢慢地发现了一套理解中国城镇化问题的新的分析框架，即从大城市和小城市之间的二元结构差异寻找城市内部农民工和市民之间二元结构差异的形成原因，这也是本书城镇化双重失衡这一分析框架的雏形。接下来，我顺利地完成了博士论文，并在从人民大学毕业后进入中央党校继续我的研究。

　　在从理论上不断挖掘的同时，丰富的生活实践也给了我思想上的启迪。过去几年里，我有幸得到国家留学基金委和德国赛德尔基金会的资助，分别到美国和德国进行访问学习。更为幸运的是，我在国外生活的地方都是在远离大城市的村镇。我目睹并亲身体会到了城乡区域均衡化发展的成果，真正感受到了乡村生活的舒适度是如何优于城市，见证了教育、医疗、商业、交通等公共物品和服务的均等化是如何带来人口分布的分散化，并使得乡村欣欣向荣、城市病得以缓解。在感受到源自西方的众多经济理论对西方现实强大的解释力的同时，也更加认清了在中国转轨阶段特殊的国情下，这些理论会是多么的水土不服，以及照搬这些理论而进行政策制定将会多么贻害无穷。

在国内的学习工作过程中，我不断地利用各种机会来印证、修正我的学术观点。近几年，我有幸参与了国家发改委"推进农民工差别化落户"重点项目、国家行政学院"新型城镇化健康发展报告"课题、中央党校"中国特色新型城镇化研究"重点课题的研究，到各地开展调研，掌握了不少珍贵的一手资料；利用开展教学活动中的机会，与中央党校学员中来自各个国务院各部委、地方政府和研究机构的领导干部和专家学者，围绕我在城镇化研究中的困惑进行探讨，了解了经济运行中很多鲜为人知的实际情况；利用参加国内外重要学术会议的机会，与众多区域经济学、劳动经济学和发展经济学领域的学者围绕工作论文进行探讨交流，使得我研究的形式更加规范。经过不断的思考、积累和修正，逐渐梳理出一套越发清晰的研究思路。今年夏天，我将这些思考加以提炼，并付诸笔端，形成了这部小册子。

在本书即将付梓之际，我要特别感谢我在中国人民大学经济学院攻读博士学位时的导师方竹兰教授。在中国人民大学攻读硕士和博士学位的 5 年时间里，方老师悉心指导，言传身教，对我取得的每一点成绩都不吝褒扬，对我学习和生活中的每一点错误都不留情面，培养了我端正的学术品格和正确的研究习惯，受益匪浅。我还要感谢人民大学经济管理系主任刘瑞教授。刘老师作为国民经济学专业的旗帜性人物，在教学科研过程中始终强调对中国现实经济问题的关注，在中国人民大学求学期间，他多次亲自带队到基层调研，为我们这些身在象牙塔中的学子提供了宝贵的了解真实世界的机会。我还要感谢在人大读书期间时任的经济学院院长杨瑞龙教授。杨老师作为国内著名的经济学家，一直致力于将现代经济学的基本观点和方法引进国内经济学科的教学科研活动中，为包括我在内的一批处在学科范式转轨过程中的经济学专业的学生引上了正确的道路，打开了崭新的天地，我个人也在多次和杨老师单独的学术讨论中领略了名家的风范，接受了思想的洗礼。我还要感谢在美国罗格斯大学留学期间的导师迈克尔·拉尔（Michael Lahr）教授，他为人和蔼友善，有求必应，为我在美国期间收集数据资料、参与学术交流提供了诸多便利，迈克尔还不厌其烦地帮我修改英文论文中的语法错误，敬业精神着实令人钦佩。我还要感谢本书序言的作者，国家行政学院的黄锟教授，我们在一次城镇化相关领域的课题研究中相识，我们有着共同的研究兴趣，黄老师的学术观点给予我的研究极大的启发。同时，我还要感谢国家发改委宏观经济研究院的欧阳慧研究员，在与他和他的团队的讨论中激发了学术的灵感；感谢中国人民大学的何富彩博士，为我提供了图书检索和文献下载的诸多方便；感谢中央党校的研究生赵俊豪同学，帮助我完成了很多烦琐的数据收集和处理工作。

感谢在本书写作期间给予我关心和帮助的父母、妻子，你们是我学习生涯的坚强后盾、学海泛舟的精神港湾。有他们的陪伴和鼓励，让我顶住工作和生活的压力，克服困难，顺利完成了书稿的写作。

最后，感谢国家社会科学基金青年项目（15CJL033）、中央党校校级科研课题和中央党校创新工程项目对本研究的资助。

邹一南
2017 年 7 月 30 日于中央党校